**权威·前沿·原创**

皮书系列为

“十二五”“十三五”国家重点图书出版规划项目

智库成果出版与传播平台

# 中国国际文化贸易发展报告（2019）

REPORT ON THE DEVELOPMENT OF CHINA'S INTERNATIONAL CULTURAL TRADE (2019)

主　编／李小牧
副主编／李嘉珊

社会科学文献出版社
SOCIAL SCIENCES ACADEMIC PRESS (CHINA)

图书在版编目(CIP)数据

中国国际文化贸易发展报告.2019 / 李小牧主编
. -- 北京：社会科学文献出版社，2020.1
（文化贸易蓝皮书）
ISBN 978-7-5201-6017-9

Ⅰ.①中… Ⅱ.①李… Ⅲ.①文化产业-国际贸易-研究报告-中国-2019 Ⅳ.①G124

中国版本图书馆 CIP 数据核字（2020）第 014607 号

文化贸易蓝皮书
中国国际文化贸易发展报告（2019）

主　　编 / 李小牧
副 主 编 / 李嘉珊

出 版 人 / 谢寿光
组稿编辑 / 蔡继辉
责任编辑 / 丁阿丽
文稿编辑 / 李　璐

出　　版 / 社会科学文献出版社 · 皮书研究院（010）59367092
地址：北京市北三环中路甲 29 号院华龙大厦　邮编：100029
网址：www.ssap.com.cn
发　　行 / 市场营销中心（010）59367081　59367083
印　　装 / 天津千鹤文化传播有限公司

规　　格 / 开 本：787mm × 1092mm　1/16
印 张：21.5　字 数：324 千字
版　　次 / 2020 年 1 月第 1 版　2020 年 1 月第 1 次印刷
书　　号 / ISBN 978-7-5201-6017-9
定　　价 / 128.00 元

本书如有印装质量问题，请与读者服务中心（010-59367028）联系

## 《中国国际文化贸易发展报告（2019）》编委会

杨　修　李小牧　李芷缇　李继东　李嘉珊
吴　茜　张　伟　张　鹂　张筱聆　陈　茜
林建勇　郑　明　赵晓琳　高梦彤　程相宾

# 主要编撰者简介

**李小牧**　教授，北京第二外国语学院副校长兼中国服务贸易研究院院长，国家文化贸易学术研究平台首席专家，首都对外文化贸易研究基地负责人，国家社会科学基金重大项目首席专家。兼任中国国际贸易学会服务贸易专业委员会主任、英国纽卡斯尔大学客座研究员。

先后主持完成以“中国特色文化发展道路理论与实践研究”“首都国家对外文化贸易基地运行机制创新研究”等为代表的国家社会科学基金重大项目、国家教育科学规划项目、教育部人文社会科学研究规划项目及北京市哲学社会科学规划重点项目等近20项。出版专著《欧元：区域货币一体化的矛盾与挑战》等近10部，发表学术论文《文化保税区：新形势下的实践与理论探索》《国际文化贸易：关于概念的综述和辨析》等30余篇。

**李嘉珊**　教授，北京第二外国语学院中国服务贸易研究院常务副院长，国家文化发展国际战略研究院常务副院长，首都国际交往中心研究院执行院长，首都对外文化贸易研究基地首席专家，国家文化贸易学术研究平台专家兼秘书长，京剧传承与发展（国际）研究中心主任。兼任中国国际贸易学会服务贸易专业委员会秘书长，中国国际贸易学会专家委员会副主任、常务理事，英国纽卡斯尔大学、伦敦大学金史密斯学院客座研究员。

先后主持完成包括“国有表演艺术院团改革及其国际化发展战略研究”“京津冀一体化背景下的对外文化贸易发展模式协同创新研究”“首都文化贸易现状及发展对策研究”在内的国家社会科学基金艺术学项目、北京市哲学社会科学规划项目等20余项，多项研究成果被采纳。编著高等教育出版社国际文化贸易系列教材《中国对外文化贸易概论》《国际文化贸易实训》等。发表学术论文《演艺进出口：贸易标的独特属性及发展趋势》《“一带一路”倡议背景下中国对外文化投资的机遇与挑战》《新时代构建我国对外文化贸易新格局的有效策略》等30余篇。学术专著《国际文化贸易论》荣获“商务发展研究成果奖（2017）”论著类二等奖。

# 摘 要

2018 年是“十三五”规划实施以来的关键一年，中国文化贸易的发展保持良好的态势，规模化和市场化程度都在不断提高，政策体系建设不断加强和完善。报告秉承“中国国际文化贸易发展报告”系列的理念和标准，以 2018 年中国国际文化贸易理论和实践发展为主要研究对象，结合“一带一路”倡议和贸易摩擦带来的机遇和挑战，既呈现宏观发展，又研究细分领域，为中国国际文化贸易的发展提供“中国方案”。

《中国国际文化贸易发展报告（2019）》以 2018 年中国国际文化贸易发展总体研究开篇，分析了 2018 年中国对外文化贸易发展概况，指出了中国对外文化贸易发展中的机遇和挑战并提出未来中国国际文化贸易的发展展望。在此基础上，通过分报告、专题篇、国际借鉴篇和实践创新篇四个部分，对国际文化贸易理论与实践中的热点、重点问题进行深度研判。分报告涉及广播影视、图书、演艺、游戏、动漫、文化旅游和艺术品七个国际文化贸易核心领域。2018 年国际文化贸易核心领域总体上发展较好，特别是与“一带一路”沿线国家之间的文化贸易得到进一步加强，但在供给质量、产业结构、品牌打造、创新竞争、人才培养等方面也存在一些问题。专题篇选取 2018 年中国国际文化贸易的热点和焦点问题进行研究，主要涉及中国文化产品进口结构的演变、中国陶瓷出口贸易的特点及优化策略、中国与中东欧时尚与创意产业的贸易、新时代中国版权贸易发展趋势。国际借鉴篇则涉及德国游戏对外贸易发展分析和 WTO 争端解决机制对美国版权贸易发展的影响等问题，为中国国际文化贸易的发展提供经验借鉴。实践创新篇包含文化品牌打造及海外发展问题、中国电子竞技的发展探究、方案预售开拓影视对外贸易新模式、中国风游戏的国际化探索等创新领域。

报告集专家学者之智，取产业实践之长，通过分析 2018 年中国国际文化贸易的发展亮点，剖析复杂国际形势下面临的问题及其特点，为中国文化产品和服务对外贸易的未来发展提供对策建议。

**关键词：** 文化贸易　服务贸易　版权贸易

# 序 言

2018 年是实施“十三五”规划承上启下的关键一年，是举国上下贯彻落实十九大精神的开局之年。经过多年的积累和发展，我国文化产业已经进入新的发展阶段，从文化产品供给的内容质量、数字经济的辐射型发展等可以看出文化产业未来高质量发展的广阔前景。互联网新业态的快速发展大力促进了文化企业加速升级，改变了文化产业发展格局，文化消费需求的提高促进了内容产业的提质增效。

国家持续出台了一系列文化产业支持政策。2018 年 2 月，中共中央办公厅、国务院办公厅印发《关于加强知识产权审判领域改革创新若干问题的意见》；3 月，国家新闻出版广电总局发布《关于做好 2018 年优秀国产纪录片推荐播映工作的通知》，文化产业监管制度更加严格规范，政策倒逼投机资本逐渐退场。文化和旅游部的批准设立有利于统筹各文化产业和旅游资源，推动文化领域优化布局、文化产业和旅游业等多个行业深度融合与发展。中国文化产业在未来升级中将更加深入大众、开创生活、面向未来，也将成为中国乃至全球新一轮创新发展的核心驱动力之一。

我国对外文化贸易增长迅速。据商务部统计数据，2018 年我国文化贸易规模不断扩大，文化产品和服务进出口总额达 1370. 1 亿美元，较上年增长 8. 3% 。文化贸易的结构不断优化，服务贸易实现高速增长，文化领域投资较 2017 年出现恢复性回升。我国对“一带一路”沿线国家文化产品出口总额达 162. 9 亿美元，为历年最高水平。但中国在文化产品和服务的进出口方面也存在着很大的问题，随着贸易规模的不断扩大，文化服务贸易与文化产品贸易之间的差距也越来越明显。文化贸易结构整体表现不均衡，文化产品和服务的内容质量和附加值普遍不高，生产效率与国际水平相比还有很大

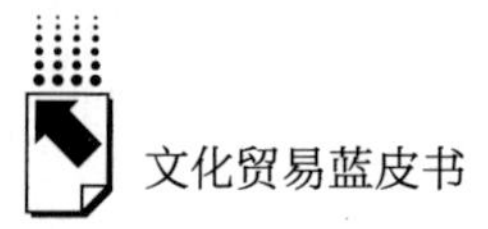


差距，人才培养和管理等方面仍存在着明显的问题，文化产业发展存在着难以突破的瓶颈。

当今国际经济政治形势错综复杂，世界经济和贸易保持高速增长态势并且增速不断提高，但出现的风险也在增多，我国文化贸易面临着不同程度的机遇和挑战。近年来，“一带一路”倡议逐渐获得世界 140 多个国家和地区的认可和积极响应，这为中国与沿线国家的贸易合作创造了新机遇。新的技术变革带来的互联网、大数据、区块链等，对贸易经济产生了不同程度的规模性影响，这也为文化产品形态与业态创新带来了新的机遇。世界经济正在经历由传统产业向新兴产业融合发展的转型，在此阶段要积极吸纳国际优秀人才、促进相关产业的联结、加快完善文化创新体系、催化新业态的形成。同时要吸纳国际优质资金、人才资源，激发内生力量和创新优势，促进产业优化升级，进一步拉动文化消费，通过需求倒逼供给侧向高质量、高效率的水平改革。中国本着开放包容的姿态抓住全球化深入发展的外在战略机遇和新技术革命不断深化的机遇，推动文化产业的成熟，有效应对贸易摩擦带来的挑战，深度融入贸易全球化，逐渐掌握国际贸易摩擦和争端解决的主动权。

《中国国际文化贸易发展报告（2019）》和《首都文化贸易发展报告（2019）》，由以北京第二外国语学院为主体的多学科研究团队编撰，分别从国家和首都文化市场建设和贸易发展的视角，总结了集中在过去一年文化领域发生的热点话题，汇集了各界专家学者对文化贸易发展的深度思考和战略研判。北京第二外国语学院自 2003 年起即开启了对文化贸易理论与实践的研究，紧密结合国家文化发展的国际战略，以国家文化发展国际战略研究院为核心，相继组建国家文化贸易学术研究平台、首都对外文化贸易研究基地、首都对外文化贸易与文化交流协同创新中心以及京剧传承与发展（国际）研究中心，逐渐形成国际化、综合性的学术研究与服务综合体。学术机构积极发挥“学术外交”的独特功能，推动对文化“走出去”理论的探索及其发展，加快文化“走出去”实践步伐，创新人才培养模式，促进中国文化产业品牌在国际领域获得更大影响力。

# 目　录

## Ⅰ　总报告



## Ⅱ　分报告

## Ⅲ 专题篇



## Ⅳ 国际借鉴篇



## Ⅴ 实践创新篇



皮书数据库阅读**使用指南**

# 总 报 告

General Report

## B.1 中国对外文化贸易发展报告（2019）

李小牧*

**摘　要：** 2018年是“十三五”规划实施以来的关键一年，中国文化贸易的发展保持良好的态势，规模化和市场化程度都在不断提高，政策体系建设不断加强和完善。随着经济发展步伐的增快，文化产业的发展水平和贸易效率有所提升，文化贸易呈现出愈发蓬勃的生机与活力。但同时，在中国文化贸易的发展进程中也有不可忽视的弱项，文化产品进出口结构有待优化，文化服务贸易额远低于文化产品贸易额，国际文化市场急需一批更高质量的文化产品和服务。未来，中国要通过各方力量的集合来弥补这些不足，从根本上提高文化贸易质量，

* 李小牧，教授，北京第二外国语学院副校长兼中国服务贸易研究院院长，国家文化贸易学术研究平台首席专家，首都对外文化贸易研究基地负责人。研究领域为世界经济、国际文化贸易等。

积极应对贸易摩擦，在复杂的国际贸易环境中稳中有序地推动文化产业茁壮发展，提升国家文化软实力。

**关键词：** 对外文化贸易　文化产品贸易　文化服务贸易　文化产业

中国文化贸易发展一直走在发展中国家的前列，其文化产品和服务的进出口总额占了全球文化贸易的较大比重，我国文化产业正处于大有作为的重要战略机遇期。“十三五”时期是我国全面建成小康社会的决胜阶段，也是推动文化产业成为国民经济支柱性产业的决定性阶段。[①] 世界经济正处于新旧增长动能转换的关键时期，新一轮科技革命和产业变革蓄势待发。2018年，数字化等经济发展中出现的新主题为文化产业改革带来新的思考，在新经济形势的驱动下，文化产业发展前景将更加光明。但也存在发展跟不上的一面，我国文化产业的发展也面临着许多困境，文化服务贸易持续高逆差是文化贸易中急需重视的短板。如何加速文化产业结构升级，借助新时代的新兴工具推动文化企业“走出去”，是政府和企业亟待解决的难题。

## 一　2018年中国对外文化贸易发展概况

### （一）对外文化贸易发展态势良好

2018 年，我国对外文化贸易额增长迅速，文化领域双向投资有序健康发展。商务部服贸司数据显示，2018 年，我国文化产品和服务进出口总额达 1370.1 亿美元，较上年增长 8.3%。其中，文化产品进出口总额 1023.8 亿美元，同比增长 5.4%，出口 925.3 亿美元，增长 4.9%，进口 98.5 亿美元，增长 10.3%，顺差 826.8 亿美元，规模比上年扩大 4.3%。文化服务进出口总额

① 范周：《从三个方面解读数字文化产业发展新思路》，《人文天下》2017 年 5 月 8 日。

346.3 亿美元，同比增长 17.8%，文化服务出口 72.9 亿美元，较上年增长 18.2%，文化服务进口 273.4 亿美元，较上年增长 17.7%（见图 1）。①

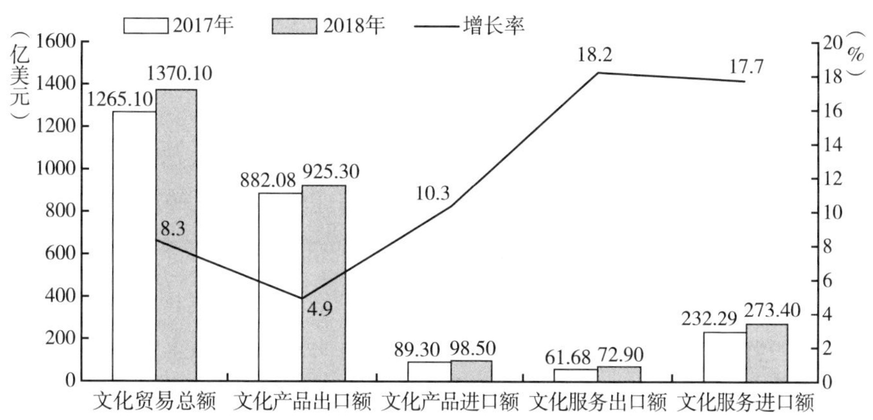


**图 1　2018 年中国文化贸易进出口情况**

资料来源：商务部服贸司。

整体上我国文化贸易的结构不断优化，贸易市场规模持续扩大。我国对"一带一路"沿线国家文化产品出口总额达 162.9 亿美元，为历年最高水平。② 文化产品出口贸易额处于世界前列，文化服务方面进口增势保持良好。各行业贸易情况，除艺术品贸易情况不太乐观外，其他行业贸易态势持续向好。艺术品出口仍主要流向发达国家和地区，其中美国始终为中国艺术品出口最多目的地国家。2018 年，中国广播影视文化产业的对外贸易总额保持增长态势，对外贸易的优秀作品大幅增加，产品出口内供和外需相对应，出口产品的内容、质量逐渐贴合海外市场需求。出口市场从东南亚到中亚，并向非洲、欧洲地区不断拓展，民营企业也逐步成长为市场主体。游戏行业对外贸易势头强劲，2018 年中国自主研发网络游戏海外市场收入达 95.9 亿美元，中国游戏产业贸易总额增长幅度稍有提升，同比增长 15.8%。

① 于帆：《2018 年我国对外文化贸易实现快速增长》，《中国文化报》2019 年 3 月 17 日。

② 刘昕：《我国文化产品服务出口质量不断提高》，《国际商报》2019 年 6 月 3 日。

在2012年7月至2018年12月期间，国产移动游戏在海外市场下载总量约为170亿次，总收入超过200亿美元，其中有1000款游戏的收入超过100万美元。2018年国产游戏的海外市场主要集中在美洲和亚洲，增速最快的国家从高到低依次为印度、印尼、越南、美国、巴西。

## （二）国家政策加速健康市场环境形成

我国对外文化贸易过去一年之所以取得如此佳绩，与2018年以来频繁出台的各项政策密切相关。2018年2月，商务部会同相关部门共同认定了2017～2018年度国家文化出口重点企业和2017～2018年度国家文化出口重点项目，298家企业和109个项目入选；2018年6月，商务部、中央宣传部、文化和旅游部、国家广播电视总局公布了国家文化出口基地名单，北京天竺综合保税区、上海市徐汇区、江苏省无锡市、中国（浙江）影视产业国际合作区等13个基地入列（见表1）。[①]

**表1　2018年国家文化出口基地名单**

| 序号 | 基地 |
|---|---|
| 1 | 北京天竺综合保税区 |
| 2 | 上海市徐汇区 |
| 3 | 江苏省无锡市 |
| 4 | 中国（浙江）影视产业国际合作区 |
| 5 | 安徽省合肥市蜀山区 |
| 6 | 山东省淄博市博山区 |
| 7 | 湖南省长沙市 |
| 8 | 广东省广州市天河区 |
| 9 | 四川省自贡市 |
| 10 | 云南省昆明市 |
| 11 | 西藏文化旅游创意园区 |
| 12 | 西安高新技术开发区 |
| 13 | 中国（福建）自贸试验区厦门片区 |

资料来源：商务部。

① 刘昕：《我国文化贸易结构持续优化》，《国际商报》2019年3月21日。

国家文化出口基地建设的宗旨就是创新文化贸易发展的体制机制和政策措施，发挥基地的集聚、引领和辐射作用，培育一批具有较强国际竞争力的文化企业，形成一批具有较强辐射力的国际文化交易平台，摸索一批适应文化贸易创新发展的模式和经验，带动文化贸易高质量发展，为提升中华文化软实力提供支撑。[①] 基地名单公布将有力推进各城市文化产业集聚力量的发挥，激励各基地借助自身区位、文化资源等优势，发挥专长，打造中国特色文化品牌，提升文化产品核心竞争力，对于形成良性竞争的市场环境和促进中国文化贸易发展具有重要意义。

## （三）文化产品贸易结构不断优化

文化产品贸易一直都是我国文化贸易的主要力量。2018 年文化产品出口结构不断优化，文化用品为文化产品出口中的主要类别，占比达 50.6%，出口额同比增长 2.0%；艺术特色更为突出的工艺美术品及收藏品、出版物出口增长更快，与 2017 年相比分别增加了 9.9% 和 5.9%；文化设备和器材出口额较 2017 年增长 4.4%，占文化产品出口总额的 13.1%。[②]

文化产品出口贸易市场更加丰富。美国、中国香港、荷兰、英国、日本仍然是中国内地对外文化产品出口合作最频繁的伙伴方，总占比为 59.6%，同比增长 3.6 个百分点。与新兴和发展中经济体相比保持稳步增长，对“一带一路”沿线国家出口额达 162.9 亿美元，出口水平再创新高，对“金砖国家”、中东欧国家出口分别增长 18.1% 和 8.9%，对拉丁美洲、亚洲出口分别增长 14.5% 和 7.5%，贸易市场划分更为均衡。[③]

## （四）文化服务贸易实现高速增长

相比文化产品贸易，文化服务贸易的增长速度更快。据商务部统计，

---

① 郑洁：《文化外贸的桥头堡首次集体亮相》，《中国文化报》2018 年 6 月 23 日。

② 数据来源：商务部服贸司。

③ 刘昕：《我国文化贸易结构持续优化》，《国际商报》2019 年 3 月 21 日。

2018 年，我国文化服务进出口总额为 346.3 亿美元，增长 17.8%，占文化产品和服务进出口总额的比重为 25.3%，比上年提升 2.1 个百分点。这是我国文化贸易高质量发展的重要体现。①

文化服务出口总体结构持续优化。2018 年，我国文化服务出口总额为 72.9 亿美元，同比增长 18.2%，增幅同比提高 22.1 个百分点。其中，核心的文化及娱乐服务、著作权等研发成果使用费、视听及相关产品许可费三项服务出口额为 18.7 亿美元，同比增长 21.4%，高出总体增幅 3.2 个百分点。与文化产品贸易结构类似，文化服务出口地区分布表现为东部集中、中西部高速发展。2018 年，我国东部地区文化服务出口额同比增长 16.6%，占我国整体文化服务出口额比例达 94.6%；中西部地区呈现迅速增长态势，2018 年中西部地区出口额同比增长 60.6%；东北地区出口额同比增长 22.5%。文化服务出口额排名前五位的分别为上海、北京、广东、江苏、浙江，占比达 91.5%。

文化服务进口的增长态势良好。据商务部统计数据，2018 年，我国文化服务进口增势保持稳定，文化服务进口 273.4 亿美元，较上年增长 17.7%，增幅比上年下降 2.8 个百分点。其中，视听及相关产品许可费、文化和娱乐服务、广告服务进口分别增长 37.5%、23.2% 和 22.4%，占比分别提升 1.6、0.6 和 0.4 个百分点。②

### （五）各区域文化及相关产业持续增收

根据《文化及相关产业分类（2018）》，文化及相关产业分为九大类，分别是：新闻信息服务、内容创作生产、创意设计服务、文化传播渠道、文化投资运营、文化娱乐休闲服务、文化辅助生产和中介服务、文化装备生产和文化消费终端生产。

2018 年，从产业类别划分来看，各大产业都实现了不同程度的增长。

---

① 刘昕：《我国文化贸易结构持续优化》，《国际商报》2019 年 3 月 21 日。

② 刘昕：《我国文化贸易结构持续优化》，《国际商报》2019 年 3 月 21 日。

其中，文化制造业营业收入为38074亿元，同比增长4.0%；文化批发和零售业营业收入为16728亿元，同比增长4.5%；文化服务业营业收入为34454亿元，同比增长15.4%。①

从文化及相关产业划分来看，9个行业中有3个行业的增长率超过了10%。分别是：新闻信息服务营业收入8099亿元，增长率为24.0%；创意设计服务11069亿元，增长率为16.5%；文化传播渠道10193亿元，增长率为12.0%。2个行业的增长率为负，分别是文化娱乐休闲服务1489亿元，同比下降1.9%，文化投资运营412亿元，同比下降0.2%。

从区域划分来看，中国文化产业主要发展力量还是集中在东部，该区域规模以上文化及相关产业企业全年的营业收入达到68688亿元，是全国文化产业收入总量的77.0%；中部地区营业收入为12008亿元，占全国的13.4%；西部地区营业收入为7618亿元，占全国比重8.5%；东北地区营业收入为943亿元，占全国比重1.1%（见图2）。营业收入较2017年相比，西部地区同比增长12.2%，中部地区同比增长9.7%，东北地区则同比下降1.3%。

据商务部统计，文化产品出口集中在东部地区，占文化产品出口总额的92.9%，比上年增长4.4%；广东、浙江、江苏、山东、福建的出口居前五位，合计占比达89.4%。中西部地区出口增幅较大，较上年增长14.2%，占文化产品出口总额的6.6%，其中，西部地区出口增长22.7%；东北地区出口下降0.1%，占比仅为0.5%。民营企业继续保持第一大出口主体地位，始终是文化贸易中的重要力量，文化产品出口512.3亿美元，增长9.3%，占比达55.4%，比上年提升2.2个百分点。外资企业出口增长0.6%，占比达39.4%，比上年下降1.7百分点。②

① 张婧：《2018年全国规模以上文化及相关产业企业营收增长8.2%》，《中国文化报》2019年2月12日。

② 刘昕：《我国文化贸易结构持续优化》，《国际商报》2019年3月21日。

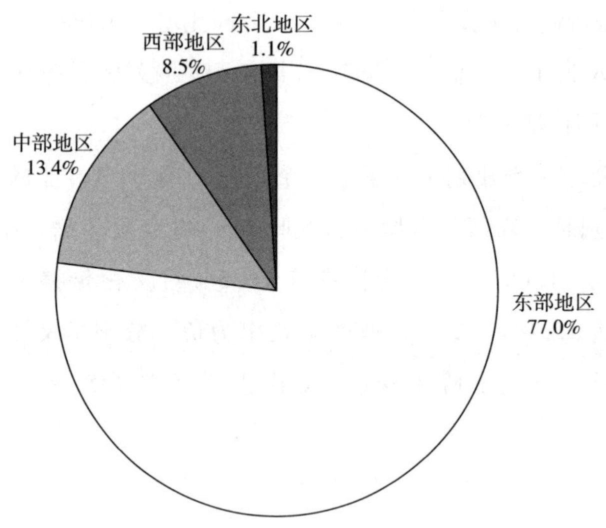


**图 2　2018 年中国文化产业营业收入地区分布**

资料来源：中国政府网。

## 二　国家文化出口重点企业调查分析

为培育我国文化产业骨干企业，鼓励和支持文化企业参与国际竞争，积极开拓国际文化市场，扩大文化产品和服务出口，提高文化企业国际竞争力，增强中华文化的国际影响力，商务部、外交部、文化部、国务院新闻办等十部委于 2012 年共同修订了《文化产品和服务出口指导目录》。在符合目录要求的企业中认定一批拥有国际文化贸易专门人才、具备较强国际市场竞争力、守法经营、信誉良好的“国家文化出口重点企业”。北京第二外国语学院于 2018 年 12 月起对相关国家文化出口企业进行了电子问卷调查，并对问卷进行了回收及统计分析。

### （一）国家文化出口重点企业统计概况

#### 1. 数量概况及地区分布

本次问卷调查样本以电子问卷调查的形式进行数据采集，截至本报告编写时，共采集国家文化出口重点企业样本 300 家（已删除重复申报的企业数据）。电子问卷调查表共有 36 个题项，包含文字录入题、单项选择题、排序题、简述题等，通过对原始数据进行标准化和筛选分类，统计得出的国家文化出口重点企业基本信息如下。

本次调查的 300 家国家文化出口重点企业中，最早的一家（人民出版社）成立于 1921 年，将近 73% 的企业成立于 2000 年及以后，具体的企业成立年份分布情况如图 3 所示。

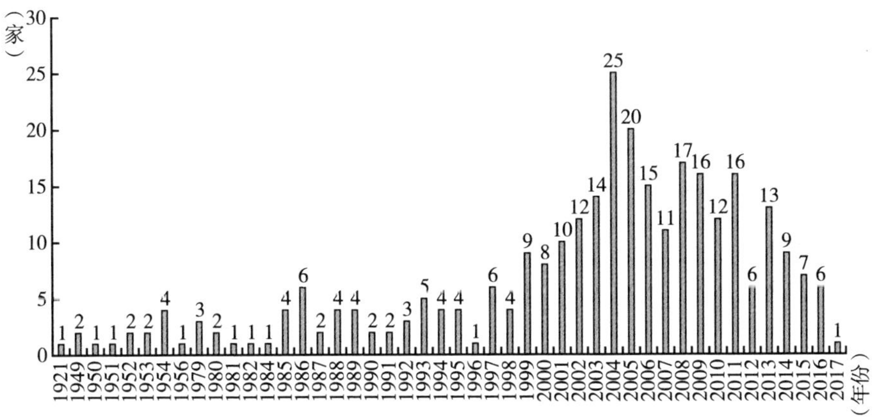


**图 3　国家文化出口重点企业成立时间分布**

调查中的 300 家国家文化出口重点企业分布于 25 个省（直辖市或自治区），填报数量的分布差距较大，其中填报数量最多的省（直辖市或自治区）是北京、广东、江苏和浙江，总计占比约为 58. 7%。企业填报数量在 10 家以上的省份只有 7 个，占比约 28%，具体分布如图 4 所示。

通过地理分布分析可得出，重点企业主要分布于首都和沿海地区，北京以 75 家排名第一，广东分布有 37 家企业。东部沿海长三角一带企业尤为集中，共计 105 家，总量占比约为 35%。西部地区分布较少，云南省共计 6 家，广西、贵州、青海、山西、海南、重庆分别只有 1 家企业。

2. 企业资产和人员规模

对重点企业的企业资产规模分析可以看出，除了少部分企业资产规模较

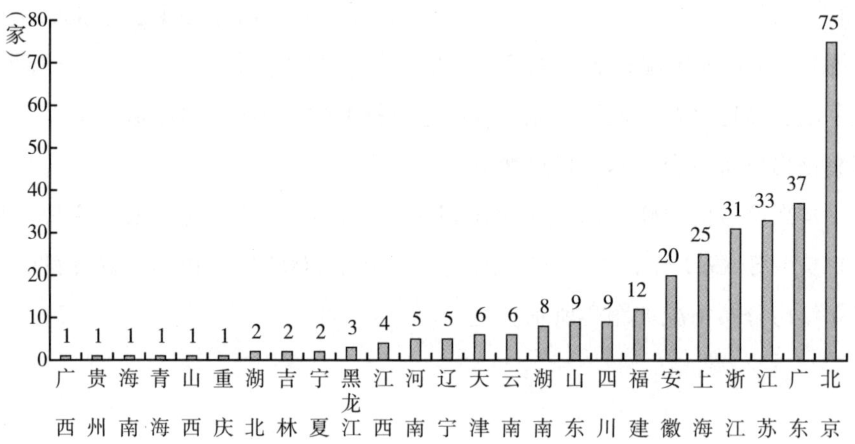


**图4　国家文化出口重点企业分布**

大（不低于50亿元资产规模企业有17家，不低于10亿元、低于50亿元资产规模企业有32家），大部分国家文化出口重点企业的资产规模集中在10亿元以内。企业资产规模分布情况见表2。

**表2　国家文化出口重点企业资产规模分布**

单位：家

| 企业资产规模 | 企业数 |
| --- | --- |
| 资产规模≥50亿元 | 17 |
| 10亿元≤资产规模<50亿元 | 32 |
| 1亿元≤资产规模<10亿元 | 113 |
| 1000万元≤资产规模<1亿元 | 86 |
| 资产规模<1000万元 | 52 |

大部分国家文化出口重点企业资产规模在1000万~10亿元，其中资产规模在1000万及以上、小于1亿元的企业有86家（28.7%），1亿元及以上、小于10亿元规模企业113家（37.7%），共计199家，总占比约66.4%。10亿元及以上（含50亿元及以上）大规模企业以及1000万元以下中小微规模企业占比较少，资产规模10亿元及以上企业49家占比约为

16.4%，其中规模在50亿元及以上的只有17家，占比5.7%。1000万元以下资产规模企业共计52家，占比约17.3%（见图5）。

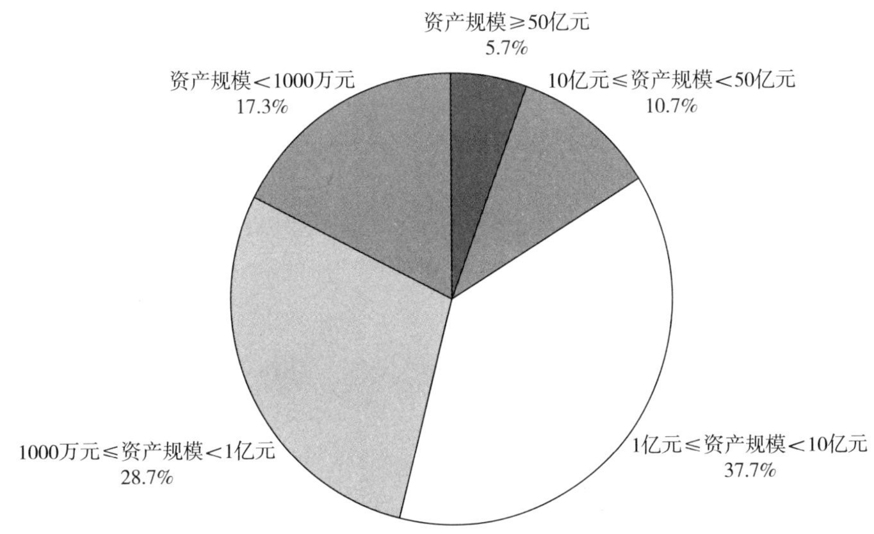


**图5　国家文化出口重点企业不同资产规模占比**

企业员工数量分布情况如表3所示。

**表3　国家文化出口重点企业员工数量分布**

单位：家

| 企业员工数范围 | 企业数 |
|---|---|
| 企业员工数<10人 | 8 |
| 10人≤企业员工数<100人 | 107 |
| 100人≤企业员工数<300人 | 79 |
| 企业员工数≥300人 | 106 |

其中，员工规模10人以下企业共计8家，占比2.7%；员工规模10人及以上、小于100人企业最多，共计107家，占比35.7%；员工数100人及以上、小于300人的企业共计79家，占比26.3%，300人及以上企业共计

106 家，占比 35.3%。除了极少数 10 人以下的小微型企业，其他规模企业分布较为均匀、差距较小，并主要以中型及大型企业为主（见图 6）。

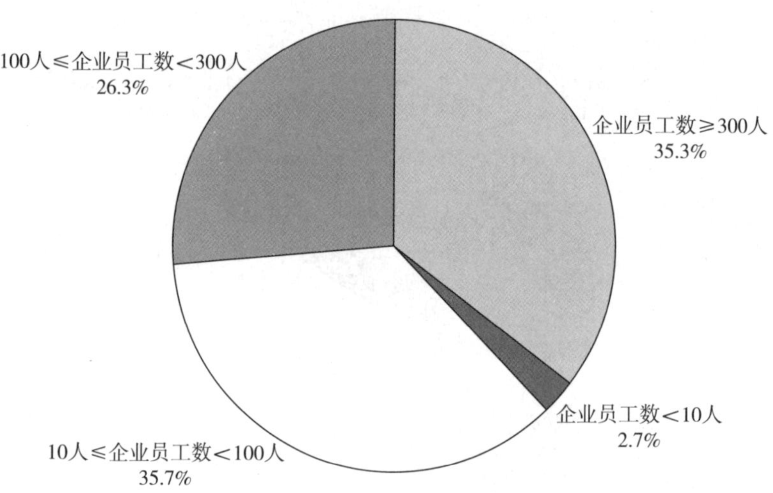


**图 6　国家文化出口重点企业员工数占比**

3. 国家文化出口重点企业类型

在此次问卷调查统计 300 家国家文化出口重点企业中，共涉及 8 种不同类型企业。其中，股份有限公司 56 家，有限责任公司 108 家，股份合作企业仅有 4 家，私营企业 38 家，国有企业 65 家，外商投资企业 9 家，港澳台商投资企业 12 家，其他类型企业 8 家（见表 4）。

**表 4　国家文化出口重点企业类型统计**

单位：家

| 企业类型 | 数量 |
|---|---|
| 股份有限公司 | 56 |
| 有限责任公司 | 108 |
| 股份合作企业 | 4 |
| 私营企业 | 38 |
| 国有企业 | 65 |

续表

| 企业类型 | 数量 |
| --- | --- |
| 外商投资企业 | 9 |
| 港澳台商投资企业 | 12 |
| 其他 | 8 |

通过对比分析可得出，有限责任公司数量最多，占据主体，占比约为36%。国有企业与股份有限公司数量、占比相当，分别为21.7%和18.7%。私营企业、股份合作企业、外商及港澳台商投资企业数量较少，合计占比21%（见图7）。

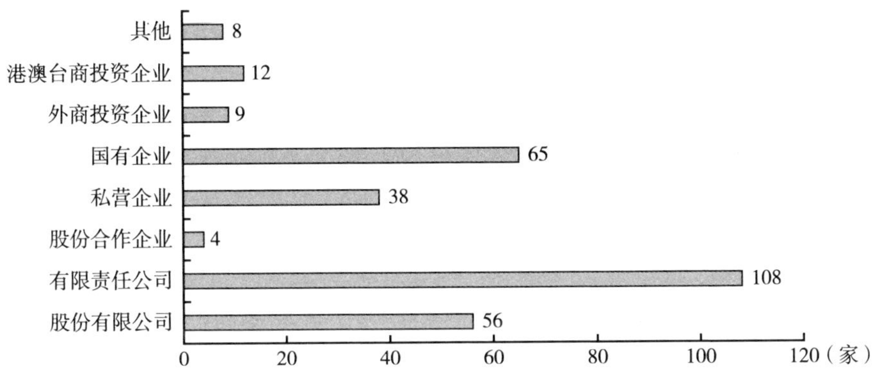


**图7　国家文化出口重点企业各类型对比**

4. 不同年份入选国家文化出口重点企业数量

通过分析300家不同年份入选国家文化出口重点企业的数据，可发现入选企业数总体上呈现增加态势，2017年达到峰值。其中，2007～2010年发展平稳，2011年迅速增长，该年国家文化出口重点企业数量是前一年的2.05倍，随后呈现缓慢增长的态势（见图8）。

另外，这300家重点企业中有217家（72.3%）企业多次入选国家文化出口重点企业，因此可以说大部分入选企业在文化出口领域都具备较好的长期发展态势（见图9）。

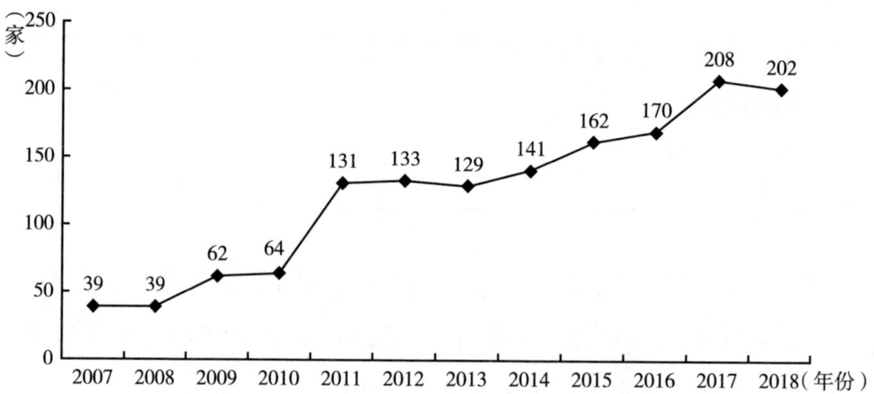


**图8　国家文化出口重点企业入选数量年份分布情况**

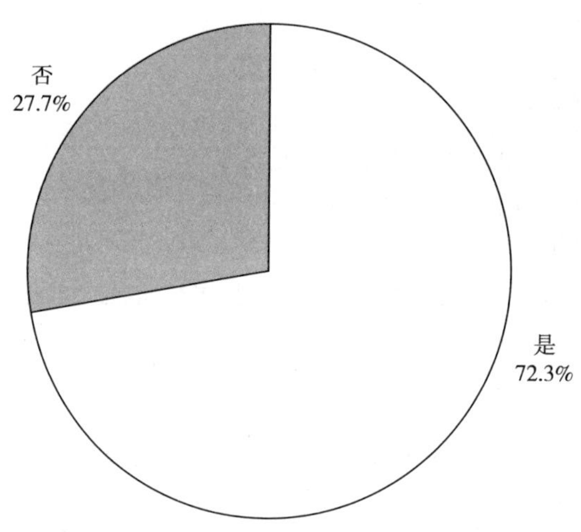


**图9　多次入选国家文化出口重点企业占比状况**

5. 入选国家文化出口重点企业对企业的影响

在对国家文化出口重点企业的问卷调查中，入选国家文化出口重点企业对企业的影响也是重点研究内容之一，主要选项内容包括：增强企业自信、政府认可度增强、激发企业动力、国际竞争力提升、拓展企业发展空间、融资更加便捷、其他。

其中，293 家（97.7%）重点企业选择了“增强企业自信”这个选项，其次是“政府认可度增强”（91.7%），由此可见，入选国家文化出口重点企业对重点企业首先意味着自信心的提升以及认可度的增强，“激发企业动力”、“国际竞争力提升”以及“拓展企业发展空间”三个选项数量相当，而选择“融资更加便捷”这一选项的只占了三分之一左右（见表5、图10）。由此可见，入选国家文化出口重点企业，能够有效带给企业精神层面的鼓励，其次是带动企业发展，最后才是实际层面惠及企业融资，奖励及影响力度有待进一步加强。

**表5　入选国家文化出口重点企业对企业的影响**

单位：家，%

| 对企业的影响 | 增强企业自信 | 政府认可度增强 | 激发企业动力 | 国际竞争力提升 | 拓展企业发展空间 | 融资更加便捷 | 其他 |
|---|---|---|---|---|---|---|---|
| 选择家数 | 293 | 275 | 251 | 234 | 228 | 108 | 38 |
| 占比 | 97.7 | 91.7 | 83.7 | 78.0 | 76.0 | 36.0 | 12.7 |

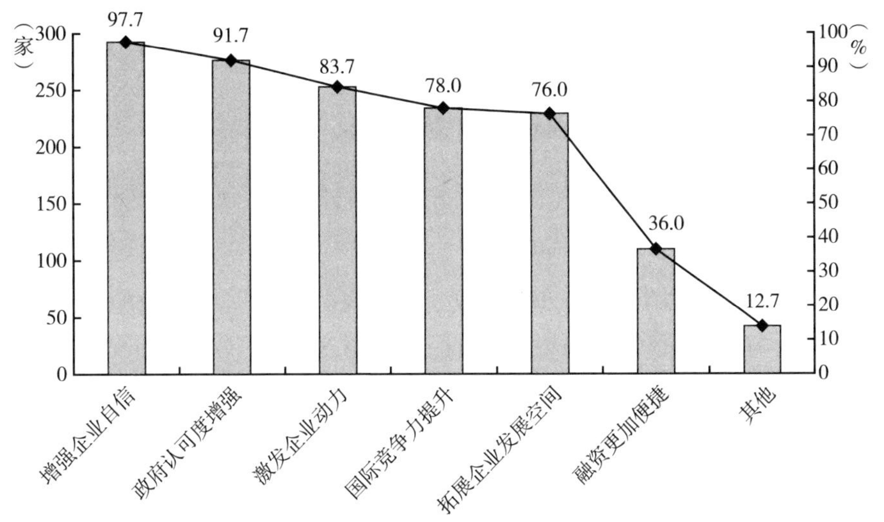


**图10　入选国家文化出口重点企业对企业的影响情况**

入选国家文化出口重点企业后，298家重点企业中的211家（70.8%）企业的出口业务得到了增长，68家（22.8%）重点企业出口业务与入选前

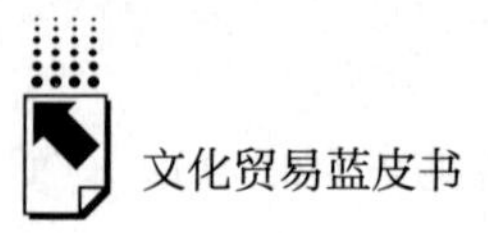


持平，另有 19 家（6.4%）重点企业出现了出口下降的情况（见图 11）。绝大部分重点企业在入选后，出口业务都得到了进一步发展。

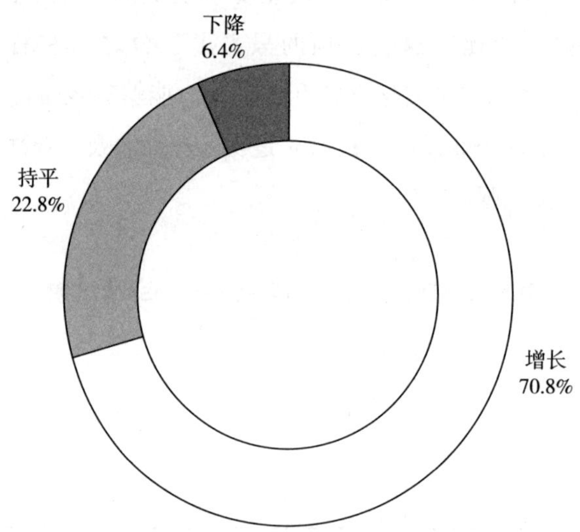


**图 11　入选国家文化出口重点企业后的出口变化情况**

## （二）国家文化出口重点企业贸易概况

1. 2018年出口规模、方式、行业和目的地统计分析

通过对企业出口规模统计可发现，出口规模在 1800 万美元以上的企业有 41 家，1800 万美元及以下、大于 1000 万美元出口规模企业 17 家，1000 万美元及以下、大于 100 万美元出口规模企业 101 家，100 万美元及以下、大于 50 万美元出口规模企业 50 家，50 万美元及以下、大于 10 万美元出口规模企业 42 家，10 万美元及以下、大于 2 万美元出口规模企业 28 家，18 家企业出口规模在 2 万美元及以下。2018 年国家文化出口重点企业的出口规模如表 6 所示。

其中，出口规模在 1001 万 ~ 1800 万美元之间以及 2 万美元及以下的企业占比较少，101 万 ~ 1000 万美元出口规模的企业较为集中，数量较多，占比约 34%，超过总数的三分之一。其他规模企业数量相当，分布较为均匀（见图 12）。

表 6　2018 年国家文化出口重点企业出口规模

单位：美元，家

| 出口规模 | 数量 |
|---|---|
| 出口规模 < 2 万 | 18 |
| 2 万≤出口规模≤10 万 | 28 |
| 10 万 < 出口规模≤50 万 | 42 |
| 50 万 < 出口规模≤100 万 | 50 |
| 100 万 < 出口规模≤1000 万 | 101 |
| 1000 万 < 出口规模≤1800 万 | 17 |
| 出口规模 > 1800 万 | 41 |

注：有 3 家企业未填写数据。

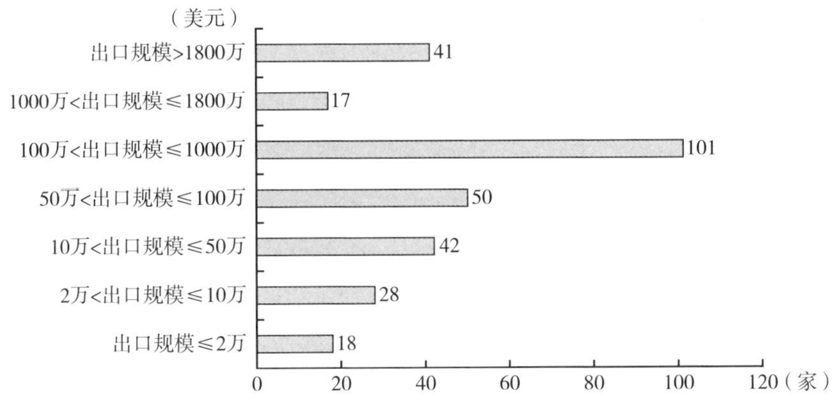


图 12　2018 年国家文化出口重点企业出口规模统计

出口方式统计结果如表 7 所示。

表 7　国家文化出口重点企业出口方式

单位：家

| 出口方式 | 数量 |
|---|---|
| 产品出口 | 52 |
| 服务出口 | 175 |
| 产品 + 服务 | 73 |

以产品出口为主的国家文化出口重点企业有52家，以服务出口为主的重点企业有175家，产品与服务同时出口的重点企业有73家。由此分析可得出，重点企业以服务出口为主，不到五分之一的重点企业出口方式为产品出口，24.3%的重点企业同时进行文化产品和文化服务出口（见图13）。

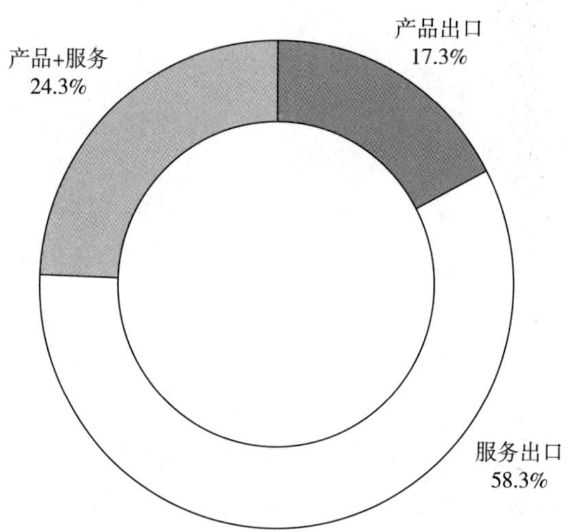


**图13 国家文化出口重点企业出口方式分布状况**

重点企业出口业务所属行业分布如表8、图14所示，其中“其他”类包括：文化休闲娱乐服务，语言信息技术服务，软件信息服务，文化产品（舞台、动漫衍生品、乐器、陶瓷、文教用品等相关产品）生产制造及设计等。

**表8 国家文化出口重点企业出口业务所属行业**

单位：家

| 出口业务所属行业 | 企业数量 |
| --- | --- |
| 新闻出版 | 82 |
| 广播影视 | 57 |
| 动漫网游 | 70 |
| 文化旅游 | 38 |
| 艺术品创作 | 25 |
| 创意设计 | 44 |
| 其他 | 42 |

按出口所属行业统计，新闻出版类出口企业有82家，广播影视类出口企业57家，动漫网游类70家，文化旅游类38家，艺术品创作类25家，创意设计类44家，其他类42家。从出口行业的企业数量分布可以看出，新闻出版、动漫网游、广播影视等是文化出口的主要行业领域，从事艺术品创作的企业相对较少，但总体分布较为平均，数量差距较小。

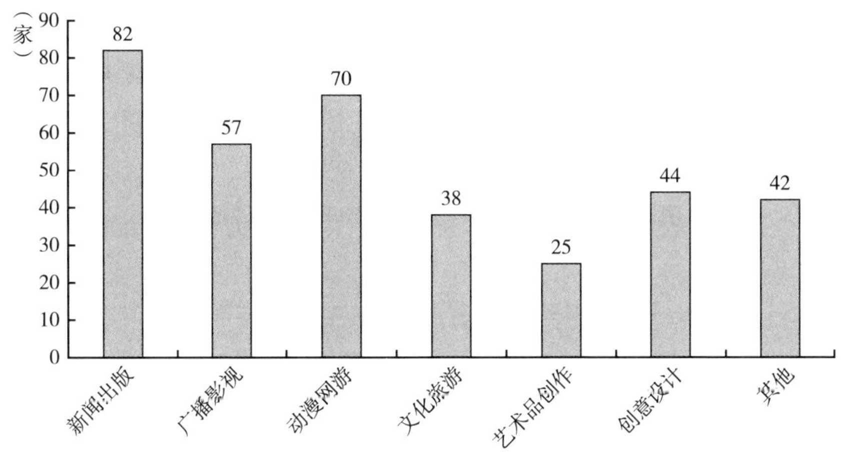


**图14　国家文化出口重点企业出口业务所属行业分布**

重点企业出口目的地主要集中于欧洲、北美、东南亚、港澳台等传统地区。南美国家出口也较为可观，紧随其后，南亚、大洋洲、非洲、西亚、欧亚地区（独联体地区）、拉丁美洲及其他国家（地区）出口分布较少，数量较为平均（见图15）。

2. 核心产品2018年利润情况

从表9、图16可以看出，这300家国家文化出口重点企业2018年出口订单的变化情况，一半以上的重点企业在2018年订单金额有所增长，约三分之一重点企业的订单额在2018年持平，15%的重点企业有所下降，还有3%的重点企业未填报相关数据。由此可见，绝大部分重点企业核心产品在2018年利润有所增加，少部分重点企业产品销售状况不佳，总体呈现良好发展的趋势。

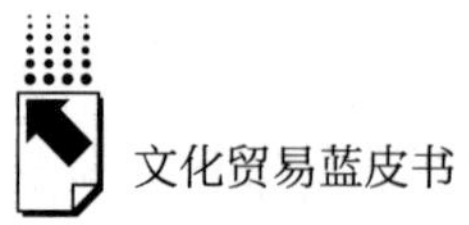


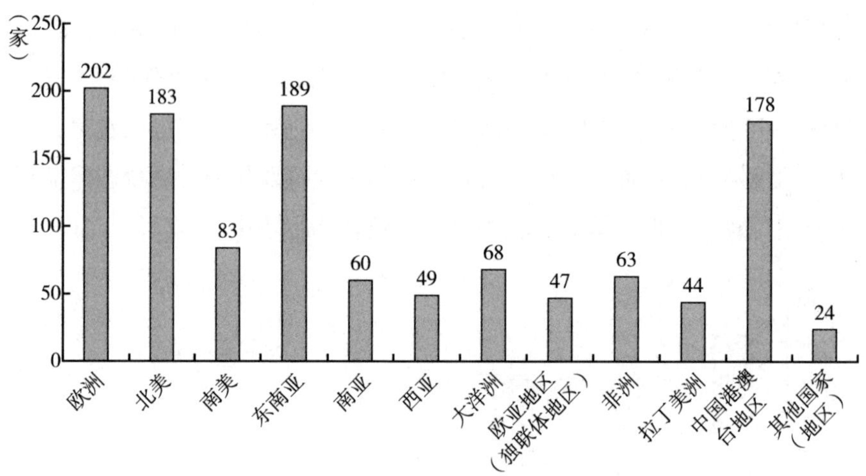


**图 15　国家文化出口重点企业出口目的地统计情况**

**表 9　2018 年国家文化出口重点企业出口订单金额变化统计**

单位：家，%

| 出口订单金额变化 | 数量 | 占比 |
| --- | --- | --- |
| 增长 | 154 | 51.3 |
| 持平 | 92 | 30.7 |
| 下降 | 45 | 15.0 |
| 未知 | 9 | 3.0 |

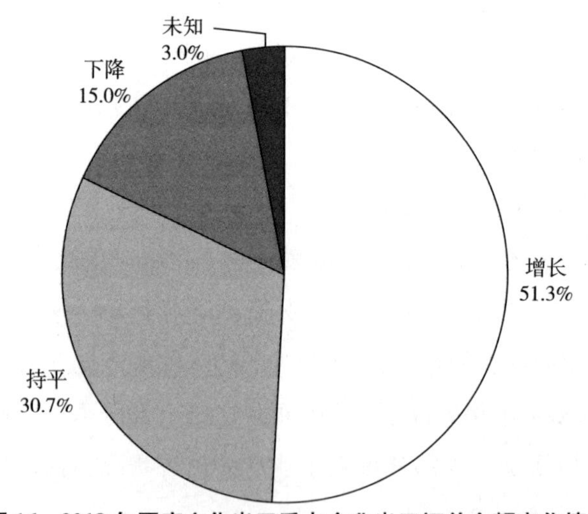


**图 16　2018 年国家文化出口重点企业出口订单金额变化情况**

3. 对外投资情况、海外线上交易情况分析和国际形势预判

国家文化出口重点企业在海外贸易与投资过程中参与当地社会公益活动情况如表 10 所示。

**表 10 国家文化出口重点企业参与海外当地的社会公益活动情况**

单位：家

| 形式 | 组织 | 参与 | 资助 | 未涉 |
|---|---|---|---|---|
| 数量 | 60 | 144 | 57 | 176 |

注：一个企业可参与多种形式的社会公益活动。

从统计结果来看，大部分企业并未积极融入当地社会公益活动中，有 58.7%（176 家）的重点企业表示未涉及当地的社会公益活动，涉及海外当地社会公益活动的重点企业数为 41.3%（124 家）。重点企业在组织、参与和资助的选项中可以多选其涉及海外当地社会公益活动的形式，这其中有 144 家重点企业选择了参与，57 家重点企业有所资助，有 60 家重点企业组织过相关公益活动（见图 17）。从结果来看，文化出口重点企业对于海外当地社会公益活动的参与程度仍有待加强。

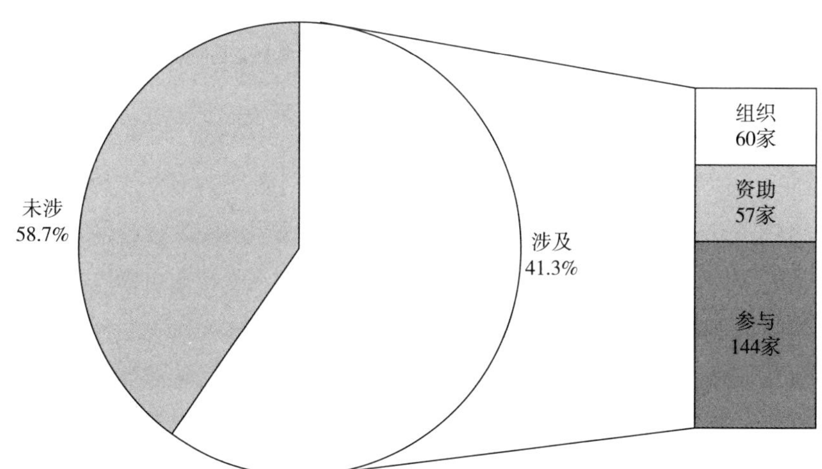


**图 17 国家文化出口重点企业参与海外当地社会公益活动情况**

说明：一个企业可以参与多种形式的社会公益活动。

通过对国家文化出口重点企业是否尝试海外线上交易情况的分析，可以看出只有 72 家（24%）重点企业尝试过线上交易，224 家（75%）重点企业明确表示暂未尝试过线上交易，另有 4 家重点企业未填写（见图 18）。可以说，在利用互联网创新技术方面，重点企业还需要更多的尝试和突破，其运营交易模式有待进一步优化与完善。

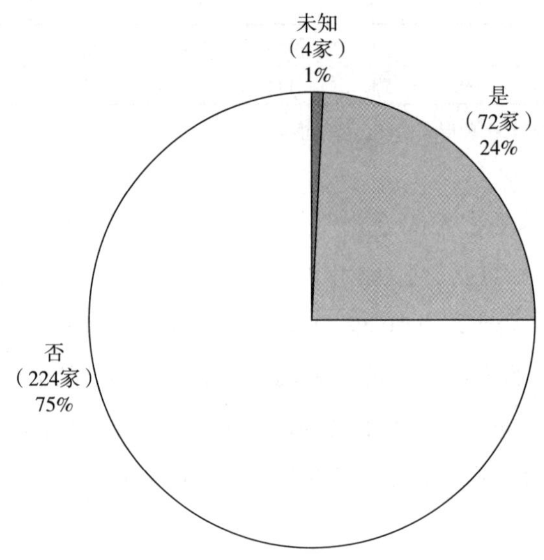


**图 18　国家文化出口重点企业尝试海外线上交易情况**

已尝试海外线上交易的重点企业使用的重要平台包括：阿里巴巴、亚马逊、苹果、谷歌、IPR 在线版权交易平台、秒鸽网络交易系统、海外联运、华文联盟平台项目、相关游戏运营平台线上交易以及自有交易平台等。

对 2020 年经济形势的预判，可以从侧面反映出国家文化出口重点企业对近期经济形势和国际贸易环境的预判，也是对企业经营者经营信心和投资趋势的重要反映。从统计结果来看，预判 2020 年经济形势情况为基本乐观的有 154 家企业（51.3%），选择 2020 年会变好的企业有 52 家（17.3%），这两者总共占比为 68.6%，可以看出有近 70% 的企业对 2020 年的经济形势给出了积极的评价。对 2020 年经济形势预判为处于低迷和变差且看不到底的分别为 25 家（8.3%）和 18 家（6.0%），另有 5 家企业（1.7%）选择 2020 年会变差，总体上有 16%

的重点企业对 2020 年度的经济形势给出了较为消极的评价。另有 35 家（11.7%）和 11 家（3.7%）重点企业分别为看不清楚和未填写（见图 19）。总体而言，大部分国家文化出口重点企业对下一年度的经济形势给出了积极的反馈，这也说明文化出口重点企业仍旧具备较好的企业经营信心。

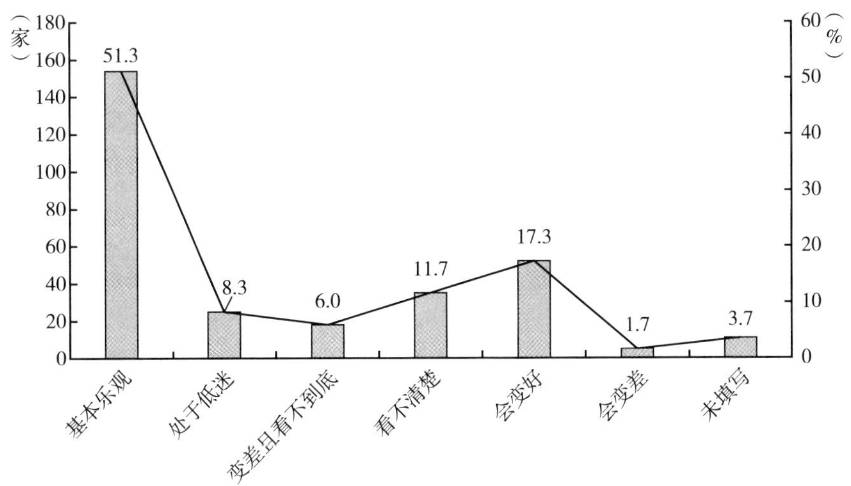


**图 19　国家文化出口重点企业对 2020 年经济形势的预判情况**

4. 与“一带一路”沿线国家合作情况

“一带一路”是我国发布的一项重要的国际化经贸合作倡议，参与问卷调查的 300 家国家文化出口重点企业中有 184 家（61.3%）有与“一带一路”沿线国家的经贸合作，有 112 家（37.3%）还没有开展与“一带一路”沿线国家的经贸合作，另有 4 家重点企业未填报相关数据（见图 20）。

“一带一路”是国家级发展倡议，需要“一带一路”沿线国家签订的政府间协议的支持。从统计结果来看，仅有 60 家（20%），即五分之一的重点企业受惠于“一带一路”国家的政府间协议，而绝大部分（226 家，75.3%）重点企业并未从中受益，另有 14 家重点企业未填写（见表 11、图 21）。结合出口目的地统计部分，反映出国家文化出口重点企业与“一带一路”沿线国家合作紧密程度不高，“一带一路”沿线国家文化市场有待开拓；另外也反映出“一带一路”政府间协议中文化贸易相关政策惠及力度有待进一步加强。

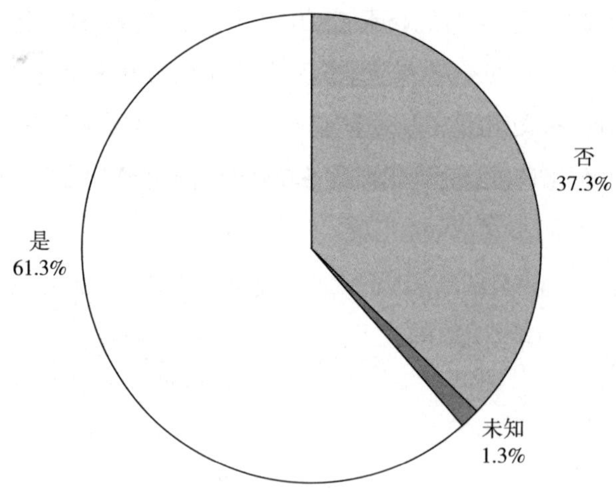


图 20　国家文化出口重点企业与“一带一路”沿线国家合作情况

表 11　国家文化出口重点企业受惠于“一带一路”国家的政府间协议情况

单位：家

| 是否受惠于“一带一路”国家的政府间协议 | 数量 |
|---|---|
| 是 | 60 |
| 否 | 226 |
| 未知 | 14 |

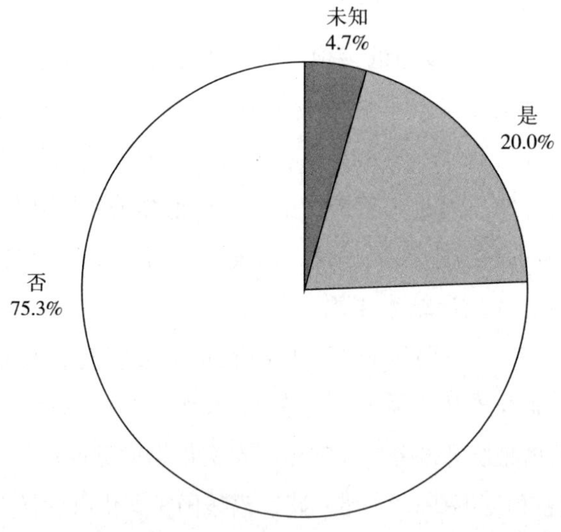


图 21　国家文化出口重点企业是否受惠于“一带一路”国家的政府间协议

大部分国家文化出口重点企业还没能从政府间协议的签订中直接受惠，因此后续在政府间签订协议方面，还需要对国家文化出口重点企业以更多关注。对于选择受惠于政府间协议的企业，企业对政府间签订协议的评价主要有以下几方面。

（1）相关协议例如《中华人民共和国政府和新西兰政府关于加强“一带一路”倡议合作的安排备忘录》的签订，澜湄合作的深化以及东南亚中国图书巡回展活动等，有利于扩大公司对东盟和东欧国家的产品出口及合作交流。

（2）有效地促进了企业与“一带一路”沿线国家的贸易往来、经济合作及文化交流，“文化互通性”进一步加强。

（3）为企业开拓了营销渠道，推动了其产品发行运营。

（4）与“一带一路”沿线国家的经济、文化交流更加紧密，扩大了出口收入。

（5）自2017年创建“一带一路”学术联盟，已经与多个“一带一路”国家合作出版图书。

（6）“一带一路”沿线国家潜在客户和用户需求增多。

（7）传播中国文化，助力国家外交，提高企业知名度，社会、经济效益双丰收。

（8）依托“丝绸之路电视国际合作共同体”和“影视文化进出口企业协作体”，搭建“一带一路”商业化外宣平台。

（9）政府项目资金拨款及政策优惠，为企业带来了离岸人民币结算、税率等方面的便利，使产品服务出口更加方便快捷，扩大了企业出口收入等。

## （三）国家文化出口重点企业面临的挑战与困难

### 1. 扩大出口过程中面临的主要挑战

问卷中，重点企业填写的扩大出口过程中面临的重要挑战主要为：税收负担、行政审批、政策限制、人才、资金、土地、工资上涨、环境成本提高、原材料价格上涨、汇率波动、国际贸易保护、其他 12 类。各重点企业选出主要五项并按照所面临挑战的程度进行排序，在这 12 类中，重点企业选择的出口挑战排第一位最多的三项分别是：人才、资金和税收负担。其中，选择人才作为所面临挑战第一位的共有 58 家企业，占比约 19.3%，选择资金作为企业首要挑战的共有 47 家企业占比约 15.7%，税收负担紧随其后，共有 46 家企业，占比约 15.3%。这说明：人才、资金和税收仍旧是制约企业扩大出口的最主要因素。选择其他、国际贸易保护以及土地作为第一挑战的企业共计 16 家，占比 5.3%，可见这三类因素并未对企业出口造成太大影响（见图 22）。

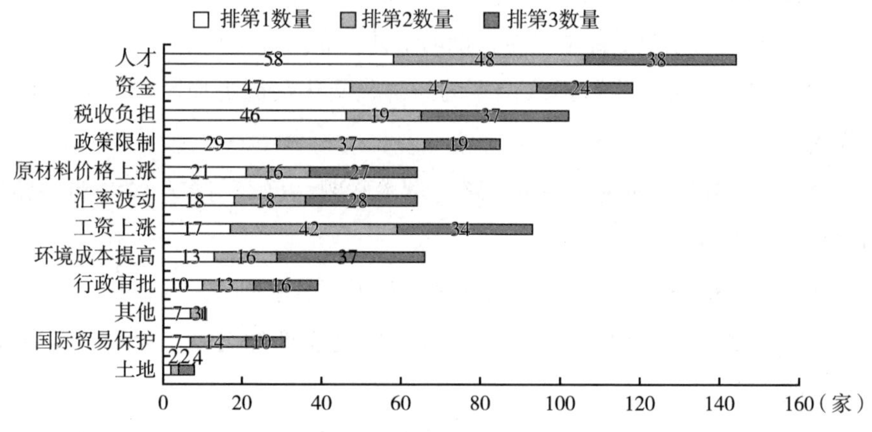


**图 22　国家文化出口重点企业第一重要排序的主要挑战分布**

另外，每家重点企业只能从 12 类挑战中选择 5 项，因此按照每家重点企业选择 5 项主要挑战的累加结果可以看出：人才、资金、税收负担和工资上涨（并列）是企业选择最多的四项，这四项中的前三项是按照第一重要排序时的前三项，因此可以说人才、资金和税收负担是制约企业发展，改善企业生存环境的三个最重要因素。在选择总数上，有 207 家企业选择人才，占比为 69%。有 173 家企业选择资金，占比为 57.7%。有 149 家企业选择税收负担，占比为 49.7%。另外，工资上涨在选择总数中以 149 家并列第三，而在第一重要排序中仅排名第七，说明企业的员工工资上涨压力（人力资源成本增加的压力），尽管不作为影响企业发展最重要的挑战，但是工资上涨的压力正在成为国家文化出口重点企业扩大对外出口时面临的主要挑战之一（见图 23）。由此可见，人才的培养与孵化，文化出口资金支持及国家税收政策优惠力度都是现阶段急切需要改善的问题。

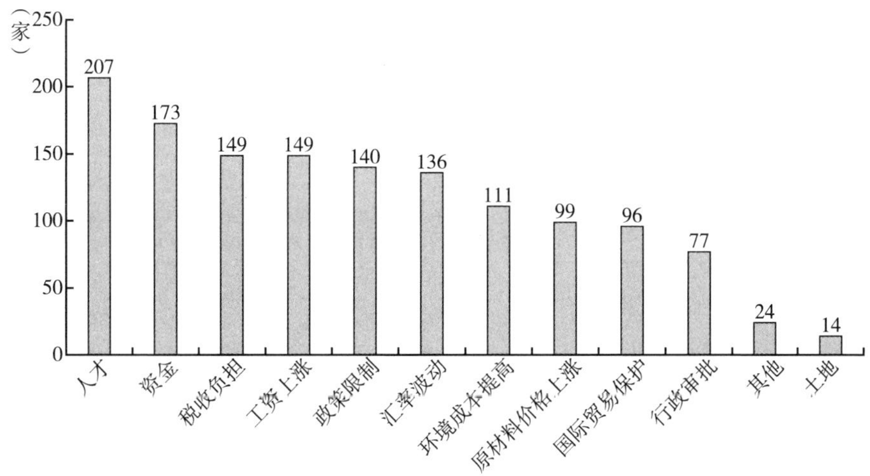


**图 23　国家文化出口重点企业选择总数排序的主要挑战分布**

另外，对于扩大出口过程中存在的其他挑战，问卷采取了开放回答形式，企业的回答如表 12 所示。

**表 12　国家文化出口重点企业扩大出口过程中存在的其他挑战**

| 面临的其他挑战 | 备注 |
| --- | --- |
| 政策风险 | 指国家政策的变化对行业、产品的影响（宏观经济调控及产业政策导向） |
| 国际司法维权成本高，国内同行低价竞争，部分国家和地区意识形态差异，国际供片网络限制，国际合拍成本高 | 维权成本高、周期长、举证难、赔偿低一直是知识产权司法保护的瓶颈，无疑增加了企业成本 |

续表

| 面临的其他挑战 | 备注 |
|---|---|
| 文化差异 | 包括语言差异、价值观念、生活和工作方式差异、沟通习惯差异等 |
| 国际版权保护 | 版权的国际保护,是指一个国家的书报、舆图、戏剧、绘画、电影、唱片等文学、科学和艺术作品的版权,通过该国同其他国家缔结的双边或多边协定及其他方式而享有的国际保护 |
| 创意 | — |
| 影视剧的制作播出,受国家政策及导向影响较大 | 《广电总局关于影视题材拍摄内容的内部分享文件》主要针对电视剧和网剧,内容涉及影视创作方向、题材、意识形态、重大历史节点、民族文化等问题。可以说,新规所涉及的范围更广,管束也更加严格 |
| 运输成本及周期较长 | 取决于交通方式,以及对其中交易方式及环节的选择,目前大多数国际贸易选择航运,其风险性大、周期较长 |
| 盗版猖獗 | — |
| 资源整合 | 企业对不同来源、不同层次、不同结构、不同内容的资源进行识别与选择 |
| 出口平台狭窄,信息不畅通 | 缺少专门向文化企业提供外贸信息的公共信息服务平台和组织间互动的信息交流平台,企业无法及时得到全面、准确的相关市场信息和外贸政策信息 |
| 盗版侵权 | — |
| 行业有其特殊性,市场不稳定性 | 文化贸易标的具有特殊性,更加涉及人类精神领域,既涉及文化产品又涉及文化服务,兼具国际货物贸易与服务贸易特点,因此市场相对来说不稳定性较强 |
| 国内贸易增多 | — |
| 国际文化贸易市场竞争激烈 | 世界各国文化经济的发展加剧了国际文化市场的竞争:一方面要注意文化的多样性与国家文化安全和主权,另一方面又要参与国际竞争,谋求文化经济利益。由此使得竞争与保护之间发生着更为激烈的对抗 |
| 文化认同 | 指个体对于所属文化以及文化群体内化并产生归属感,从而获得、保持与创新自身文化的社会心理过程 |
| 使用光盘的数量锐减 | — |
| 国际纠纷的法律风险,无法保障维权 | 外贸型企业在出口业务中的风险主要是由于没有遵守国际贸易的相关法律规则(包括法律、法规、规章、国际条约、惯例等)的规定,从而产生如法律制裁、处罚以及经济损失等不利后果。其中法律风险主要有收汇法律风险、刑事犯罪法律风险、行政处罚法律风险以及民事赔偿法律风险 |

续表

| 面临的其他挑战 | 备注 |
|---|---|
| 市场拓展中的译制费及版权外购费上涨 | — |
| 出版社没有产品出口资质，限制了图书出口业务拓展 | 需要相关政策、人才的支持 |
| 民族、宗教、政治问题 | 特别是“一带一路”沿线建设国家，复杂的宗教、政治环境，使得文化企业出口过程面临更多的挑战 |
| 出口退税政策 | 出口退税过程复杂，政策不明晰，导致部分企业存在出口退税的困难 |
| 原材料不断上涨，员工工资每年增加 | 需要企业更好地经营，以缓解原材料价格上涨和人工成本提高带来的压力 |
| 海外版样书常被海关扣留 | 需要更多地了解我国海关的相关政策和法规 |
| 资金汇出政策烦琐 | — |

2. 希望得到政府支持和亟待解决问题

国家文化出口重点企业选择的希望政府提供相关扶持情况如表 13 所示。

**表 13　国家文化出口重点企业希望政府提供相关扶持情况**

单位：家

| 扶持类型 | 出口市场政策信息 | 潜在客户信息 | 出口培训 | 融资支持 | 政府推荐 | 其他 |
|---|---|---|---|---|---|---|
| 企业数 | 253 | 208 | 170 | 172 | 193 | 39 |

从表 13 数据可以看出，重点企业亟须政府提供出口市场相关政策信息，其次是潜在客户信息及政府推荐的需求，最后是出口培训、融资支持和“其他”方面的实际性需求。此处的“其他”支持需求，主要有：提供更多的出口平台及政策支持，给予补贴、奖励。一方面，这反映了重点企业对出口市场了解程度较低，对于目标市场认识不足；另一方面，每一项都有较高的需求量也反映了重点企业出口能力仍然有所欠缺，自身实力有待加强。

对国家文化出口重点企业经营过程中急需解决的问题，问卷同样设计了排序选择项，每家重点企业可以将自身经营过程中需解决的最主要的三个问题选出，并按照重要程度依次排序。其中，国家政策、营销渠道和资金周转位列重点企业自身经营过程中需解决的首要问题（排序选择第一）前位，因此从企业重视程度来看，对相关国家政策的把握仍旧是企业面临的重要问题（见图24）。

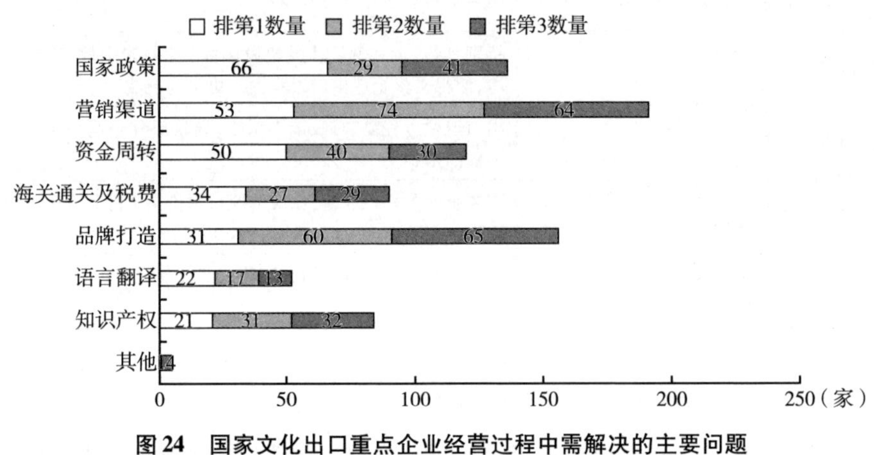


**图24　国家文化出口重点企业经营过程中需解决的主要问题**

另外，在选择主要问题的总数上，营销渠道和品牌打造位列重点企业选择需解决的主要问题总数的前两项，在统计的300家国家文化出口重点企业中共有191家重点企业选择营销渠道作为其面临的主要问题，占比约为63.7%，其中将其列为首要问题的共有53家重点企业，列为次要问题的共有74家重点企业。在品牌打造这一问题上，虽然没有较多的重点企业将其列为首要面临的问题，但其被156家（52%）重点企业提及，因此营销渠道和品牌打造仍旧是当前国家文化出口重点企业面临的最普遍问题。结合海外线上交易统计情况也可以看出，一方面目前国家文化出口重点企业海外营销渠道有待进一步开拓，营销模式有待进一步创新。另一方面，国家文化出口重点企业品牌意识及产品服务品质亟待加强。

## 三　中国对外文化贸易发展中的机遇和挑战

当前我国文化产业已进入快速发展的黄金期，世界各国文化经济的发展将加剧国际文化市场的竞争，中国的大国形象为其在国际经济市场中扮演的角色提供有力的支撑。同时，文化贸易领域的大数据与互联网思维、物联网与人工智能运作模式已逐步确立，文化消费应以获取对外文化贸易价值的认可为主导，有效弱化由文化差异、产品同质化等外力因素导致的贸易壁垒。贸易模式的创新有利于发挥相关产业对文化贸易的促进作用，中国对外文化贸易企业和机构将在中国社会主义文化强国建设持续推进的背景下，不断发展成熟，拓宽对外文化市场，推动贸易结构更均衡化的发展。

## （一）数字化为文化贸易带来加速期

十九大报告指出要“坚定文化自信，推动社会主义文化繁荣兴盛”。中国可发挥独特优势，以文化贸易来促进文化传播，彰显文化自信。数字化时代进一步凸显了中国文化贸易优势。一方面，数字化集结了互联网、区块链、大数据、云计算、物联网和人工智能等新兴技术，进一步深层次地催化了文化贸易创新发展模式；另一方面，数字技术使文化及相关产业融合更加深入和便捷，文化产业价值链成熟度进一步提高，文化市场网络体系进一步完善。数字化时代新兴文化产业爆发出超强国际竞争力，对其他文化产业领域带来积极影响。中国目前约有 8.26 亿网民，平均每人一周上网时间约 27.6 小时，国民上网总时间位于世界前列，网络基础设施建设高于全球平均水平，上网时间主要用于文娱活动。

数字化与中国文化产业的有效结合有利于中国文化产品在服务国内过程中形成国际竞争力。如主流文学著作和网络小说的繁荣为其他文化产品提供新的支持，细数在国外播出的电视剧作品，其中多由网络小说改编而成，网络文学已经成为文化产品的重要创作源泉。同时，互联网能够有力促进文化产品形成规模经济效应，提高国际文化市场所占份额。网络技术使效率低的舞台表演、公共文化建设中的博物馆和图书馆，可以有效运用新技术带来的便利化、数字化呈现并在虚拟空间传递，使中国传统文化特色优点在地理空间内最大化传输、进行广泛传播，使规模经济效应显著，从而提升国际竞争力和影响力。

## （二）“一带一路”为文化贸易持续增温

为加强与“一带一路”沿线国家和地区的文明互鉴与民心相通，文化部于2016年制定了《文化部“一带一路”文化发展行动计划（2016～2020年）》，以促进对外文化交流、文化传播和文化贸易发展。文化部积极与“一带一路”沿线国家和地区签署贸易合作协议，加强与人文合作委员会、文化联委会等部门的就有关文化贸易事宜的洽谈协作，这成为中国与“一带一路”沿线国家文化交流和合作的前提。至今，围绕“一带一路”的国际文化市场发展格局初现雏形，文化产业价值体系不断延伸，文化贸易模式持续创新，以文化产品为载体的文化贸易体系已逐渐成形，以文化为中心的人心纽带日渐牢固。

“一带一路”沿线国家作为中国文化贸易伙伴国的比重明显提升。近年来，“一带一路”沿线国家文化市场与中国文化市场的联系越来越密切，“一带一路”建设将成为经济全球化的重要话题，对经济全球化产生重大影响。在这条和平之路、繁荣之路、开放之路、创新之路、文明之路上，文化贸易必将发挥其独特优势。①“一带一路”倡议为中国进行对外文化交流和文化贸易建立了互利互惠的纽带，让更多外国友人了解中国文化，缩短文化距离，削弱文化差异带来的消费观念和消费需求不同的影响，从文化需求到商品需求、从社会领域到经济领域，由表及里，推动国际文化市场扩大规模，促进文化贸易合作。中国对“一带一路”沿线国家经济上的投资，伴随的是所到国家居民对了解和学习中国文化愿望的持续增强。这种热情大大提升了“一带一路”沿线国家对图书、电影、电视节目、演艺、动漫、网络游戏、创意设计等中国文化产品和服务的需求，中国对“一带一路”沿线国家的文化出口也将呈现出井喷式的增长态势。

中国现阶段和俄罗斯、韩国、哈萨克斯坦、埃及等许多国家联合创办了中国文化中心，并通过这一便利渠道开展艺术博览会、音乐会、活

---

① 李嘉珊：《文化贸易：切实联通“一带一路”的重要纽带》，《中国文化报》2017年5月16日。

动展示等项目，为国内国际文化市场主体建立相互之间的联系，拓宽营销渠道，增占企业份额，提高我国文化软实力，扩大我国在文化贸易市场的国际影响力。

## （三）文化领域双向投资有序健康发展

2017 年文化领域对外投资环境低迷，2018 年，在政策推动下，中国文化领域对外投资实现大幅增长，这也反映了企业对国际文化市场发展恢复了信心。根据商务部关于文化贸易数据统计，2018 年我国文化、体育和娱乐业对外投资达到 16.9 亿美元，较去年提升了 79.8%，占全国对外直接投资总额的 1.3%，较 2017 年增长 0.5 个百分点。2018 年，我国累计在世界 52 个国家和地区建立文化及相关产业境外企业共 516 家，对外直接投资达 98.1 亿美元。[①] 同时，2017 ~2018 年度评定了 298 家国家文化出口重点企业和 109 个国家文化出口重点项目，成为在文化贸易进程中推动文化领域对外投资增长的重要引擎。

对内投资领域，商务部统计数据显示，2018 年我国文化、体育和娱乐业增加了 749 家外商投资企业，实际使用外资金额 5.23 亿美元。[②] 其中，以并购方式设立文化、体育和娱乐业外商投资企业 42 家，吸收外资 0.14 亿美元，较上年提升 3.9%。2018 年末，我国文化、体育和娱乐业累计开设外商投资企业 3964 家。

## （四）文化贸易结构发展不平衡

### 1. 文化服务贸易逆差严重

据联合国贸发会议关于文化创意产业发展报告，我国在文化创意产品出口方面位居世界前列，总体占比也维持较高水平，占每年的创意产品出口前十国家中的 40% 以上，但世界上主流文化产品和服务仍主要来源于美国好

---

① 宋佳烜、程晓刚：《夯实人文基础　促进民心相通》，《中国文化报》2019 年 4 月 26 日。

② 宋佳烜、程晓刚：《夯实人文基础　促进民心相通》，《中国文化报》2019 年 4 月 26 日。

莱坞电影、日本动漫网游、韩国综艺、意大利时尚创意设计等。与国际文化产业发达国家相比，我国文化市场的发展质量和产业化程度均未完全进入成熟阶段。尤其是服务贸易领域凸出表现为逆差严重、占比较低，在国际竞争中处于弱势。

2. 文化产业发展缺乏活力

文化产品和服务的内涵在于内容，产业前端的研发、设计和创作处于产业链上游并具备主要支配作用，其附加在产品和服务上的文化价值是产生品牌效应的主要原因，因此，加大高附加值的文化产品与服务在贸易中的占比极为重要。目前，我国文化产业泛化发展已十分严重，大量低附加值、低趣味的产品充斥文化市场，知识产权保护体系不够完善，存在明显的抄袭现象，因此加强市场规制、形成健康有活力的产业价值链是提高我国文化服务贸易竞争力的重要环节。

### （五）贸易摩擦给文化贸易带来挑战

随着全球化进程的不断加速，中国在更快融入世界的同时，也面临着许多贸易争端和摩擦。2018 年中美贸易，摩擦变数加大，经历了跌宕起伏的变化。美国的文化贸易一直处于全球领先地位，中国文化贸易虽起步较晚，但发展势头较快，贸易额不断增加。中美作为全球文化贸易大国，摩擦将会对两国双边贸易产生深远的影响。但从宏观层面来看，中美贸易关系紧张并不会影响中国文化贸易的全球化布局，当前我国文化影响力不断提高，我国文化产品出口前景也并未受到影响。如何在当前国际环境中，处理好与贸易伙伴国之间的关系是需要共同思考的问题。

## 四　中国对外文化贸易发展展望

### （一）利用数字化形成文化产业新业态

在数字时代背景下，积极应对数字化带来的新机遇，以数字化领域中的大数据、云计算、物联网、人工智能等新技术为基础，将其应用到新闻广播、图书出版、演艺、文化旅游、艺术品等传统文化产业的结构化转型中，激发文化产业新业态的形成，成为文化产业发展新的增长点。通过拓展新型创作、生产、传播和交易途径，大力发展以创意设计为核心的数字文化产业，创新文化产业发展新模式，提升国际传播速度和影响力。

加强信息化技术和互联网与动漫、游戏等新兴文化行业的融合，促进内容、生产和营销手段的创新，积极发挥网络平台的传播作用，为文化产业的提质增效注入新的活力。同时，利用线上沟通渠道搜寻市场反馈，获取大众需求信息，全面提高企业服务水平，提升管理效率，加速文化产业朝着市场化、专业化、国际化方向发展。

### （二）优化文化产业空间布局

文化产业因其依赖于文化资源、创意人才和资本的特殊性，产业集聚是普遍现象。当前，中国文化产业园区、文化产业基地如雨后春笋般涌现出来，文化产业集群式发展是文化消费需求提升的外在体现，文化产业布局从一定程度上反映了市场对消费需求的自主划分，区位经济发展的不平衡性直接导致了文化产业发展水平存在较大差异。

在“东高西低”的文化产业地理结构已经形成的情况下，要首先推进重点地区和重点产业的高质量、高水平发展，进而拉动其他地区文化产业的渐进式发展。东部梯队打造以北京、上海、深圳为中心节点的文化产业带；大力发展中部地区文化创意产业，推进南北文化产业的协调发展；深入开发西部地区文化、资本、技术等要素资源，以旅游为主导促进文化产业的繁荣。推动各省市积极响应供给侧结构性改革战略部署，优化空间结构布局，鼓励新兴市场主体和创新型主体的发展壮大，培育健康的文化市场环境，大力促进文化产业转型升级和提质增效，形成布局合理、区域协调发展、高附加值、具有核心竞争力的文化产业体系。

## （三）完善文化金融服务体系建设

“十三五”时期，文化产业正在成长为新的国民经济支柱性产业，文化金融发展也进入了关键时期。未来文化金融建设工作应该重点围绕文化金融基础设施建设、设立文化金融机构，形成文化和投融资有效结合的战略布局，做文化企业规模化发展的坚实支撑。

1. 完善文化金融基础设施建设

文化金融市场信息系统是基础设施建设的基础，政府有关部门应该完善与文化投融资相关的统计体系，各金融机构也应根据整体规划完善内部统计规章制度。同时，文化金融市场运行需要监测体制管理，加大各部门监管力度，更好地为文化、金融结合发展保驾护航。在健康的市场运营环境下，好的行业机构和平台必不可少，鼓励保险公司和信贷公司开发文化金融相关新产品，实现产业增值。

2. 构建全业态发展模式

“文化产业 + 金融”的发展模式，可加快上下游产业链的延伸建设，构建全业态的发展模式。以各大银行为主导的金融机构应该承担起连接枢纽的责任，对融资、投资和服务质量做好把关，积极整合各项优质行业资源，为相关产业联合发展搭建机动平台，促进产业链各环节顺利衔接，促进上下游企业实现共赢。

## （四）提升价值引导力，有效应对贸易摩擦

面对贸易摩擦逐渐升温的国际环境，文化贸易出现新形势。尽管中国对外文化贸易国际市场份额居高，但与国际主流文化产品贸易国相比竞争力不足，必须注重培养国际社会价值引导力。在二十国领导人第十二次峰会上，国家主席习近平以《坚持开放包容　推动联动增长》为题发表讲话，倡导世界各国要坚持构建开放、包容的世界经济发展格局，促进全球经济联动增长、共同繁荣，以构建人类命运共同体为目标。

唯有从更深层面提升文化价值引导力，才能更广阔地传播文化，进

而提升国际竞争力。在世界经济一体化格局日渐强化的形势下，国家间的贸易往来形势呈现出包容合作的趋势，合作互惠的发展模式已经成为各国文化产业国际化发展的最优模式。此外，除了要利用好全球经济发展环境带来的机遇，还须构筑完善的危机防御机制，提高规避贸易风险的能力，实现文化贸易更稳定、更安全的增长。在错综复杂的国际经济形势下，我国应适时寻求与自身利益相关，并且价值导向相同的贸易合作伙伴，形成有效的交流合作机制，发挥国际交往中心和平台的积极作用，促进与世界各国的良性交流与合作，传播大国形象，积极参与到国家贸易规则制定以及贸易谈判中，获取贸易优势地位，提升文化贸易领域的国际影响力。

### （五）促进全国重点文化企业成长

在新起点上，应更加重视全国重点文化企业的成长，通过重点企业的发展带动整个文化产业及文化贸易的发展。企业需要增加对文化产品及服务儿其是文化出口产品及服务的研发投入，积极开发拥有自主知识产权的关键技术与核心技术，不断引进先进技术及设备，提升产品及服务质量。同时注重衍生品的相应开放，充分延伸文化产品及服务的产业链；开拓国际市场时要有针对性，充分做好市场调研，准确把握不同国家文化市场消费者的消费倾向和消费结构，提升自主品牌价值，实施品牌策略；积极对接资源，开放引领发展，充分挖掘文化资源潜力，将优秀的文化资源转换为市场资源，实时关注政府出台的相关政策，利用相关政策优势带动企业发展。

### （六）加强专业人才队伍建设

1. 健全高校培养机制

高校是全国人才培养和集聚的重要平台，在学校的聚合力下，汇集各界专业人士，营造管理知识、文化艺术知识、国际贸易知识等各学科联合培养的氛围，建立跨学科、多领域的人才培养机制，为文化贸易专业人才培养创造良好的孵化环境。同时，学校是输送人才参与国际交流和能力培养的重要枢纽。在各方院校的联系下，为不同国家专家和人才在该领域的交流互鉴搭建便利化桥梁，成为激发学生浓厚学习兴趣的重要动力。

此外，高校应与企业建立联合培养机制，让文化贸易领域学子不但能够在学校学到专业的理论知识，还能够深入该领域进行社会实践，这对于提高学生的实践能力和鼓励其未来从事相关工作具有重要的实际意义。反过来，文化企业也能借助学校力量，邀请学界专家定期进行讲座和员工培训，提高员工整体素质。

2. 培养人才创新意识

创新型人才培养是促进一国产业经济加速发展、科技进步和国际竞争力提升的重要战略举措，我国在培育良性市场竞争机制方面的工作做得还不够，文化产业中产品内容和服务质量达不到高水平。国家应大力加强对创新型人才的培养，为文化产业高质量发展提供坚实基础。一方面，做好顶层设计，建立健全人才创新培养激励制度，为高校提供人才考核机制基础借鉴，增加人力和资本等要素投入，为培养创新型外向人才提供大力支持，提高人才培养的质量。另一方面，要注重对人才创新能力的保护，落实惩罚措施，加大知识产权保护力度，塑造具有国际影响力的中国特色文化品牌。

总体上，中国在人才培养方面的工作尚有不足，在今后的文化贸易领域专业人才队伍建设中要积极吸取国际高端人才培养经验，提升我国文化产业内生动力，增强文化自信，打造一批富有前瞻性的文化团队和具备国际竞争力的文化企业。

## 五 总结

中国文化贸易的发展已经取得优异成绩，整体发展规模十分可观，但与我国当前的经济实力和大国地位、丰厚的文化内涵等仍有不相匹配的地方。当前，大数据、云计算、人工智能、物联网、区块链等新兴技术在经济领域的应用，给文化产业和文化贸易发展提供了新动能。新时代，“互联网 +”、信息化和数字经济等已经进入新的发展阶段，产业化程度已日渐加深，中国的互联网基础设施和信息化平台在近十年间得到迅速建设和完善，其水平均位于世界前列。中国文化市场通过更加智能、便利的运作模式，采取互联网线上线下沟通的方式，实现供应商和需求方之间的无障碍沟通，打通产业链终端倒逼文化企业转型升级和提质增效，催生新业态的形成，打造健康的文化产业生态圈，创新文化产业的运行模式和贸易形式，使文化贸易迸发新活力。

# 分 报 告

**Topical Reports**

# B.2

# 中国广播影视对外贸易发展报告

李继东　吴 茜*

**摘　要：** 2018年，中国广播影视产业对外贸易借助国家相关政策，继续推进中华文化“走出去”。具体措施包括借助以往的外交政策，推进广播影视产业的对外贸易；加大译制扶持力度，降低企业运营成本。在内容方面，2018年上映的《红海行动》《我不是药神》在海外斩获了较好的口碑及票房，象征着行业叙事能力、运作类型产品的水平在提高；在营销机制方面，2018年，中国广播影视产业继续通过外交活动，合作合拍，参与国际电影、电视节，主办国际影视节展等方式，推动广播影视产业“走出去”。产业“走出去”的同时也存在着对外贸易市场化机制疲软的症状，需要在市场拓展、合

* 李继东，中国传媒大学国家传播创新研究中心研究员、博士生导师，研究领域为国际传播、传播政策与制度等；吴茜，中国传媒大学传播研究院博士生。

作合拍、叙事能力等方面继续深耕细作。

关键词： 文化“走出去” 广播 电视 电影 对外贸易

2018年，中国广播影视文化产业的对外贸易总额实现增长，出口产品的内容质量也越来越切合海外市场需求。出口市场从东南亚到中亚，并向非洲、欧洲地区不断拓展。为配合“中华文化走出去”的指导方针，国家出台一系列政策对广播影视文化产业进行金融扶持、给予财税优惠。同时，国家还通过促进合拍、合作、主办国际电影节的方式，为广播影视文化产业的海外营销搭建平台。在国家的扶持下，民营企业也逐步成长为市场主体。

## 一 2018年国家推动广播影视对外贸易发展的举措

2018年3月5日，李克强总理在《政府工作报告》中强调：“加快构建中国特色哲学社会科学。加强互联网内容建设。繁荣文艺创作，发展新闻出版、广播影视和档案等事业。加强文物保护利用和文化遗产传承。推动文化事业和文化产业改革发展，提升基层公共文化服务能力。倡导全民阅读，推进学习型社会建设。深化中外人文交流。”① 这就意味着，新闻出版、广播影视行业将继续承载向国际社会传播中国文化的重要使命。对此，国家相关新闻出版、广播电视的监管部门也出台配套政策，推进广播影视文化产业的对外贸易。

继续借助以往外交工程项目，推动产业“走出去”。在京召开的2018年全国新闻出版广播影视工作会议也为2018年新闻出版广播影视“走出去”部署了相应的工作任务。“深化国际传播，着力讲好中国故事、增强国

① 《政府工作报告——在2019年3月5日在第十三届全国人民代表大会第二次会议上》，中国政府网，http：//www. gov. cn/zhuanti/2019qglh/2019zfzgbgdzs/2019zfzgbgdzs. html，最后访问日期：2019年10月28日。

际话语权和影响力。要突出价值导向，做亮‘走出去’内容。要改进传播方式，增强走出去实效，继续扎实推进丝绸之路影视桥、丝路书香等系列工程项目优化升级。要完善工作格局，借力国际节展、‘中国电影·普天同映’等平台，让更多优质产品和服务占领国际市场。”①

2018年2月28日，国务院台办、国家发改委等29个部门发布了《关于促进两岸经济文化交流合作的若干措施》，就加强两岸影视交流合作提出了“两取消一放宽”新政策。这不仅为台湾影视制作业来大陆发展提供难得的历史机遇，使其分享大陆影视改革发展的成果，同时还为大陆影视发展提供了更多优秀人才和资源，有利于促进两岸影视业的共同繁荣。国台办也出台了《关于促进两岸经济文化交流合作的若干措施》，放开两岸影视合作在人员参与、生产数量、立项审批等方面的限制。②

国家广播电视总局还出台了译制资助政策，推动产业“走出去”。为加强中外文化交流，推动中国当代影视作品“走出去”，国家广播电视总局继续出台政策，“将在全国范围内遴选优秀电视剧、电影、动画片和纪录片进行译制资助……作品内容：代表我国主流思想价值、展现中华民族优秀传统文化、真实反映中国国家形象的电视剧、电影、动画片、纪录片”。③

## 二　2018年中国广播影视产业对外贸易发展概况

### （一）2018年中国广播影视对外贸易基本数据

据国家统计局网站数据，截至2018年底，全国广播节目综合人口覆盖

① 《全国新闻出版广播影视工作会议在京召开　聂辰席作工作报告》，国家广播电视总局官网，http://www.nrta.gov.cn/art/2018/1/4/art_182_36313.html，最后访问日期，2019年10月28日。

② 陆佳佳、刘汉文：《2018年中国电影产业发展分析报告》，《当代电影》2019年第3期，第13~20页。

③ 《关于遴选优秀影视作品进行译制资助有关事宜的通知》，国家新闻出版广电总局官网，http://www.gapp.gov.cn/sapprft/contents/6588/316236.shtml，最后访问日期：2019年10月28日。

率为98.9%，电视节目综合人口覆盖率为99.3%。全年生产电视剧323部13726集，电视动画片86257分钟。全年生产故事影片902部，科教、纪录、动画和特种影片180部。[①] 就节目制作情况来看，2018年全国广播节目制作时间801.76万小时，比2017年（788.83万小时）增加12.93万小时，同比增长1.64%。2018年全国电视节目制作时间357.74万小时，比2017年（365.18万小时）减少7.44万小时，同比下降2.04%。就节目播出情况来看，2018年全国公共广播节目播出时间1526.74万小时，比2017年（1491.89万小时）增加34.85万小时，同比增长2.34%。2018年全国公共电视节目播出时间1925.03万小时，比2017年（1881.02万小时）增加44.01万小时，同比增长2.34%。从总收入情况来看，2018年全国广播电视服务业总收入6952.14亿元，比2017年（6070.21亿元）增加881.93亿元，同比增长14.53%。[②]

电影方面，2018年我国共生产各类影片1082部，同比增长19.96%，全国全年票房609.76亿元，同比增长9.06%。其中，国产电影票房占比62.15%，创下了近几年国产电影票房份额的新高。2018年，全国城市电影院线观影人次达17.16亿，同比增长19.93%，全国银幕总数达60079块，2018年新增银幕达9303块，平均每天增长近26块银幕。《流浪地球》的海外票房还创下了近5年来中国电影海外票房的新高。[③] 广播影视产业总体呈现出制作时间、作品产出平稳并稳步增加，内容创作持续繁荣，优质内容供给能力持续提升的态势。

## （二）2018年中国广播影视对外贸易的优秀作品增加

目前，广播影视对外贸易的文化产品在内容方面分为两种：一种是传播中国精神和文化的影视作品；另一种是包含中国元素，讲述中国人真实生活

① 《中华人民共和国2018年国民经济和社会发展统计公报》，国家统计局官网，http://www.stats.gov.cn/tjsj/zxfb/201902/t20190228_1651265.html，最后访问日期：2019年10月28日。

② 《2018年全国广播电视行业统计公报》，国家广播电视总局官网，http://www.nrta.gov.cn/art/2019/4/23/art_2555_43207.html，最后访问日期：2019年10月28日。

③ 《国家电影局局长：争取每年票房过亿影片超100部》，《经济日报》，http://sh.qihoo.com/pc/914a55464f0c12fb3?cota=3&refer_scene=so_1&sign=360_e39369d1，最后访问日期：2019年10月28日。

面貌的影视作品。前者有 2017 年斩获 50 亿元票房的《战狼 2》。2018 年，《红海行动》借鉴《战狼 2》类型片的叙事策略，融合军事片、动作片等多种叙事类型，讲述中国军人在非洲国家维和，展现中国军人风采的故事。除《红海行动》外，2018 年上映的《我不是药神》在获得 31 亿元票房的同时，也在国际上获得了多个奖项。相较《红海行动》，《我不是药神》更贴近中国人的生活原貌，在叙事上借鉴了现实主义的创作手法，展现了一个普通中国人的“拯救”故事。上映之后，《我不是药神》在国内外获得了多项大奖，其中包括被称为澳大利亚年度“奥斯卡”的澳大利亚影视艺术学院奖（AACTA）。除电影外，电视剧《放弃我，抓紧我》2018 年 6 月在哈萨克斯坦 31 频道播出，收视率达到 0.26%，在同期播出的 7 部国外引进剧中排第三，高出韩国车太贤与金秀贤主演的《制作人》，也高出美剧《神盾局特工》。总的来说，近年来中国出口的电影、电视剧越来越善用类型片叙事规则来讲述中国人的故事，从情节、节奏的把控，到人物的塑造都符合受众、市场的审美规律。价值上，此类作品表现了中国人的乐观与积极向上，同时又能兼顾人性的普遍欲望，符合现实主义叙事中“圆形人物”的塑造手法。

### （三）多元化贸易流通机制，继续推进中国广播影视“走出去”

为促进中华文化走出去，以政府为主导的中国广播影视行业通过外交、合拍合作、参与并举办国际影展活动以及联合联盟的方式“出海”，通过官方与民间、政治与市场等多渠道、多话语方式推动广播影视产品的海外贸易。

1. 外交活动促影视发展

国家广播电视总局配合中央领导出访及重大外事外交活动，参与中俄、中欧、中英、中法、中印尼等中外人文交流和打造媒体合作机制，并举办中国影视节目开播、展播、赠播等多种形式的活动，打造中国影视文化公共外交新亮点。2018 年，即中菲建交 43 周年，国家广播电视总局与中央广播电视总台、菲律宾国家电视台在马尼拉联合主办了菲律宾“电视中国剧场”开播仪式。此活动推动《鸡毛飞上天》《北京爱情故事》《大侠山猫和吉咪》（第一季）《马可波罗——从历史走入现代》等中国优秀影视作品在非播出。[1] 2018 年 7 月，中国与塞内加尔共同启动了“感知中国·中国影视非洲放映计划”，进一步通过文化打造中非命运共同体。

2018 年 6 月，为配合我国驻蒙古国大使馆的国庆系列活动，国家广播电视总局组织黄磊、海清等主创在蒙古乌兰巴托召开电视剧《小别离》的海外观众见面会。《小别离》在蒙古亚洲影视频道热播，打败了同时段播出的韩剧、美剧、俄剧和土耳其剧，在首都乌兰巴托收视份额达到 18.3%。此外，随着“丝绸之路影视桥工程”“喀尔喀蒙语译配项目”的实施和推进，已有 30 多部制作精良、体现中蒙文化共同价值追求的中国影视节目在蒙古国主流媒体播出，我国影视作品在蒙古国的影响力实现了从无到有、从有到强的跨越与升级。[2]

国家广播电视总局还策划了公共外交播映活动“影像中国”，此活动主要借助国家外交平台和重大活动契机，联合驻外使领馆，精选优秀影视作品在境外主流媒体播出并配套举办宣传推广活动。2018 年，“影像中国”播映活动启动仪式在里斯本举行，这也是“影像中国”播映活动的全球首站，一批被译制成葡萄牙语的中国影视作品会陆续在当地播出。[3]

2. 合拍与联合制作

截至 2018 年，我国已与 21 个国家签署了电影合拍协议。[4] 2018 年，中国 3 家影视企业与西班牙签署了 5 部动画电影合拍协议，包括《自行车总动员》（第一、二季）《里波的星球》《尼诺人》《海盗》等，签约总金额约 6 亿元。戛纳电影节期间，也达成了多个合拍协议或合拍意向，如与 Discovery 公司合作制作纪录电影《变化中的中国》；与法国合作制作与播出《风筝》；与葡萄牙国家广播电视集团合作制作纪录片《丝绸之路：瓷之远

---

① 王若昕：《广电总局积极推动，中国影视“走出去”遍地开花》，《中国广播影视》，2018 年第 23 期，第 24 ~ 27 页。

② 王若昕：《广电总局积极推动，中国影视“走出去”遍地开花》，《中国广播影视》，2018 年第 23 期，第 24 ~ 27 页。

③ 《聂辰席出席“影像中国”播映活动启动仪式暨中国电视剧〈鸡毛飞上天〉开播仪式并致辞》，国家广播电视总局官网，http://www.nrta.gov.cn/art/2018/9/10/art_182_38582.html，最后访问日期：2019 年 10 月 28 日。

④ 陆佳佳、刘汉文：《2018 年中国电影产业发展分析报告》，《当代电影》2019 年第 3 期，第 20 页。

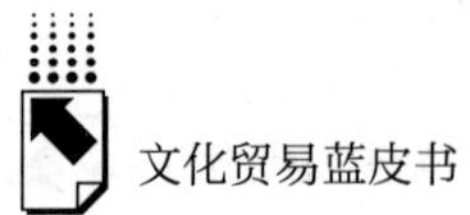


行》；与 BBC Children's Productions 公司合拍电视动画系列片《小怪物阿蒙》等。此外，名为“WISDOM in CHINA”的中国原创节目模式推介会也登陆了戛纳春季电视节 MIPTV。

3. 参与并举办国际影视贸易活动

除合作合拍以外，中国还积极主办广播影视国际展会，主动向世界讲述中国故事、展示中国风采。2018 年 11 月，由中国电影股份有限公司创办的《中影剧场》登陆美国城市电视台，该栏目专门播映中国国产影片。

2018 年 4 月，第八届北京国际电影节在北京雁栖湖国际会展中心举行，在电影节期间共计有 79 家企业 38 个重点项目达成签约合作，总金额高达 260.825 亿元，同比增长约 49%，至此，北京国际电影节电影市场签约额累计达到了 1010.36 亿元。①

2018 年第三届金砖国家电影节在南非德班举行，中国电影代表团的影片《功夫瑜伽》获得最佳出品人奖，《从你的全世界路过》获得最佳女配角奖。此外，电影节还举办了“中国日”活动，为参与电影节的观众放映了参加本次电影节的中国影片。

在 2018 年法国戛纳电视节上，国务院新闻办公室与国家新闻出版广电总局联合举办了“中国主宾国”系列活动，通过内容推介、节目展映、主题论坛等活动向世界展示中国影视行业最新发展。“中国主宾国”囊括了“中国主宾国开幕酒会”“中国优秀动漫推介会”“中国新作品推介会”“国际影视合拍高峰论坛”“大数据时代下的中国内容市场论坛”等活动，推介内容涵盖电视剧、电影、动画片、纪录片、综艺节目等不同类型。

## 三　中国广播影视对外贸易的发展趋势

伴随着政府对广播影视产业的一系列有力政策及“走出去”措施的

① 《多项指标再创新高 第八届北京国际电影节电影市场完美收官》，北京市人民政府网，http://www.beijing.gov.cn/zfxxgk/110090/gzdt53/2018-11/20/content_bc78a0cc8ac341c9a87b5fe1cf8ec229.shtml。

实施，中国广播影视在国外影响力日趋增强。其中，2019 年春节档热映的《流浪地球》不仅在国内呼声很高，在海外也收获了不错的票房。《流浪地球》的口碑及票房，不仅证明着中国影视产业叙事策略、科学技术的成熟，更象征着中华文化创造力的喷发。但在中国广播影视对外贸易取得好成绩的同时，也应看到中国影视在国外发展的局限空间。目前，中国影视产品海外贸易的主要受众仍局限于华人群体，国外主流院线较少有中国电影的放映空间。2018 年，美国电影在中国市场的票房收入大约为 28 亿美元，但中国电影在美国的票房却仅有几千万美元，由此可见，中国影视产业的对外贸易仍需深耕细作。在此，对中国影视产业对外贸易的发展提出以下几条具体建议。

第一，在渠道方面，官方渠道与民间渠道并行，共同推进中华文化与中国广播影视作品“走出去”。就国内电影市场来看，国产电影已逐步可与好莱坞电影在票房上平分秋色，甚至高于好莱坞大片在中国的票房收入。但目前中国影视产品在对外贸易的过程中，更多是依靠官方渠道的推动，依靠政府外交、主办国际影视贸易活动来打开国外市场。通过市场化渠道，打开国外主流市场，进入主流电视频道、院线的情况尚属少数。影视文化产品包含精英文化产品与大众文化产品。大众文化产品具有较大的个体消费基数与市场空间，好的大众文化产品能提升国际社会对中国文化及价值观的认同。大众文化的流通渠道主要依赖于市场，因此，如何推动国内影视文化产品通过市场渠道进入海外国家的主流社会，是更为重要的课题。在市场的获取上，须考虑对方国家的国情，有的放矢地占领市场，比如在技术欠发达的国家，中国电影可依靠巨幕抢占市场。而在电影院数量较少的国家，可依靠流动放映机制抢占市场，如缅甸、老挝等周边国家，具有与中国相似的社会结构，人口中以农业人口为主，便可通过农村流动放映机制，丰富当地人的精神文化生活，提高其对中国文化价值的认知度。在市场区域的开拓上可先以周边市场国家为主，再慢慢延伸至其他区域市场。

第二，通过合拍合作机制，降低文化折扣。在市场需求的把控上，因不了解其他国家的文化及社会关注问题，影视作品的创作难免会产生文化折扣。对此，可以继续通过市场主导的合拍机制，寻找双方共同关注的话题，再进行深入的创作。在发行上可通过合资入股、投资分成等金融方式进行共同发行，以借助对方的商业渠道打开主流市场。

第三，注重类型化、微观化、人文化叙事。进军国际主流市场的过程，也是打磨中国影视产品叙事能力的过程。在叙事方式上注重类型化，遵循不同类型影视产品的叙事规则，同时在规则内进行创新。在叙事的视角上微观化，从小处切入，从一个个个体、一个个家庭、一个个小故事切入，从细微处着眼讲述故事。讲述故事的同时要注重个体化、人文化。以细微的角度讲述人的生活，体现真实个体所具有的喜怒哀乐。此外，在叙事的过程中，尽量从艺术审美的角度切入，降低产品的意识形态属性，从而使受众更容易接受，以防出现逆反心理。

## 四　总结

从近几年国产影视作品的对外贸易情况来看，出口的范围、出口的数量以及金额都在连年提升。中国所生产的优秀影视作品数量越来越多，在国外获得的票房收入也连年增长。无论是 2017 年的《战狼 2》，还是 2018 年的《红海行动》，它们都在国外斩获了不错的口碑，这也间接证明了我国影视作品叙事能力的提高。2018 年，中国广播影视产业对外贸易继续借助政府外交、合作合拍、举办并参与国际电影电视节的方式，向海外传播中华文化。但同时，中国广播影视对外贸易还存在些许问题。目前，广播影视对外贸易主要依靠官方渠道“走出去”，影视文化作为大众文化产品，传播主要依赖于市场机制。而中国广播影视产品在对外贸易的过程中，缺少对市场机制的开拓。为了弥补短板，建议广播影视产业对外贸易以市场机制为主，增加产业间、企业间的合拍以及合作发行等活动。通过合拍的方式了解双方共同关注的主题，降低对外传播中的文化折扣。此外，在叙事策略上，以类型化、微观化、人文化的叙事策略为主导，降低作品的意识形态，以形成对中华文化精神及价值观潜移默化的传播。

## 参考文献

陆佳佳、刘汉文:《2018 年中国电影产业发展分析报告》,《当代电影》2019 年第 3 期。

刘汉文、陆佳佳:《2017 年中国电影产业发展分析报告》,《当代电影》2018 年第 3 期。

朱新梅:《推动中国影视走出去对策研究》,《中国广播电视学刊》2018 年第 10 期。

# B.3
# 中国图书版权对外贸易发展报告*

孙俊新　王曦**

**摘　要：** 本文通过对2009～2018年中国图书对外贸易的数据、资料等进行收集，分析了当前中国图书贸易的发展态势。本文认为中国图书进出口贸易和图书版权贸易发展势头强劲，电子出版物存在极大的发展潜力；长期以来版权贸易逆差一直显著存在，但其引进输出比率逐渐缩小；图书版权输出的区域结构有所改善，"一带一路"沿线国家占比升高；出版企业表现活跃，积极开拓海外渠道；国家重点图书推广项目丰富，图书展览大力促进了图书版权贸易的发展。同时还存在一定的问题：我国图书出口的内容结构仍需优化；电子出版物的输出质量有待提高；对版权贸易的统计分类口径亟须进一步细化。建议加强对电子出版物的重视，充分结合会展经济，大力培养翻译人才，促进图书出版对外贸易提质增效。

**关键词：** 中国图书　版权贸易　电子出版物

## 一　研究背景

近十年来，伴随着我国文化软实力的逐渐加强，中华文化的世界话语权

---

* 本文得到北京市社会科学基金研究基地一般项目"中国主题图书开拓全球市场路径研究"（项目编号：18JDYJB018）的资助。

** 孙俊新，北京第二外国语学院经济学院副教授，首都对外文化贸易研究基地研究员，博士，系主任，研究领域为国际贸易与投资、国际文化贸易与投资；王曦，北京第二外国语学院国际商务专业2018级研究生。

和影响力与日俱增，中国图书版权贸易的发展日益蓬勃。特别是，党的十八大对“推动文化产业成为国民经济支柱性产业”这一发展目标进行了明确强化，可见国家对文化发展的重视程度之高涨，人民对于文化繁荣的愿望之强烈。党的十九大强调，要建立并坚定“文化自信”，这对文化发展的深度提出了更高的要求，图书版权贸易作为文化贸易中的重要组成部分，发挥着越来越重要的作用。随着我国出版“走出去”战略的全面推进，中国图书的对外推广成绩优异。2017 年更是我国图书版权对外贸易再创佳绩的一年，无论是在引进输出的数量、内容还是结构方面，都取得了卓越的成就。

随着互联网的飞速发展，传统的纸质图书受到的冲击不容小觑，新兴的电子出版物表现出巨大的发展潜力，中国图书走向国际之路充斥着机遇和挑战。在此背景之下，本报告根据具体的版权贸易案例和相关数据，对中国图书对外贸易的发展现状及其趋势做出全面的展示，并在此基础上提出了建议。

## 二　研究方法

中国图书的对外贸易主要包括两部分，第一部分是指对图书实物的进出口，属于有形贸易的范畴；二是指对图书版权的引进与输出，属于无形资产的贸易范畴。本研究从这两方面入手，综合展现并分析中国图书的贸易发展概况。

本文使用的数据主要采集于《中国统计年鉴（2018）》，国家版权局、中华人民共和国商务部、中华人民共和国国家新闻出版广电总局官网，中国新闻网，以及在知网公开发表的相关论文。笔者根据采集到的数据和资料，制作折线图、饼图和柱状图等，并整理了若干相关表格，力求能够直观展现出当前中国图书版权对外贸易的发展状况和发展趋势。最后对其现存的问题进行分析，同时提出了建议。

# 三　研究分析

## （一）中国图书进出口概况

1. 中国图书进口概况

自2009年以来，无论从进口数量（见图1）还是从进口金额（见图2）的角度出发，我国的图书进口都呈现出上升的发展态势。

进口数量方面，2009年我国进口的图书数量仅为533.53万册，到2017年，图书进口数量为2033.59万册，增长281.16%。并且究其增长率，除了2012年曾经出现小幅度的负增长之外，都保持正向，2017年增长率为31.06%，进口数量增长率处于较高水平。

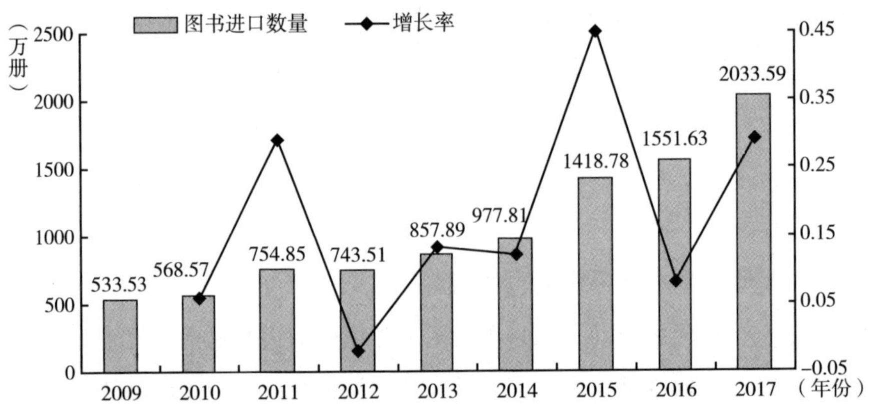


**图1　2009～2017年中国图书进口数量及其增长率**

资料来源：《中国统计年鉴（2018）》。

进口金额方面，2009年中国进口的图书总金额为8316.65万美元，2017年进口图书的总金额为17036.94万美元，增长104.85%。进口金额历年增长率大部分为正，2017年增长率达到18.13%。

同期刊，报纸与音像、电子出版物的进口情况相对比，就进口数量而言，

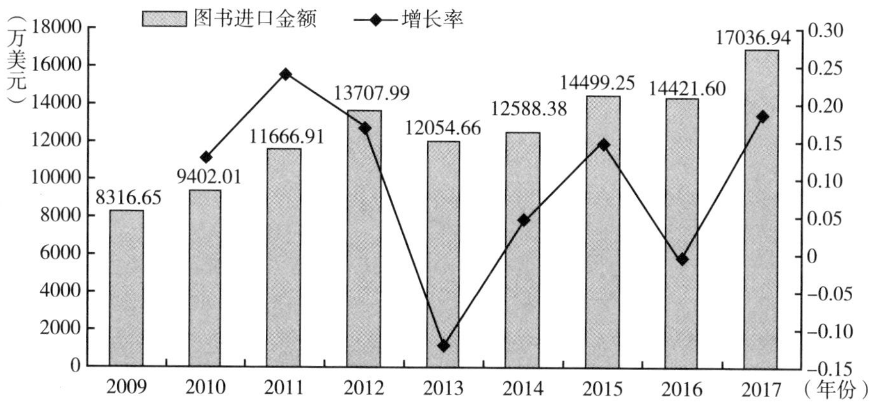


**图 2　2009～2017 年中国图书进口金额及其增长率**

资料来源：《中国统计年鉴（2018）》。

近三年，中国图书的进口数量远超其余各项进口数量（见图 3），其占总进口数量的比重呈上升的趋势（见图 4），2009 年其所占比重为 18.98%，到 2017 年，这一比重已达到 62.21%，上升了约 43 个百分点。其中值得注意的是，报纸的进口数量曾在 2009～2014 这六年间占据领先地位，但于 2013 年发生骤减，总体呈明显下降趋势，2009 年报纸进口数量为 1812.91 万册，2017 年其进口数量为 910.27 万册，下降 49.79%（见图 3）。

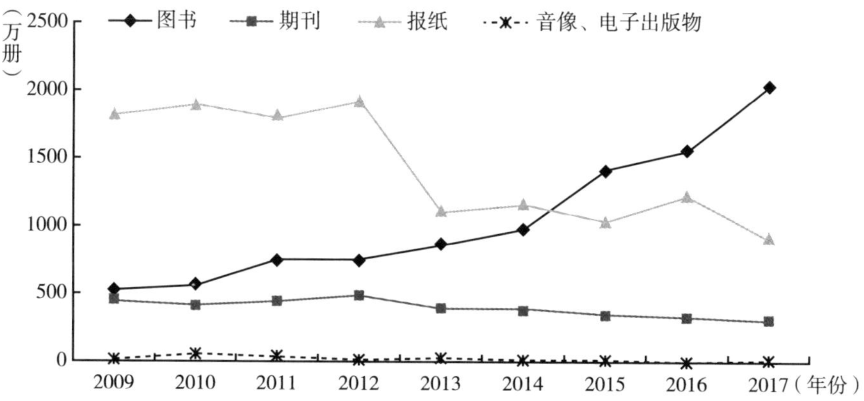


**图 3　2009～2017 年图书，期刊，报纸与音像、电子出版物的进口数量**

资料来源：《中国统计年鉴（2018）》。

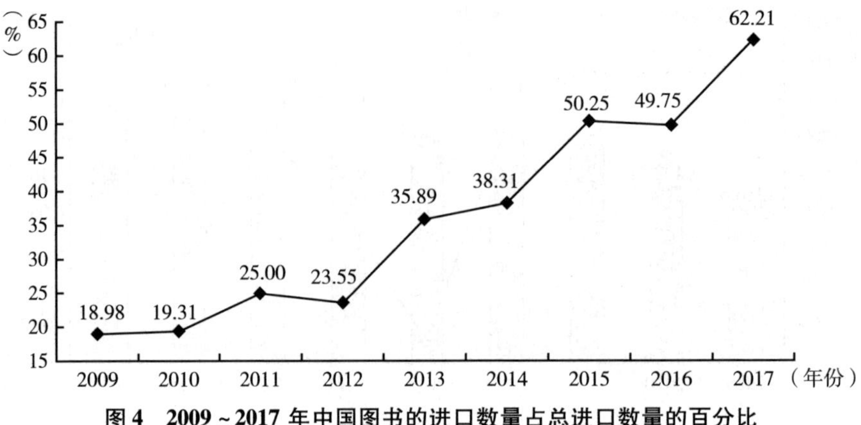


**图4　2009～2017年中国图书的进口数量占总进口数量的百分比**

资料来源：《中国统计年鉴（2018）》。

从进口金额的角度来看，中国图书的进口金额在波动中总体呈增长的趋势（见图5），然而其占比却稳中有降（见图6）。2009年，中国图书进口金额所占比例为26.80%，2017年这一占比下降为25.60%，缩小1.2个百分点。值得注意的是，我国进口期刊的金额所占比重下降，九年间整体下降近24个百分点。而音像、电子出版物的进口金额占比逐年上升，九年来上升近31个百分点。2009年音像、电子出版物的进口金额为6527.06万美元，2017年音像、电子出版

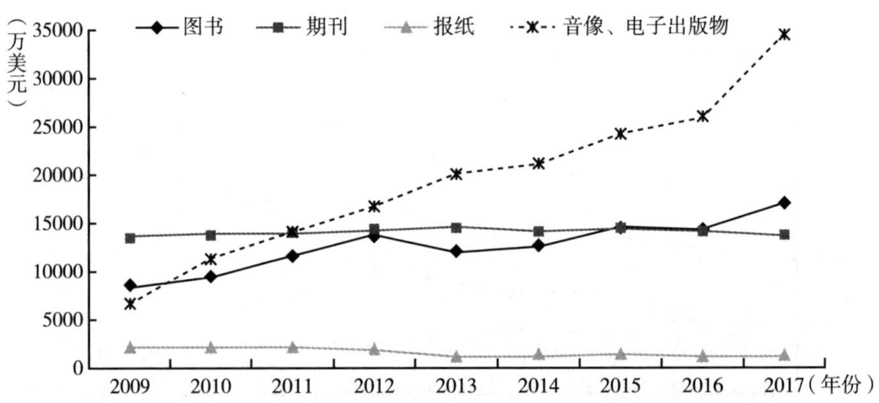


**图5　2009～2017年图书，期刊，报纸与音像、电子出版物的进口金额**

资料来源：《中国统计年鉴（2018）》。

物的进口金额为34584.46万美元，增长429.86%。可见近十年来，音像、电子出版物发展势头迅猛，越来越多地占领了传统纸质出版物的市场份额。

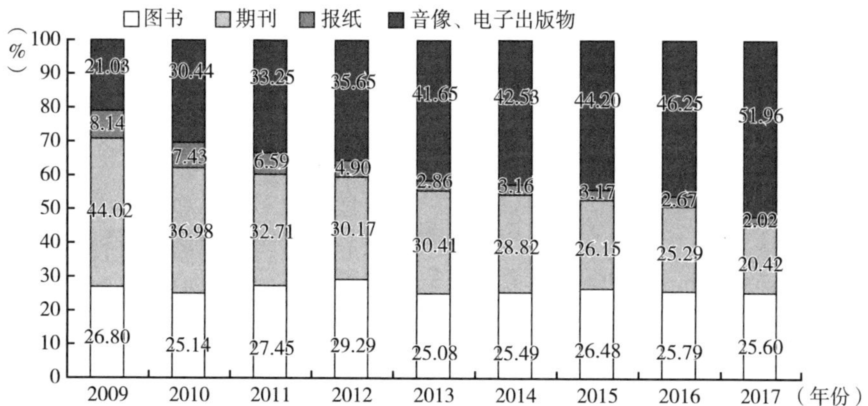


**图6　2009～2017年图书，期刊，报纸与音像、电子出版物的进口金额所占百分比**

资料来源：《中国统计年鉴（2018）》。

2. 中国图书出口概况

2009～2017年，中国图书的出口数量（见图7）和出口金额（见图8）总体均呈现出上升的趋势。在出口数量方面，2009年中国图书出口数量仅为

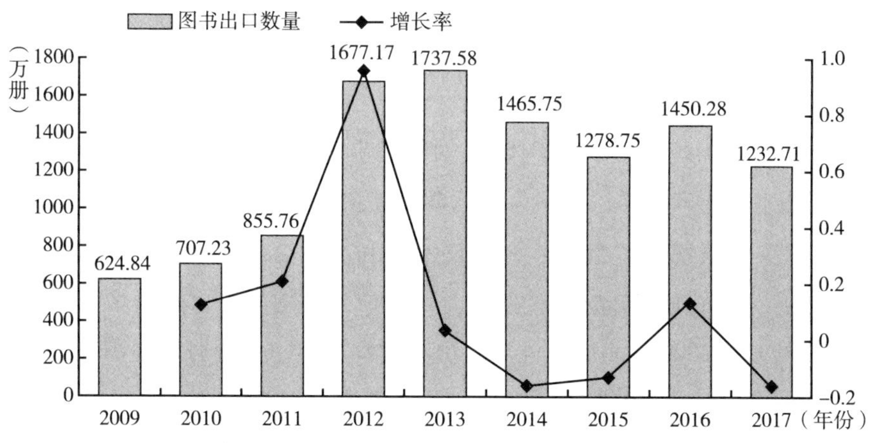


**图7　2009～2017年中国图书出口数量及其增长率**

资料来源：《中国统计年鉴（2018）》。

624.84 万册，2017 年中国图书出口数量为 1232.71 万册，增长 97.28%。然而值得注意的是，近五年来，从 2013 年开始，中国图书的出口数量整体呈下降趋势，相比 2013 年的峰值 1737.58 万册，2017 年中国图书出口数量下降 29.06%，这或许是由于 2012 年出口数量激增后出现的缓冲现象。

在出口金额方面，2009 年中国图书的出口金额仅为 2962.03 万美元，到 2017 年增加至 5460.53 万美元，增长 84.35%。

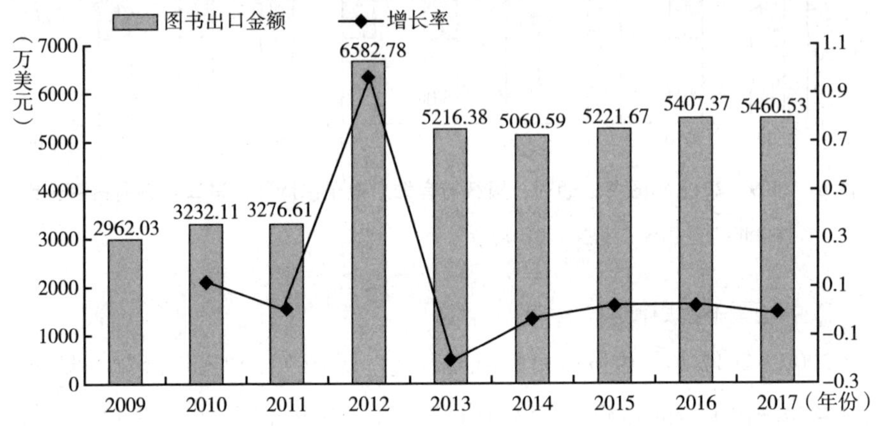


**图 8　2009～2017 年中国图书出口金额及其增长率**

资料来源：《中国统计年鉴（2018）》。

根据《中国统计年鉴（2018）》对我国出口图书类别口径的划分，现将出口的图书分为六大类，分别为“哲学、社会科学”“文学、艺术”“文化、教育”“少儿读物”“自然、科学技术”和“综合”。表 1 列出了 2009～2017 年这六类图书各自的出口数量，其中少儿读物的出口数量增长幅度最大（见图 9），2009 年全年对外出口少儿读物共 70.64 万册，占当年图书总出口量的 11.31%，2017 年，对外出口少儿读物的数量增至 539.70 万册，占当年图书总出口量的 43.78%，出口数量增长 664.01%，占比上升约 32 个百分点。

**表 1　2009～2017 年分类图书出口数量**

单位：万册

| 图书类别 | 2009 年 | 2010 年 | 2011 年 | 2012 年 |
|---|---|---|---|---|
| 哲学、社会科学 | 84. 04 | 105. 32 | 101. 52 | 173. 44 |
| 文化、教育 | 123. 97 | 124. 24 | 158. 08 | 350. 60 |
| 文学、艺术 | 105. 12 | 129. 70 | 144. 66 | 233. 41 |
| 自然、科学技术 | 90. 11 | 59. 86 | 57. 99 | 85. 49 |
| 少儿读物 | 70. 64 | 140. 47 | 205. 23 | 538. 23 |
| 综合 | 150. 96 | 147. 64 | 188. 27 | 295. 99 |
| 总计 | 624. 84 | 707. 23 | 855. 76 | 1677. 17 |

| 图书类别 | 2013 年 | 2014 年 | 2015 年 | 2016 年 | 2017 年 |
|---|---|---|---|---|---|
| 哲学、社会科学 | 159. 54 | 111. 65 | 129. 06 | 146. 00 | 177. 09 |
| 文化、教育 | 386. 27 | 216. 22 | 172. 72 | 158. 03 | 144. 32 |
| 文学、艺术 | 203. 52 | 143. 87 | 162. 81 | 189. 19 | 198. 92 |
| 自然、科学技术 | 62. 26 | 41. 53 | 48. 85 | 49. 36 | 46. 81 |
| 少儿读物 | 724. 39 | 807. 08 | 556. 11 | 729. 87 | 539. 70 |
| 综合 | 201. 60 | 145. 40 | 209. 20 | 177. 83 | 125. 87 |
| 总计 | 1737. 58 | 1465. 75 | 1278. 75 | 1450. 28 | 1232. 71 |

资料来源：《中国统计年鉴（2018）》。

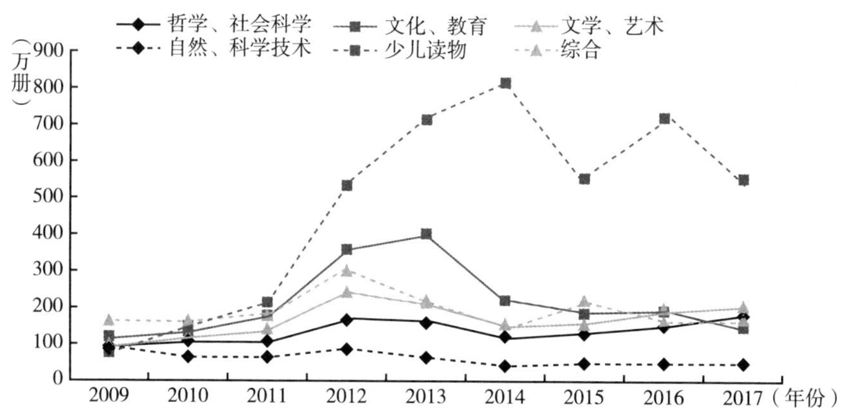


**图 9　2009～2017 年各类图书出口数量**

资料来源：《中国统计年鉴（2018）》。

2013～2017年，少儿读物的出口总数占总图书出口总数的比例高达47%（见图10），占比近半。少儿读物因其通俗易懂、便于流通等特点，具有较小的文化折扣，加之我国少儿读物定价不高，物美价廉，备受海外消费者的青睐，这使我国的少儿读物在海外需求量较大，出口数量总体上升。

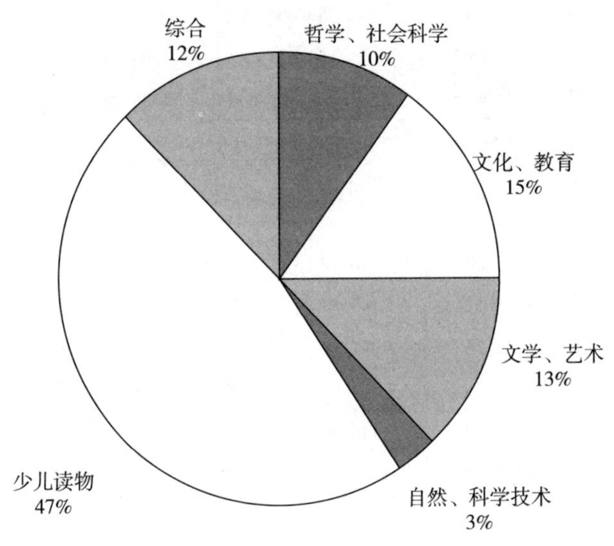


**图10　2013～2017年各类图书出口数量占比**

资料来源：《中国统计年鉴（2018）》。

从表2、图11可以看出上述六类图书2009～2017年的出口金额，“哲学、社会科学”“文化、教育”“文学、艺术”以及“少儿读物”图书的出口金额均有明显增长。其中，“少儿读物”增幅最为明显，2009年，“少儿读物”的出口金额仅为127.73万美元，到2017年，其出口金额经过几年增长，升至802.35万美元，增长528.16%。在占比方面，五年（2013～2017年）来，“哲学、社会科学”图书的出口金额所占比重最大，平均占比31.41%。

**表 2 2009～2017 年分类图书出口金额**

单位：万美元

| 图书类别 | 2009 年 | 2010 年 | 2011 年 | 2012 年 |
|---|---|---|---|---|
| 哲学、社会科学 | 686.62 | 826.18 | 752.5 | 1222.09 |
| 文化、教育 | 549.3 | 552.61 | 571.18 | 1494.57 |
| 文学、艺术 | 471.85 | 601.51 | 650.66 | 1269.97 |
| 自然、科学技术 | 303.37 | 345.93 | 345.88 | 428.58 |
| 少儿读物 | 127.73 | 264.86 | 280.61 | 632.49 |
| 综合 | 823.16 | 641.03 | 675.77 | 1535.08 |
| 总计 | 2962.03 | 3232.11 | 3276.61 | 6582.78 |

| 图书类别 | 2013 年 | 2014 年 | 2015 年 | 2016 年 | 2017 年 |
|---|---|---|---|---|---|
| 哲学、社会科学 | 1750.25 | 1677.83 | 1589.45 | 1826.43 | 1438.03 |
| 文化、教育 | 1029.52 | 940.68 | 798.88 | 763.35 | 1001.7 |
| 文学、艺术 | 891.95 | 918.84 | 939.98 | 960.36 | 1102.92 |
| 自然、科学技术 | 383.84 | 302.77 | 317.32 | 296.58 | 291.03 |
| 少儿读物 | 447.31 | 547.68 | 482.41 | 653.26 | 802.35 |
| 综合 | 713.51 | 672.78 | 1093.63 | 907.39 | 824.5 |
| 总计 | 5216.38 | 5060.59 | 5221.67 | 5407.37 | 5460.53 |

资料来源：《中国统计年鉴（2018）》。

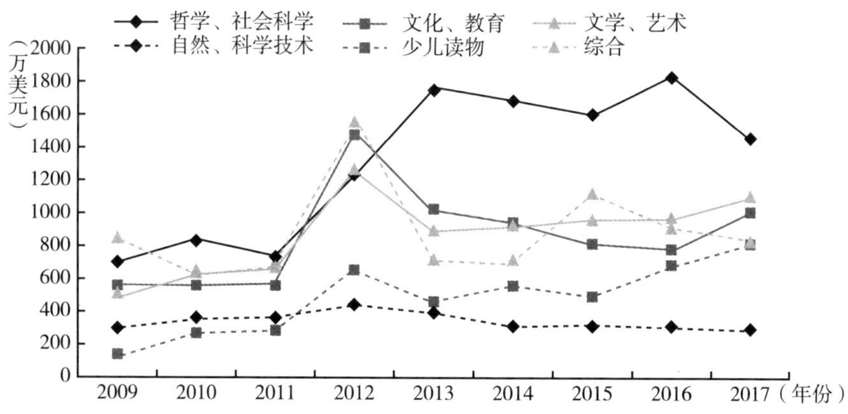


**图 11 2009～2017 年各类图书出口金额**

资料来源：《中国统计年鉴（2018）》。

结合表1的数据，可以看出中国“少儿读物”图书出口金额的大幅增加很大成分上源自其出口数量的飙升，而“哲学、社会科学”图书出口金额的增加，主要可以归因于该类图书单价的上涨。

3. 中国图书对外贸易差额

长期以来，我国的图书进出口贸易一直处于逆差状态，在2009～2017年这九年间，图书贸易的逆差额仍在持续扩大（见图12）。其原因主要是：受到文化折扣的影响，我国的传统文化与当今世界大多数发达国家差异较大，图书作为一种传播文化和思想的媒介，难以在文化距离较大的国家之间顺利流通。除此之外，专业的翻译人员以及版权贸易精英在我国仍然处于短缺的状态，这也是造成图书贸易长期存在逆差的又一重要原因。

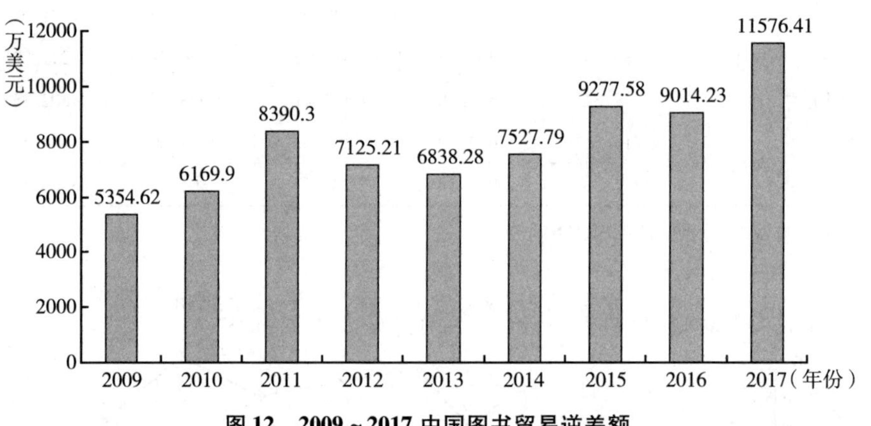


**图12　2009～2017中国图书贸易逆差额**

资料来源：《中国统计年鉴（2018）》。

图13将2009～2017年的图书，期刊，报纸和音像、电子出版物的贸易逆差额进行对比，发现音像、电子出版物的贸易逆差额在近九年间剧烈增加，由2009年的6465.95万美元，到2017年已升至34421.12万美元，增幅高达432.34%。可见在国际市场上，音像、电子出版物的发展势头正盛，虽然我国的电子出版业也呈现上升趋势，但国内对电子出版物的供给仍然远不能满足人们的需求。

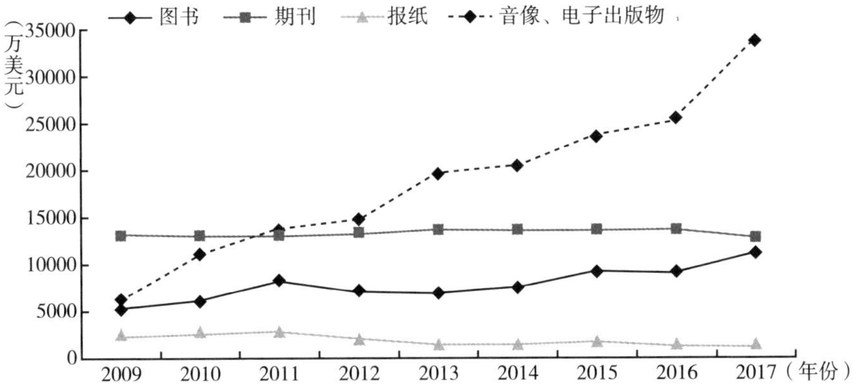


**图 13　2009～2017 年图书，期刊，报纸与音像、电子出版物的贸易逆差额**

资料来源：《中国统计年鉴（2018）》。

## （二）中国图书版权贸易概况

1. 中国图书版权的引进、输出概况

自 2010 年以来，在版权引进方面，中国图书的版权引进占总版权引进的百分比总体上呈现稳步增长趋势（见图 14）；在版权输出方面，图书版权的输出比重虽然存在波动，总体上也呈增长态势（见图 15）。2010

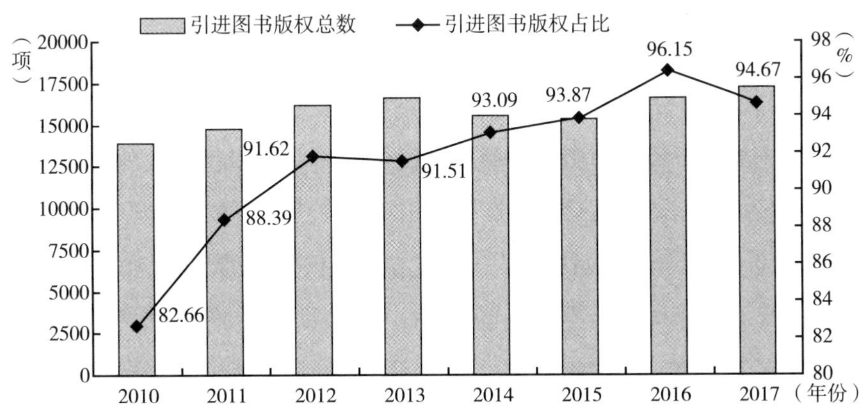


**图 14　2010～2017 年中国图书版权引进总数及其占比**

资料来源：《中国统计年鉴（2018）》。

年，引进的图书版权项数占全部引进版权项数的比重为82.66%，输出的图书版权项数占全部输出版权项数的比重为68.18%。到2017年，引进图书版权占比增至94.67%，升高约12个百分点，输出图书版权占比为77.23%，升高约9个百分点。可以看出，无论是从版权引进的角度还是从版权输出的角度，图书版权的市场份额都越来越大，发挥着举足轻重的作用。

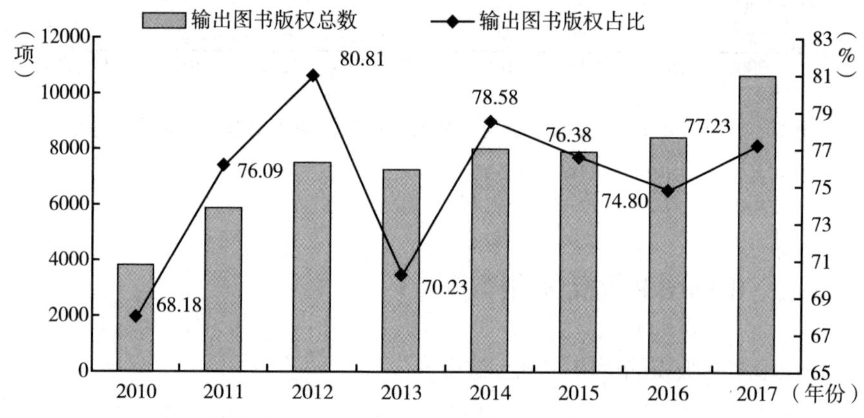


**图15　2010～2017年中国图书版权输出总数及其占比**

资料来源：《中国统计年鉴（2018）》。

2. 电子出版物版权的引进、输出概况

图16、图17分别列出了电子出版物版权的引进、输出项数和占比情况。总体上来说，电子出版物的版权引进项数占版权引进总数的份额不大，但呈现出较稳定的增长态势；其版权输出项数占比增势更为明显，但有较大浮动。2010年，电子出版物版权引进数占总版权引进的0.30%，其版权输出项数占总版权输出的3.29%。2017年，引进电子出版物版权项数占比为2.05%，增加约1.7个百分比，输出电子出版物版权项数占比达到11.27%，增加约8个百分点。可见，在我国的版权输出中，电子出版物的地位不断提高，具有极大的发展潜力。

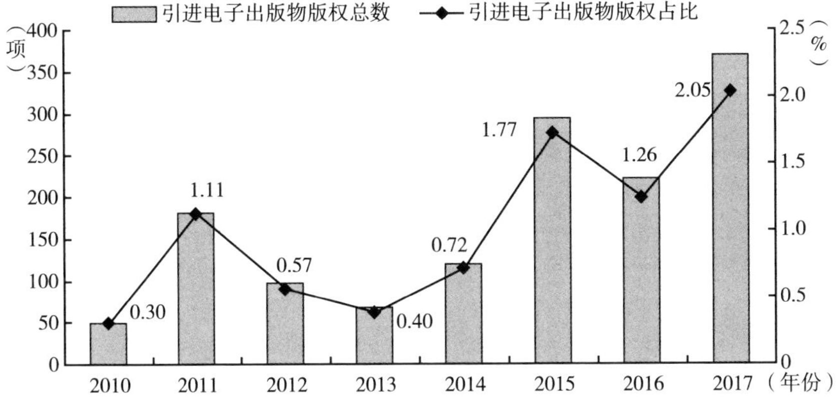


**图 16　2010 ~ 2017 年电子出版物版权引进总数及其占比**

资料来源：《中国统计年鉴（2018）》。

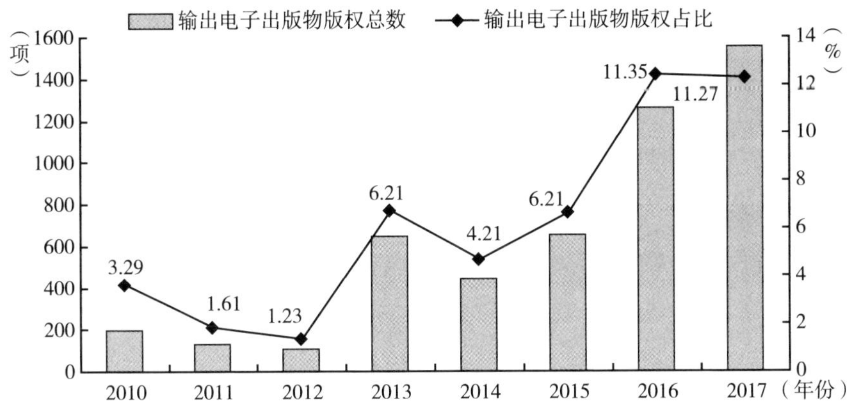


**图 17　2010 ~ 2017 年电子出版物版权输出总数及其占比**

资料来源：《中国统计年鉴（2018）》。

3. 中国图书版权贸易逆差的动向

表 3 详细列出了 2010 ~ 2017 年中国图书和电子出版物的版权引进和输出总项数以及二者合计的引进输出比率。不难看出，长期以来我国版权贸易的逆差现象都是较为显著的，但逆差的幅度呈逐年缩减的趋势。引进输出比率在 2010 年还是 3. 39 : 1，即每引进 3. 39 项海外图书或电子出

版物，只输出 1 项中国图书或电子出版物。到 2017 年，这一比率降至 1.43∶1。

**表 3 2010～2017 年图书与电子出版物版权引进、输出总数及其比率**

单位：项

| 数量及比率 | 2010 年 | 2011 年 | 2012 年 | 2013 年 | 2014 年 | 2015 年 | 2016 年 | 2017 年 |
|---|---|---|---|---|---|---|---|---|
| 图书版权引进 | 13724 | 14708 | 16115 | 16625 | 15542 | 15458 | 16587 | 17154 |
| 电子出版物版权引进 | 49 | 185 | 100 | 72 | 120 | 292 | 217 | 372 |
| 图书版权输出 | 3880 | 5922 | 7568 | 7305 | 8088 | 7998 | 8328 | 10670 |
| 电子出版物版权输出 | 187 | 125 | 115 | 646 | 433 | 650 | 1264 | 1557 |
| 引进输出比率 | 3.39∶1 | 2.46∶1 | 2.11∶1 | 2.10∶1 | 1.84∶1 | 1.82∶1 | 1.75∶1 | 1.43∶1 |

资料来源：《中国统计年鉴（2018）》。

结合图 14～17 可以看出，近几年间，无论是图书版权还是电子出版物版权，其引进和输出项数整体表现出增长的态势，可见我国版权贸易发展蓬勃。

## （三）国际市场结构

根据国家版权局公布的全国版权统计数据，我国版权引进和输出的国家及地区大致分为 13 类，分别是美国、英国、德国、法国、俄罗斯、加拿大、新加坡、日本、韩国、香港地区、澳门地区、台湾地区和其他地区，表 4 呈现了我国在 2010～2017 年从上述国家及地区引进版权的具体项数。

**表 4 2010～2017 年中国从不同国家及地区引进版权总数**

单位：项

| 版权引进国家及地区 | 2010 年 | 2011 年 | 2012 年 | 2013 年 | 2014 年 | 2015 年 | 2016 年 | 2017 年 |
|---|---|---|---|---|---|---|---|---|
| 美国 | 5284 | 5182 | 5606 | 6210 | 5451 | 5251 | 5461 | 6645 |
| 加拿大 | 111 | 140 | 138 | 114 | 165 | 153 | 152 | 170 |
| 俄罗斯 | 58 | 57 | 61 | 84 | 98 | 87 | 104 | 93 |
| 英国 | 2429 | 2595 | 2739 | 2698 | 2842 | 2802 | 2966 | 2991 |

续表

| 版权引进国家及地区 | 2010 年 | 2011 年 | 2012 年 | 2013 年 | 2014 年 | 2015 年 | 2016 年 | 2017 年 |
|---|---|---|---|---|---|---|---|---|
| 德国 | 739 | 895 | 941 | 763 | 841 | 815 | 895 | 951 |
| 法国 | 737 | 720 | 846 | 787 | 779 | 999 | 1100 | 1164 |
| 新加坡 | 335 | 265 | 293 | 330 | 213 | 242 | 262 | 259 |
| 日本 | 1766 | 2161 | 2079 | 1905 | 1783 | 1771 | 1952 | 2232 |
| 韩国 | 1027 | 1098 | 1232 | 1619 | 1216 | 883 | 1067 | 183 |
| 中国港澳台地区 | 8452 | 8672 | 9286 | 9671 | 9134 | 8868 | 9322 | 10587 |
| 其他地区 | 1468 | 1370 | 1501 | 1926 | 1800 | 2013 | 2065 | 2321 |

资料来源：国家版权局。

结合图 18、图 19 可见，2010 ~ 2017 年，美国一直是我国最主要的版权引进国，并且从其引进版权项数和占比仍有增加趋势。2010 年，我国总共从美国引进 5284 项版权，占当年引进总项的 31.83%。2017 年，我国从美国引进 6645 项版权，占引进总项的 36.67%，比重增加近 5 个百分点。而相反地，我国从新加坡、日本、韩国等亚洲国家以及港澳台地区引进的版权项数及其占比都呈现明显的下降趋势。

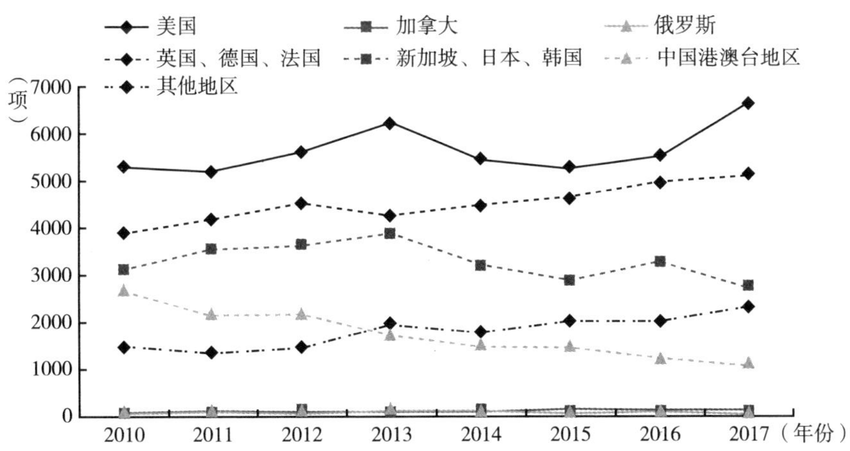


**图 18　2010 ~ 2017 年中国从不同国家及地区引进版权数量变化**

资料来源：国家版权局。

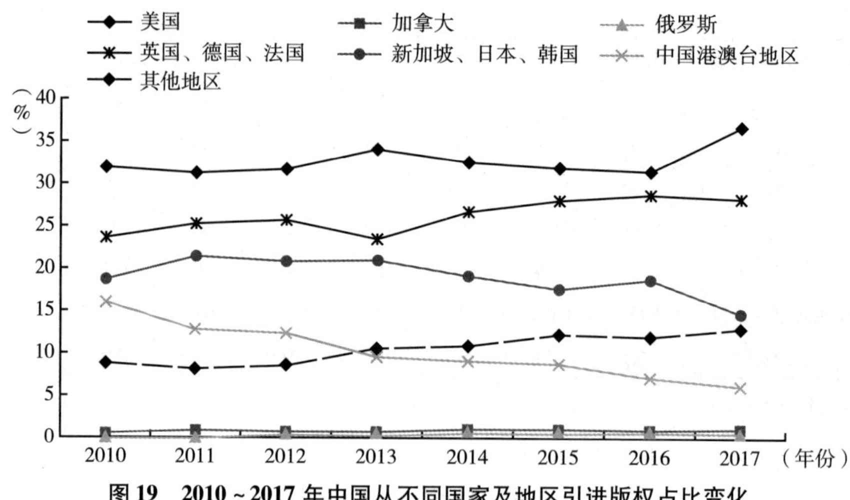


**图 19　2010～2017 年中国从不同国家及地区引进版权占比变化**

资料来源：国家版权局。

表 5 呈现了我国在 2010～2017 年向不同国家及地区输出版权的具体项数。

**表 5　2010～2017 年中国向不同国家及地区输出版权总数**

单位：项

| 版权输出国家及地区 | 2010 年 | 2011 年 | 2012 年 | 2013 年 | 2014 年 | 2015 年 | 2016 年 | 2017 年 |
|---|---|---|---|---|---|---|---|---|
| 美国 | 1147 | 1077 | 1259 | 1266 | 1216 | 1185 | 1483 | 1213 |
| 加拿大 | 86 | 16 | 122 | 157 | 129 | 144 | 143 | 273 |
| 俄罗斯 | 11 | 40 | 104 | 125 | 226 | 135 | 360 | 309 |
| 英国 | 178 | 433 | 606 | 731 | 507 | 708 | 353 | 496 |
| 德国 | 120 | 146 | 354 | 452 | 408 | 467 | 346 | 498 |
| 法国 | 121 | 129 | 130 | 243 | 371 | 199 | 164 | 222 |
| 新加坡 | 375 | 221 | 292 | 532 | 416 | 555 | 403 | 363 |
| 日本 | 214 | 187 | 405 | 388 | 388 | 313 | 356 | 330 |
| 韩国 | 360 | 507 | 310 | 695 | 642 | 654 | 719 | 540 |
| 中国港澳台地区 | 1935 | 2141 | 2308 | 3093 | 2956 | 2455 | 2999 | 3353 |
| 其他地区 | 1144 | 2886 | 3475 | 2719 | 3034 | 3656 | 3807 | 6219 |

资料来源：国家版权局。

结合图20和图21可以看出，在2010～2017年，我国最主要的版权输出地区是港澳台地区和“其他地区”。其中，在2017年，向“其他地

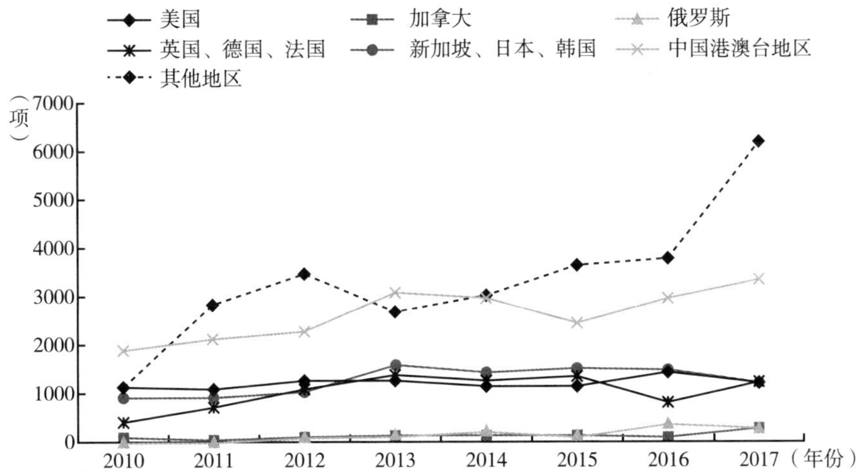


**图20 2010～2017年中国向不同国家及地区输出版权数量变化**

资料来源：国家版权局。

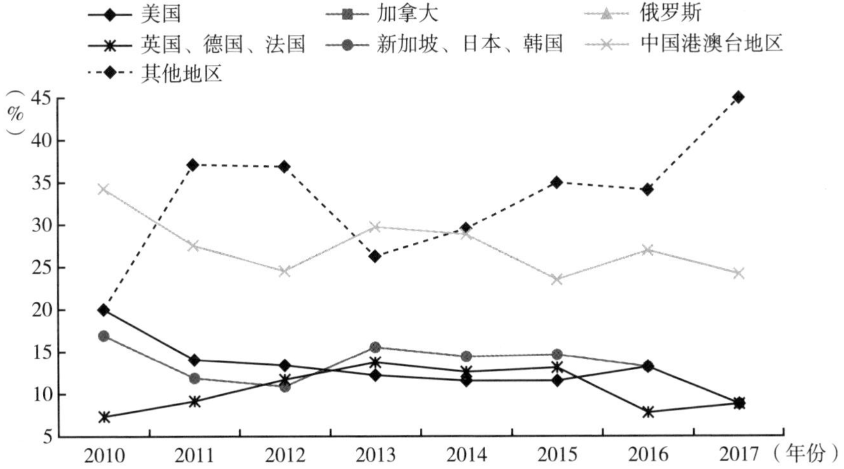


**图21 2010～2017年中国向不同国家及地区输出版权占比变化**

资料来源：国家版权局。

区”输出的版权数量及其占比出现飙升，全年向“其他地区”输出版权6219项，比2016年增长63.36%，占比约达45%，比2016年升高近11个百分点，体现出我国版权输出对象越来越广泛。在官方分类中，对“其他地区”尚未有进一步的细分。据统计，2017年我国总计向89个国家和地区输出版权，尤其是近年间，对“一带一路”沿线国家的版权输出数量有明显的增加，这些国家包括但不限于越南、泰国、印度、埃及、尼泊尔、黎巴嫩等国。

## （四）文化企业拓宽发展渠道

随着我国图书版权“走出去”进程的逐渐加快，“走出去”的形式越来越趋向于多样化，各个出版企业在出口之外，开始探索和开拓更多渠道（见表6），常见的有在海外设置分支机构、海外并购、开展国际合作等。值得一提的是，近些年出版企业与海外公司合作设立国际编辑部已成为一种新兴的“走出去”模式，其中较有代表性的是中国出版集团。其旗下的中译出版社、商务印书馆、中国大百科全书出版社、中国民主法制出版社等，截至2018年已经与13家海外出版商成立20多家中国主题国际编辑部。2018年8月20日，中国出版集团还召开了“首届国际编辑部年会”，现场展示出版成果，将海外传播做优做实。

**表6　出版企业主要海外拓展渠道**

| 拓展渠道 | 出版企业 | 分支机构名称/项目名称 |
|---|---|---|
| 海外设分支机构 | 人民卫生出版社 | 人民卫生出版社美国有限责任公司 |
| | 北京语言大学出版社 | “北京语言大学出版社北美分社投资建设项目” |
| | 浙江出版集团 | 尚斯博库书店 |
| | 上海交通大学出版社 | 中国—南亚科技出版中心 |
| | 五洲传播出版社 | 阿联酋分社 |
| | 四川新华文轩出版传媒股份有限公司 | 土耳其分社 |
| | 山东友谊出版社 | “尼山书屋走出去工程” |

续表

| 拓展渠道 | 出版企业 | 分支机构名称/项目名称 |
| --- | --- | --- |
| 海外并购 | 清华大学出版社 | 日本株式会社树立社收购及运营 |
| | 浙江少年儿童出版社 | 澳大利亚新前沿出版社 |
| | 重庆出版集团 | “美丽丝路”大型国际合作出版工程 |
| | 江苏凤凰教育出版社 | “美国 PIL 公司并购项目” |
| 开展国际交流合作 | 五洲传播出版社 | “中阿典籍互译出版工程” |
| | 安徽少年儿童出版社 | “一带一路童书互译工程” |
| | 北京出版集团 | “十月作家居住地 · 布拉格”项目 |
| | 中原出版传媒集团 | “丝路书香”来华培训研修班 |
| | 青岛出版集团 | “日本渡边淳一文学馆海外运营项目” |
| | 中译出版社 | 与英国、印度、越南、尼泊尔等多国海外机构分别合作成立国际编辑部 |

资料来源：国家版权局网站、中华人民共和国商务部网站、中国新闻网。

出版企业不断地积极开拓有力推动了我国版权贸易的发展壮大，在文化和学术交流等方面做出不凡贡献，为中华文化“走出去”注入源源不断的活力。

## （五）政策支持打造利好环境

我国图书出版“走出去”战略的实施一直以“政府主导”为重要原则，这些年来出版“走出去”取得重大成果，离不开政府政策的支持和重视。党的十八届三中全会强调的“培育外向型文化企业，支持文化企业到境外开拓市场”，为中国出版“走出去”增添了新的引擎。从 2006 年开始，国家陆续启动了一系列项目及工程（见表 7）来支持中国出版“走出去”，并取得了显著成果。

表 7　国家重点图书项目

| 项目名称 | 启动年份 | 项目内容 | 成果 |
| --- | --- | --- | --- |
| 中国图书对外推广计划 | 2006 | 资助出版中国的图书和向国外图书馆赠送图书。打造图书版权贸易出口和实物出口两个平台，连通中国与世界。 | 截至 2016 年，同 70 多个国家的 600 多家出版机构签订资助协议 2676 项，涉及图书 2973 种，文版47 个 |

续表

| 项目名称 | 启动年份 | 项目内容 | 成果 |
| --- | --- | --- | --- |
| 中外图书互译计划 | 2008 | 签订政府间互译协议,双方进行重点书籍的互译工作。 | 完成100多种优秀图书的互译出版 |
| 中国文化著作翻译出版工程 | 2009 | 更大规模、更多投入,在更广领域支持中国图书"走出去",继续加大对国际出版合作的扶持和资助力度。 | 截至2016年,已同25个国家的61家出版机构签订资助协议101项,涉及图书1062种,文版16个 |
| 经典中国国际出版工程 | 2009 | 资助外向型优秀图书选题的翻译和出版,重点资助"中国学术名著系列"和"名家名译系列"图书。 | 资助3000多种图书在42个国家翻译出版 |
| 中国出版物国际渠道拓展工程 | 2010 | 构建中国出版物国际立体营销网络,以推动更多中国优秀的中文版和外文版出版物走向世界。 | 开辟了三个渠道,即国际主流营销渠道、海外华文书店渠道、新兴网络书店渠道,激活出版社内容源头 |
| 丝路书香出版工程 | 2014 | 涵盖重点翻译资助项目、丝路国家图书互译项目、汉语教材推广项目、境外参展项目、出版物数据库推广项目等。 | 资助1200多种优秀图书多语种、小语种翻译出版 |
| 图书版权输出奖励计划 | 2015 | 对实现版权输出且在海外实际出版发行的纸介质图书给予普遍奖励和重点奖励。 | 已顺利实施三期,2018年32家单位80种图书获得图书版权输出奖励计划三期重点奖励,91家单位583种图书获得普遍奖励 |
| 图书"走出去"基础书目工程 | 2016 | 根据不同国家、不同受众的文化传统、价值取向和接受习惯,开列图书清单。 | 2017年公布了"走出去"基础书目库·首批入库图书名单 |

资料来源：国家版权局、中华人民共和国商务部。

2018年3月，中共中央印发《深化党和国家机构改革方案》，对出版工作的主管部门做出了调整："为加强党对新闻舆论工作的集中统一领导，加强对出版活动的管理，发展和繁荣中国特色社会主义出版事业，将国家新闻出版广电总局的新闻出版管理职责划入中央宣传部。"中宣部作为主管意识形态的职能部门，负责提出宣传思想文化事业发展的指导方针，指导宣传文化系统制定政策、法规。机构改革调整后，我国的新闻出版工作将由中宣部来面对面领导，这无疑体现了党和国家对出版业发展的重视，未来必将促使我国出版业多出精品，同时加强主题出版的发展建设。

## （六）图书展览助力版权输出

国内外的各种图书展览为世界各个国家和地区提供了一个文化交流的舞台，对于国内出版社来说，国际书展是宣传我国文化的窗口，是与国际相连通的桥梁。近些年来，各文化企业在国际上积极参加图书展览，结成了累累硕果（见表8），不仅向世界展示了各种类型的中国图书，更是大大促进了我国的版权输出以及对外出版合作。

**表8　2017～2018年部分参与书展及成果**

| 图书展览 | 日期 | 成果 |
| --- | --- | --- |
| 第26届古巴哈瓦那国际书展 | 2017年2月 | 百花洲文艺出版社实现图书输出15种 |
| 第27届阿布扎比国际书展 | 2017年4月 | 书展期间，中国出版企业达成版权输出意向353项，签订版权输出协议194项；版权引进意向35项，签订版权引进协议19项；合作意向67项 |
| 布宜诺斯艾利斯国际书展 | 2017年5月 | 人民东方出版传媒有限公司、中国美术出版总社有限公司等十几家出版单位参展，共达成版权输出意向10余项 |
| 第24届北京国际图书博览会 | 2017年9月 | 举办"'一带一路'结硕果：76种图书版权输出签约仪式"，版权输出数量超过80种 |
| 2017上海国际童书展 | 2017年11月 | 少年儿童出版社输出图书版权24种，达成版权输出意向20种 |
| 第27届古巴哈瓦那国际书展 | 2018年2月 | 中国展台的7000册西、英、中文图书几乎销售一空。与古巴国家图书馆联合成立中国图书中心，向其赠送300余种中国主题图书 |
| 第55届博洛尼亚国际儿童书展 | 2018年3月 | 国内各出版单位现场共达成中国童书版权输出意向及协议800多项 |

续表

| 图书展览 | 日期 | 成果 |
| --- | --- | --- |
| 第25届北京国际图书博览会 | 2018年8月 | 达成中外版权贸易协议5678项,其中达成各类版权输出与合作出版意向和协议3610项,达成引进意向和协议2068项 |
| 2018莫斯科国际图书博览会 | 2018年9月 | 20多家中国出版单位组团参展,共展出近1000册图书,内容涉及儿童、文学、历史、经济、当代中国、政治、中国文化、汉语教材等 |
| 第23届阿尔及尔国际书展 | 2018年10月 | 中国出版机构与阿尔及利亚及其他国家出版单位签署了多项版权输出和输入协议。其中,中方向外方版权项目输出达200多项 |

资料来源：国家版权局网站、中国新闻网、人民网、新华网。

## 四　发展特征

### （一）中国图书进出口贸易发展势头强劲，数字出版存在极大发展潜力

如上述数据所示，中国图书的进出口数量和金额整体保持增长的态势，其中2017年图书的进口数量和金额的增长速度提高，出口数量和金额的增速有所放缓。相比期刊，报纸和音像、电子出版物，图书的进出口贸易仍占据主导地位。图书版权的引进与输出也在波动中总体呈现上升趋势，版权贸易逆差长期显著存在，但其引进输出比率逐年降低，即版权逆差比率逐渐缩小，且从项数占比的角度出发，图书版权在版权引进中的地位整体高于其在版权输出中的地位。

同时，我国电子出版物的版权贸易项数呈现明显的顺差，电子出版物的

地位不断提高，具有极大的发展潜力。近年来，国家版权局积极推进传统出版业的数字化转型，开展了“书香中国 e 阅读”活动，并全面实施“数字出版千人培养计划”，培养数字出版人才。身处“互联网 +”时代，数字出版与互联网的结合必然是未来的发展趋势。2017 年 6 月，中国移动咪咕公司同亚马逊中国联合推出的“Kindle X 咪咕”电子书阅读器风靡一时，该阅读器涵盖 46 万册亚马逊电子书与 40 多万册的咪咕书城文学书，为我国出版产业的融合发展打开了新思路。

### （二）版权输出区域结构逐渐成熟，“一带一路”沿线国家占比升高

我国图书版权输出区域结构逐渐优化，2010 年我国的版权输出地区以港澳台地区为主，到 2017 年，版权贸易输出的地区逐渐多元化，对欧美国家的版权输出项数显著增加，向港澳台地区输出的版权占比呈缩小趋势，“一带一路”沿线国家成为我国版权输出越来越重要的区域对象。《2017 年中国新闻出版产业分析报告》显示，我国对越南、泰国、印度尼西亚、印度、尼泊尔、吉尔吉斯斯坦、阿联酋、黎巴嫩、埃及等“一带一路”沿线国家版权输出增加较多，表现抢眼。

### （三）出版企业海外表现活跃，积极拓宽海外渠道

根据中华人民共和国商务部公布的“2017～2018 年度国家文化出口重点企业公示名单”和“2017～2018 年度国家文化出口重点项目公示名单”，超过 30 家出版企业和近 20 个出版“走出去”相关项目榜上有名。随着出版“走出去”战略的全面推进，我国大大小小的出版企业在国际市场上表现活跃，许多出版单位“借船出海”，大大拓宽了图书版权“走出去”的渠道，提升了中国出版企业的海外影响力。无论民营企业还是国有企业、大型企业还是中小型企业，都能在图书展览等国际文化交流中大显身手。

## 五 现存问题

### （一）出口图书的内容结构仍须优化

根据统计年鉴所公布的我国各个类别图书的出口数量，出口占比最大的图书种类是少儿读物。少儿读物具有通俗易懂、文化折扣低的特点，具有易于流通、通俗易懂的优点，加上我国少儿读物定价不高，因此其在海外的需求量较大。然而，与此同时其传播中华文化和主流思想的效能也就相对比较有限。

我国图书出口的内容结构正在不断改善，目前《平易近人——习近平的语言力量》《中华文明史》《习近平谈治国理政》等能够宣扬中国文化、反映中国主流思想、讲述中国改革演进历程的主题图书已经被翻译成多种语言远销海外。仅以《习近平谈治国理政》一书为例，截至 2017 年，该书已经以 20 多个语种版本发行超过 600 万册，销往全球 160 多个国家和地区。当前，我国的图书出口以及版权输出等工作应继续围绕输出内容的结构优化来进行。

### （二）电子出版物输出质量有待提高

根据《中国统计年鉴（2018）》公布的相关数据，近几年我国电子出版物的版权输出项数逐年增多，且增势较为明显；而电子出版物的出口金额却增势平缓，2017 年其出口金额仅占图书、期刊、报纸、音像和电子出版物总出版金额的 2. 64% 。

出版物的出口金额可以在一定程度上体现出出版物的质量、“走出去”的深度、受读者欢迎程度等。可见，虽然从数量上讲，当前我国电子出版物的版权输出发展迅速，但是从质量上讲，其发展程度仍有待提高，当前我国对已经“走出去”的电子出版物在海外的推广营销还不够到位。

### （三）统计分类亟须进一步细化

《中国统计年鉴（2018）》及国家版权局将版权引进和输出的国家及地区分成13类，分别为美国、英国、德国、法国、俄罗斯、加拿大、新加坡、日本、韩国、香港地区、澳门地区、台湾地区和其他地区。其中，我国向“其他地区”输出的版权数量在2017年已飙升至6219项，占版权输出总项的比重高达45.01%。而我国官方对“其他地区”具体包含的国家和地区尚未有进一步的细分，这不利于对我国版权输出的市场结构进行更深层次的研究和分析。

## 六　建议

### （一）加强对电子出版物的重视，发展数字出版

在互联网和电子设备的冲击下，传统的实体书店和纸质出版渐有衰落之势，电子出版物的贸易增长势头强劲，数字出版结合互联网的模式指引着出版行业发展的方向，传统的出版行业必然会与互联网有越来越密切的合作。当前我国应抓住机遇，看清形势，将传统出版与新兴出版相融合，探讨电子出版物结合“互联网+”的新形式，大力促进电子出版物的出口和版权输出，在国际市场上占领先机，赢得口碑。

### （二）持续参与图书展览，充分发挥会展经济作用

图书会展是了解一个国家主流文化的窗口，对图书的版权贸易有着无可取代的促进作用。2018年8月，在北京举办的第25届北京国际图书博览会，由中国图书进出口集团主办，吸引了93个国家和地区参加展览。此次博览会达成中外版权贸易协议5678项，其中达成版权输出及合作出版意向和协议总计3610项，达成引进意向和协议共2068项。在将本国文化推向世界的同时，会展也吸纳了国外的优秀精华作品。

### （三）培养专业翻译人才，加强小语种学习建设

“一带一路”沿线国家逐渐成为我国版权输出的主要区域，据统计，“一带一路”沿线国家有60多个，其官方语言多达50多种，语言障碍是这些国家与我国文化交流受到阻碍的一个直接原因。一本书能够畅销到国外，离不开其译者扎实精准的翻译功底和较高的语言文字水平。目前我国在小语种方面尚处于人才短缺状态，小语种研究者多而不精，亟须培养一批专业的、有水平的翻译人才，加强对小语种专业的建设，加强同小语种国家的交流和实践活动。

### （四）加强政策支持，促进图书出口从增量向增质转型

出版企业主要通过获取无形资产获利，这种获利方式一直以来存在着风险大、难以估值等问题，这使其难以在社会上顺利融资，在国际市场上发展受限，需要政府政策的鼓励和扶持。我国在推动出版业“走出去”方面已经设立了不少前期资助项目和后期奖励项目，这不仅给予出版企业极大的支持，也为社会上的投资者指明了方向。目前，随着我国机构改革的推进，中宣部对图书出版的质量把关更加严格，我国出版业的对外贸易逐渐从“走出去”向“走进去”深化转型。在这一关键时期，建议继续加强政策支持，从而促进输出更为优质的作品，进一步提高中国图书的海外竞争力。

## 参考文献

桂子：《“一带一路”战略下我国图书版权输出的成果与不足》，《新闻采编》2018年第4期。

韩志、孟凡辉：《图书版权引进面临的问题及对策》，《传播与版权》2019年第2期。

黄先蓉、马兰：《少儿文学图书的版权引进与译介思考——以国际安徒生奖作家书系为例》，《现代出版》2019年第2期。

李林：《全球视野下图书版权输出新路径探析》，《科技传播》2019 年第 12 期。

李诗言：《近十年来我国图书版权贸易情况及发展对策》，《出版发行研究》2018 年第 1 期。

率琦：《图书版权贸易，如何精耕细作?》，《中国新闻出版广电报》2019 年 2 月 28 日第 7 期。

息慧娇：《十八大以来中国出版业“走出去”概况》，《科技与出版》2019 年第 2 期。

张京：《我国出版企业图书版权输出对策分析》，《传媒论坛》2019 年第 6 期。

张晴：《由“图书版权输出奖励计划”实施情况看出版走出去》，《出版参考》2017 年第 8 期。

中国金融出版社：《2018 年度金融版双十佳图书（原创类）》，《中国金融》2019 年第 6 期。

# B.4 中国演艺对外贸易发展报告

张 伟 高梦彤*

**摘 要：** 我国演出行业在改革开放后先后经历了急速扩张期和迅速降温期，近年来，演出市场的整体状况维持在稳步发展的态势，我国演艺产业呈现跨界融合、蓬勃发展之势。现阶段演出行业达到一定规模，大、小院团持续增多，演出场次和种类也呈现上升趋势，一线城市带动二、三线城市快速发展。从政府、企业到消费群体，都愈发重视演艺在当代社会政治、文化以及经济发展中的重要作用。中国演艺的发展仍有许多不足和亟待克服的困难，现阶段，为促进中国演艺领域的发展，应深度挖掘演艺资源价值，促进传统演艺市场与数字文化、文化旅游、科技创新等领域的融合发展，拓宽发展渠道，发挥文化大国优势挖掘优质资源，提升中国特色演艺品牌知名度，进而增强国际竞争优势。

**关键词：** 中国演艺 演艺市场 对外贸易

## 一 中国演艺贸易发展概况

2018 年，中国演艺市场发展态势持续向好，整体经济规模稳步提升，

* 张伟，华谊兄弟实景娱乐发展合作部项目主管，研究领域为演艺对外贸易等；高梦彤，北京第二外国语学院国际文化贸易专业硕士研究生，国家文化发展国际战略研究院项目研究助理。

演艺对外贸易体量加速增长，演艺的主体、演出模式、演艺市场投融资、演艺贸易形式等也逐渐变得多元化。在市场监管方面，政府加大了对演艺市场的监管力度。文化和旅游部为加强营业性演出市场管制，重点对社会关注度高、观众数量多的营业性演出，严查严管其演出内容和演出票务经营行为，保护消费者合法权益，规范营业性演出市场经营秩序。各地政府也纷纷出台相关政策法规。上海市人民政府2018年发布了《闵行区民营文艺表演团体发展扶持资金补贴办法》，在《关于“文化基因工程”的实施意见（试行）》中加大对艺术领域的扶持。深圳市等在2018年也发布了一系列支持文化创意产业发展的政策文件，文件中提到了有关演艺市场监管和演艺事业扶持的多项措施，进一步推动国内演出市场的良性发展。

近年来，文化旅游和演艺的结合为演艺贸易注入了新活力，在旅游景区举办的大型演艺节目吸引了众多国际游客观看，是境外消费的重要部分，旅游演出有望在未来成为推动演艺贸易大幅拓展的重要引擎。中国是一个演艺资源丰富的大国，但在演艺产品和服务对外出口方面缺乏国际竞争优势，目前国际上主流的演艺贸易类别主要是音乐剧和歌舞剧，而占中国演艺贸易份额较大的类别是杂技、功夫剧和舞台剧这三大类。基于当前贸易形势下的要求，亟须对传统演艺剧目内容和表演形式进行国际化转换，借助产业融合的力量，开拓创新发展的产业模式。

### （一）演艺行业规模明显扩大，经济效益显著上升

演艺行业规模不断扩大，近两年来尤为明显，2017年我国演出团体的数量达到了1820个，到2018年将增加到1910个左右。[①] 根据文化和旅游部对全国400家重点艺术院团的统计，2018年共创排艺术作品1150部，其中新创802部，复排260部，移植改编88部。国家艺术基金立项一般资助项

① 《2019年中国演出市场分析报告——产业规模现状与发展规划趋势》，中国报告网，http://baogao.chinabaogao.com/guanggaochuanmei/379290379290.html，最后访问日期：2019年10月28日。

目 944 项，滚动资助项目 16 项，资助总额约为 7.6 亿元，有效发挥了推动优秀作品创作和优秀人才成长的孵化器作用（见表 1）。①

**表 1　大型舞台剧和作品滚动资助项目**

| 名称 | 所属公司 |
|---|---|
| 豫剧《秦豫情》 | 西安市豫剧团有限责任公司 |
| 民族舞剧《草原英雄小姐妹》 | 内蒙古艺术学院 |
| 话剧《成兆才》 | 河北省承德话剧团演艺有限公司 |
| 淮剧《武训先生》 | 上海淮剧艺术传习所（上海淮剧团） |
| 民族舞剧《杜甫》 | 重庆歌舞团有限责任公司 |
| 交响乐《使命》 | 上海爱乐乐团 |
| 音乐剧《国之当歌》 | 上海歌剧院 |
| 京剧《赵武灵王》 | 福建京剧艺术传承保护中心（福建京剧院） |
| 话剧《开炉》 | 辽宁人民艺术剧院 |
| 话剧《甲午祭》 | 山西省话剧院有限责任公司 |
| 越剧《屈原》 | 绍兴市柯桥区小百花越剧艺术传习中心 |
| 民族舞剧《长征・九死一生》 | 北京悠然雨笑文化传播有限公司 |
| 芭蕾舞剧《哈姆雷特》 | 上海芭蕾舞团 |
| 民族管弦乐《山西印象》 | 山西省歌舞剧院有限公司 |
| 话剧《张謇》 | 南通艺术剧院 |
| 评剧《孝庄长歌》 | 沈阳市文学艺术创作中心 |

2018 年末全国共有艺术表演团体 17123 个，比上年末增加 1381 个，从业人员 41.64 万人，比上年末增加 1.34 万人。其中，各级文化和旅游部门所属的艺术表演团体 2078 个，占 12.1%，从业人员 11.44 万人，占 27.5%。②

2018 年全国艺术表演团体共演出 312.46 万场，比上年增长 6.4%，其中赴农村演出 178.82 万场，赴农村演出场次占总演出场次的 57.2%；国内观众

① 《文化和旅游部 2018 年文化和旅游发展统计公报发布》，中国政府网，http://www.gov.cn/xinwen/2019-05/30/content_5396055.htm，最后访问日期：2019 年 10 月 28 日。

② 《文化和旅游部 2018 年文化和旅游发展统计公报发布》，中国政府网，http://www.gov.cn/xinwen/2019-05/30/content_5396055.htm，最后访问日期：2019 年 10 月 28 日。

13.76 亿人次，比上年增长 10.3%，其中农村观众 7.79 亿人次；总收入 366.73 亿元，比上年增长 7.2%，其中演出收入 152.27 亿元，增长 3.1%。[①]

2018 年末全国共有艺术表演场馆 2478 个，比上年末增加 23 个。观众座席数 192.04 万个，比上年增长 6.9%。全年共举行艺术演出 17.89 万场次，降低 15.5%；艺术演出观众 5862 万人次，比上年降低 8.2%；艺术演出收入 37.44 亿元，比上年降低 13.5%。其中，各级文化和旅游部门所属艺术表演场馆 1236 个，比上年减少 17 个。全年共举行艺术演出 6.02 万场次，比上年降低 15.2%；艺术演出观众 2588 万人次，比上年降低 4.6%。[②]

### （二）三大主体并驾齐驱，整体发展态势良好

中国演艺市场的主体以文艺表演团体、演出经济机构和剧场为主导，就经济发展规模来看，三大主体并驾齐驱，其中文艺表演团体市场份额最大，整体发展规模不断攀升。其惠民政策优势突出，政府补贴占比较大。2017 年文艺表演团体收入构成中政府补贴占 29%，受国家文化惠民政策影响，基层演出场次和惠民演出场次持续增加，占该主体演艺总场次的 35.18%。此外，各级政府和艺术基金对演艺剧目的创作也十分支持，在此制度鼓励下版权收入大幅提高，演出经纪机构自有版权产品逐年增加。在政策推动的作用下，演出票务体系不断完善，运营机制越来越规范化。

### （三）演艺消费群体类别集中，地区差异影响观演选择

演艺产品主要类型为音乐类、舞蹈类、戏剧类和曲艺杂技类，其中，音乐类演出带来的经济效益最大，也是收入增长速度最快的演艺产品。在这些演出的观看人群中，不同地区的需求偏好有所不同，其中演唱会受区域因素限制最小，其他地区表现为：东北群众更偏好曲苑杂坛，华北群众则倾向于

① 《文化和旅游部 2018 年文化和旅游发展统计公报发布》，中国政府网，http：//www.gov.cn/xinwen/2019－05/30/content_5396055.htm，最后访问日期：2019 年 10 月 28 日。

② 《文化和旅游部 2018 年文化和旅游发展统计公报发布》，中国政府网，http：//www.gov.cn/xinwen/2019－05/30/content_5396055.htm，最后访问日期：2019 年 10 月 28 日。

话剧、歌剧等。从年龄划分上来看，90%的观演群体集中在18～40岁，演唱会表演则更为明显。根据中国演出行业协会搜集的数据，观演人群主要以年轻且知识水平高的女性观众为主。

## （四）演艺市场向二、三线城市下沉，引领演出产品渗透

演艺市场仍然以一线城市为主导引领发展，新剧目层出不穷，演艺市场逐步向二、三线城市延伸，带动该区域演艺产品的创作。其中演唱会、口碑话剧、儿童剧因其较易跨区域演出的特点成为二、三线城市加快演艺市场发展速度的突破口，在此过程中，一线城市不断向二、三线城市输出内容。

在知名老牌院线不断发展的同时，新兴院线也在激烈竞争中找寻新的切入点，如，聚橙院线通过培育文化品牌、深度挖掘小剧院潜力等方式走出了一条有自身特色的发展之路。深圳市聚橙网络技术有限公司（以下简称“聚橙网”）旗下的聚橙院线自2014年成立以来，一直在扩张，截至2017年12月已达到65家剧院的规模。相关统计数据显示，2017年聚橙院线推出的各类演出覆盖了全国68个城市，共有273万名观众通过聚橙网走进了演出现场。①2018年，法语原版经典舞台剧《罗密欧与朱丽叶》在37天内从深圳出发，走过上海、杭州以及天津，以极致的法式浪漫与热情奉献了31场精彩演出。深圳聚橙剧院下一步将继续加紧全国布局，使演出场次、演出规模实现连锁效应，由此迅速降低演出成本，从而为公众提供更丰富、更质优价廉的节目。②

对于作为旅游产业链一部分的实景演出而言，其不同于常规意义上的演出，实景演出对自然景观和人文景观的依赖程度较高，同时该类型演出多为半露天或露天演出，对场地设定和演员数量等要求比较高，加之受地理条件、场租、人力等因素约束，北上广等一线城市不易营造特定演出环境，由此二、三线城市脱颖而出。

---

① 《2017中国演出业：稳健发展　升级突破》，中国文化市场网，http：//www.ccm.gov.cn/zgwhscw/ycsc/201801/b6e419e4064c4739b0f7e37cd289dd94.shtml，最后访问日期：2019年10月28日。

② 聚橙官网，http：//www.juooo.com，最后访问日期：2019年10月28日。

### （五）演艺贸易模式向多元化转化，对外贸易仍为逆差

经过一段时期的探索，中国演艺对外贸易正在向多元化转化。一方面是演艺作品设计更加多元化，内容更加创新；另一方面则是贸易模式的多样化，针对不同的剧种和市场，采用不同的输出模式。剧场院线具有专业院线、内容院线和剧场联盟等形式，便于利用保利模式获取优势。

2017 年，赴海外演出的收入为 29.87 亿元，较 2016 年 28.39 亿元提升了 5.21%，但相比国外来华演出收入 47.25 亿元来说，我国文化演出贸易仍存在较大逆差。与英国、美国、日本这些文化贸易强国相比，我国演出行业的国际竞争力仍然堪忧，特别是在国际主流院线演出音乐剧和歌舞剧的出口贸易。2015 年，我国引进了国际知名音乐剧《剧院魅影》，该剧在中国的演出几乎场场爆满，相比之下，同期在海外演出超过 30 场次的中国原创优秀同类演艺剧目寥寥无几。

## 二　中国演艺对外贸易发展存在的问题

### （一）演艺主体对政府有依赖性

演艺市场的发展具有特殊性。第一，由于演艺本身是个高投入、高回报、高风险的行业，演艺产业的运作对资金的依赖性很强，因此政府的政策扶持和资金支持尤为必要。第二，演出国有院团改革不彻底，离演出行业实现产业化还有一定的距离，没有形成成熟的产业价值链，在这种情况下，仍需要政府的保驾护航。

但是过度的政府保护会导致市场失灵，现阶段中国演艺主体在融资上过度依赖政府补助，不能完全实现自身的独立。过度借助外力推进产业的扩大和转型，将会埋下长期发展的隐患，一旦资金周转阻滞，运行中的项目将会受到致命打击。政府在资金扶持实行过程中要有针对性地进行，并且需要逐渐放开保护，推进演艺行业的市场化演变。

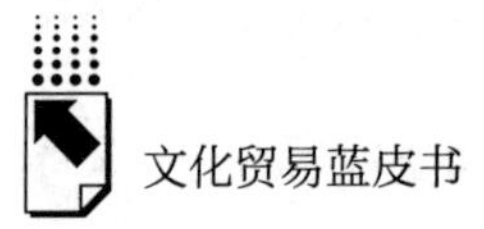



## （二）复合型专业化人才供不应求

现阶段，我国演艺市场的发展缺乏具有品牌特色的代表性作品，这归根结底还是由于专业人才的匮乏，演艺出口中能拿得出手的作品几乎都仰仗国内现有的几位演艺界大家，但演艺市场对优秀作品的需求急剧上升，国内演艺创作人才却极度匮乏。随着国内演艺院团规模的不断扩大，业内对专业化管理人才的需求迫在眉睫，尤其是需要既懂演艺创作又精通市场运作的复合型专业人才。目前，很多剧院面临着管理方面的问题，艺术类专业人才管理剧院的过程中通常会下意识地更关注艺术创作和作品内容，没有足够的管理经验和科学的运营方法。管理专业人才具备管理经验和经营方法，但缺乏对艺术作品的理解，最终很可能导致其管理方法不适用于艺术类工作的开展。

2018 年，中央戏剧学院与北京保利剧院管理有限公司联合开展校企合作，开设了全国首个剧院管理本科班，并于 2019 年开始招生。中国很多大学都开设了艺术管理本科专业，但对于高端艺术类管理人才的培养尚且欠缺，很多该专业毕业的大学生在选择就业时并不会从事剧院管理类工作，不能实现人才供给和需求的精准对接。

## （三）对外贸易与本土化转变存在亟待解决的难题

我国对演艺产品“走出去”的支持力度一直很大，演艺产品的输出是开拓国际演艺市场的第一步也是重要一步。现阶段我国演艺对外贸易仍然存在许多亟待解决的难题，对外贸易演艺产品以功夫类杂技为主要内容，例如在国际演艺市场有良好口碑的《功夫传奇》《少林魂》等，是中国特色元素——杂技和武术的有益结合。演艺产品在国际化路径中仍然处于探索阶段，文化差异始终是我国文化产品国际化发展路径中无形的屏障，输出剧目存在演出内容与本土受众价值观念冲突，营销模式转化、场地设备不适用等问题，国内很多受追捧的优秀剧目在海外演出场次都不多。

## 三 中国演艺对外贸易发展建议

### （一）增加与群众互动，建立与观众的联动

1. 提高服务质量，体现“爱与尊重”

对观众而言，剧场最显著的存在意义通常在于它为其提供了一个暂时独立于外部世界的空间，在观演的那段时间内，观众可以在这个空间里享受独特的氛围和接收演出传递的关于社会的认知和理解，体会演出带来的爱与尊重。观众群体之间、观众与剧场之间的关系远比普通的交易所带来的体验更加紧密和复杂，演出服务给现场每一位观众传达的信号会影响他们的观看感受，服务质量是吸引来自不同地区的观众集聚同一个地方持续凝望数小时的原因之所在。演出主体要自发地加强体制管理和执行体制规范，制定切实可行的方案监督服务质量，抬高服务水平。

2. 贴近观众反馈，倒逼产业创新

当下，文化产业的发展特点是借助互联网和数字化媒体的兴盛加速文化产品传播以及拓宽文化贸易渠道，新媒体行业逐渐遍布大街小巷，实现跨区域、跨国别的规模化发展，给演艺作品的营销模式带来了新的机遇。在数字化和网络化的推动下，演艺主体和消费者之间建立紧密联系的纽带，观演群体已不再是“吃瓜群众”，而是在新媒体产业的辐射下，由被动变主动推动演艺产业发展。一方面演艺主体与观众的实时互动成了可能。例如，运营管理人员在剧目演出时间段可在后台监控观众反应，观众在观演期间通过网络直接与管理人员对话，这提高了演艺服务质量，改善了服务模式。另一方面，数字化有利于管理人员对演艺产业做数据分析。观演结束后，通过网络和新媒体平台将观众对演出的观点和看法进行汇总，归入数据库分析与比较，对今后演出的创作和管理具有重要的借鉴意义，由此刺激演艺剧目的创新性高质量发展，倒逼演艺产业优化升级。

## （二）激发市场能动性，营造良性发展环境

1. 促进资本的市场化运行

文化产业和金融资本的融合不足严重制约文化产业规模发展和发展效率，演艺市场主体应大力提高自身融资能力，减少对政府资金的依赖，自发地寻求市场化运营模式。可通过扩展业务类型和提升品牌形象吸引资本市场融资，发挥市场主体作用从依靠政府支持转为凭借自己实力吸引资本流入，激发市场能动性，营造健康的市场环境。

政府可帮助建立融资环境，搭建融资平台，从侧面维护融资的稳定，建立产业融资规制，防范融资风险，提高保险机构开发符合新型文化产业特点和需要的保险业务的能力，鼓励商业银行对企业进行投资。

2. 形成演艺主体的良性竞争

近年来，国内演出行业规模不断扩大，演出机构数量不断增长，规范市场机制，引导演艺事业的良性竞争刻不容缓。政府在此进程中扮演的角色十分必要，有关部门要起到辅助作用，简政放权，过度保护会阻碍演艺行业的市场化发展。同时要发挥监管、督查的作用，坚守部门职责，管理和服务并行，规范市场运营体系，监督演艺产品的合理定价，尤其在海外演艺产品进口方面要防止恶性垄断。

国内演艺主体应提升产业内信息化传达的效率，并加强产业间交流与合作，时时更新演艺市场状态，优化战略布局，分别从产品质量、营销渠道、技术水平、规模化程度等方面提升自身核心竞争力。建立企业自查机制，合理利用新的管理模式，实现企业动态管理，建立风控体系，有效防范恶性竞争，构筑演艺市场良性发展局面。

## （三）搭建国际交流平台，提升国际竞争力

中国现在还没有真正意义上的对外演出推介平台，每年的中国国际演出交易会容纳的参会主体几乎只有国内的院团、经纪公司和剧场，所以国内演出机构各自为营，削弱了整个演艺行业的国际竞争力。国家主管部门在搭建

演艺市场的国际化交流平台上要起主导作用，能够邀请到国外知名院团、演出商及经纪公司参加，对于达成与国际前沿演艺主体的交流合作意义重大。

第一，政府可以设立专项基金推动平台建设，建立一套完善的运行体系和确立监管机制，严格按照制度规定拨付款项，并确保项目能够迅速有效地启动、运行。

第二，在平台搭建上可分设不同专题，根据演艺主体经营类别和经营规模进行划分，鼓励国内外大型演艺院团和小型演艺机构相互交流、自由竞争和多元化发展，拔高中国特色演艺品牌定位。

第三，国内演艺院团、经纪公司等应借助平台空间，学习国际著名表演剧目的创作方法，借鉴国际化的管理模式，引进国际专业性管理人才和表演人才，通过平台为跨国企业设立和跨国剧目演出打下坚实的基础。演艺主体只有利用好这块通往海外市场的跳板，才能在国际舞台上演绎最美的篇章。

第四，平台搭建有望为跨境投融资提供新渠道，演艺院团和企业的投融资不能仅仅局限于本地市场，积极寻求与海外金融市场的联系合作有利于加快演艺企业“走出去”的步伐，拓展服务外包等新的发展模式，吸收当地优质资源，促进演艺产品的本土化转化。

国际化交流平台的搭建将为国内演艺主体优化产品质量、开拓国际市场、找准自身定位、提升核心竞争力发挥重要的作用，将成为在推动演艺产品和对外贸易的过程中不断提升市场竞争力进而推动文化贸易并提升文化影响力的重要引擎。

## （四）鼓励中小企业创新发展，形成品牌效应

### 1. 演艺作品创新发展，打造中国特色品牌

优秀的演艺作品是演艺院团和企业的核心竞争力，演艺作品的创作要根据市场发展趋势做出考量，除了要保护作品的原创性以外，还要提高作品的内涵价值，创作出切合市场需求的好作品。要充分发挥文化资源大国优势，把具有中国特色的优秀文化融入表演当中。演艺市场的主体主要集中分布在以北上广深为代表的一线城市，二、三线城市的发展速度远不如一线城市。

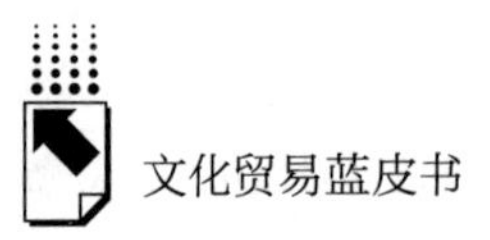


大型演艺院团和企业扎根于一线城市演艺行业并获得良好发展，二、三线城市存在的中小型演艺院团和企业可以深度挖掘各地区优质特色文化，经过演艺团队的加工和转化，将无形变有形，以演员为载体将文化编排演绎，通过视、听、嗅等感官能力享受文化之美。

此外，演艺贸易最终呈现出来，面向的是全球大众，演艺作品的创作要适当减少个性化程度很高的元素表现，具有包容性、全球价值观都认同的元素更易在观演中引起共鸣。在作品创作前，须考虑输出国本土市场特点，进行市场划分，降低后期市场推广、语言服务等成本。

2. 运营模式转型升级，增加经济效益

目前，我国演艺院团和企业的运营模式单一，缺乏自主创新能力，还停留在借鉴国外演艺机构发展模式的阶段。

第一，拓展跨国经济合作，增加竞争优势。演艺贸易离不开与贸易伙伴国的交流与合作，而企业跨国贸易寻求国外合作商或中介代理商的成本很高。演艺企业可以投资国外企业，建立长期经济往来和稳固联系，这有助于了解海外贸易市场状况和获取行业信息，有利于演艺作品的输入和输出，拓宽贸易渠道。财力雄厚的企业也可以在国外设立子公司，可以选择美国、英国等汇聚众多国际优秀资源的国家，这能够有效推进演艺战略的实施和开拓广阔的海外市场。

第二，本土化特色营销。演艺产品在输出过程中由于不同市场环境既定的风俗习惯和价值观念不同，其对文化产品种类的需求也会不同，演艺主体要针对不同的文化市场转换营销手段。利用消费群体的猎奇心理，设计宣传亮点；借助新媒体广告、电商售票平台以及当地特色营销渠道，扩大宣传范围，加快宣传速度；优化售后服务，利用互联网和新技术跨越语言差异，为观演群体提供优质国际化服务。成功的产品营销将为同类作品打开当地贸易市场并形成品牌效应，为该演艺院团和企业提高国际竞争力、扩大出口规模、获取更多经济效益增添强大助力。

第三，扩大版权贸易。美国、英国、日本等演艺贸易大国在出口演艺产品时通常会采取版权交易，即除了观看表演要付费，使用产品 IP 衍生的其他产品需要付版权费。版权贸易的模式扩大了演艺行业辐射范围，创造了更大的经济收益，是演艺贸易发展的必然。而我国演艺贸易的出口主要是剧目表演，只是单纯地在国外巡演一定的场次就结束了，演艺产品的价值大打折扣。因此当前我国应尽快发展演艺版权贸易，有关部门应制定演艺产品版权贸易法律法规，推进政策措施的落实，完善版权贸易统计体系，为加快演艺贸易的发展提供有力抓手。演艺市场主体在签订贸易合同时要关注两国法律异同，在合法的前提下加大版权输出，扩散演艺产品的影响。

3. 促进产业间融合，推动多向发展

产业间融合发展是文化市场发展的趋势，文化产业价值链融入相关产业有利于放大竞争优势，能够有效促进形成多元化的发展格局。

第一，授权品牌 IP，以演艺作品为核心实现井喷式发展。衍生品的涵盖范围很广泛，儿童玩的玩具、家庭用的家具、公司购置的设备等都可以作为演艺产业价值链上重要的延伸部分。衍生品的开发能够给演艺产品带来巨大的收益，目前中国的 IP 授权主要来自影视业、博物馆、旅游业等，演艺品牌的授权还十分少见，企业应加大与其他行业的业务合作，实现多赢。

第二，演艺加数字化实现转型升级。数字文化产业具有技术更迭快、生产数字化、传播网络化、消费个性化等特点，数字化大发展有利于培育新供给、促进新消费，促进创新链与产业链有效对接。二者的结合有助于演艺搭乘国际化的快车，利用数字化加强国际交流与合作。

第三，演艺加旅游获取规模收益。以“宋城千古情”为代表的演艺加旅游发展模式的成功为中国旅游在演艺的基础上提供一条新的发展道路，企业在今后的发展中，应注重创新演出形式，为更多来自不同国家的游客提供国际化服务，制定国际化发展战略，引导境外消费。

### （五）完善人才培养机制，培育复合型专业人才

1. 演艺主体制订高端人才培训方案

演艺院团和企业根据自身发展战略为国际化人才培养制订切实可行的

人才培训方案，建立严格科学的复合型人才素质培训考核体系以及激励机制。定期从国内外聘请业内专家为高层管理人员培训，使其学习艺术类课程，培养其对演艺作品的鉴赏能力；定期组织内部圆桌会议，给管理人员和表演艺术者提供面对面交流的机会，增加实践经验；定期组织企业优秀管理人才和表演艺术者前往国际知名院团参观，学习国际化管理模式和表演演出，培养一支既懂得表演艺术、又精通一门或多门语言的专业化管理团队。

2. 加强高校复合型专业学科建设

中国艺术类管理专业通常开设在艺术院系，在学习表演艺术的同时也学习管理类课程。但这样的学科建设力度还远远不够，复合型人才培养要细分学科门类，根据不同应用学科可划分为管理类、运营类、市场营销类、国际贸易类、语言类等。具体根据人才培养方案，选择 1 ~2 个门类进行综合学习，鼓励学生考取双学位。在部分高校应设立艺术管理硕士、博士点和博士后流动站，鼓励已有艺术管理专业的高校开设音乐剧企业管理、歌舞剧企业管理等研究方向。现有艺术管理教学中，充实师资力量，从国际院校聘请客座教授，从业界聘请资深专家进行授课，分别从理论上和实践上培养复合型专业人才队伍。

## 总　结

中国演艺市场正处于快速发展时期，国际演出交流日益频繁，演艺领域的发展面临着国内演艺主体结构化升级和国际演艺市场竞争激烈的双重挑战。演艺市场应进一步完善演艺市场初步成形的产业链条，丰富产业间合作，加快各地演艺院团内部体制改革，引进国际化人才培养机制和加大创新性人才培养力度，提高创新能力，激发内生优势，完成演艺产品创作的提质增效并打造特色演艺品牌，加快实现从演艺资源大国到演艺贸易强国的角色转变。

## 参考文献

李嘉珊：《演艺进出口：贸易标的独特属性及发展趋势》，《国际贸易》2014 年 1 月 20 日。

马明、李艺璇：《新时期中国对外演出贸易的挑战及路径》，《对外传播》2018 年第 6 期。

马明：《中国对外演艺业发展的问题与探索》，《同济大学学报》2014 年第 5 期。

# B.5
# 中国游戏文化对外贸易发展报告

孙　静*

**摘　要：** 本报告从海外市场画像、主要游戏企业及代表性出海游戏作品出发，描绘了2018年中国游戏文化国际贸易现状，深入分析了游戏出海的主要问题，并指出其根本原因在于缺乏游戏素养。本报告从推动游戏学术研究、发展游戏教育、普及游戏思维、扶持独立游戏等四个方面为中国游戏文化对外贸易提出了可行性的建议。

**关键词：** 游戏文化　对外贸易　游戏产业

## 一　2018年中国游戏文化对外贸易现状

2018年末，伽马数据与中国音数协游戏工委等机构联合发布《2018年中国游戏产业报告（摘要版）》。该报告显示，中国游戏用户数量自2014年以来，再次出现大幅增长，2018年提升7.3%，达到6.26亿人。①

与此同时，2018年中国游戏市场年收入高达2144.4亿元，同比增长

---

* 孙静，文学博士，社会科学文献出版社博士后科研工作站博士后，讲师，研究领域为游戏文化、新媒体与社会、批判理论。

① 中国音数协游戏工委（GPC）、CNG中新游戏研究（伽马数据）、国际数据公司（IDC）：《2018年中国游戏产业报告（摘要版）》，中国书籍出版社，2018，第4页。

5.3%，超过全球游戏市场总额的五分之一。① 在海外市场，国产游戏对外贸易亦有所增长。根据数据机构 App Annie 的统计，在 2012 年 7 月至 2018 年 12 月期间，国产移动游戏在海外市场下载总量约为 170 亿次，总收入超过 200 亿美元，其中有 1000 款游戏的收入超过 100 万美元。②

## （一）海外游戏市场现状

根据 Newzoo 发布的《2018 年全球游戏市场报告》（“2018 Global Games Market Report”），在全球市场收入整体增长的情况下，中国游戏市场份额依然占据全球榜首，并由 2017 年的 250.6 亿美元攀升至 392.13 亿美元（见图 1），同比增长 56.47%。

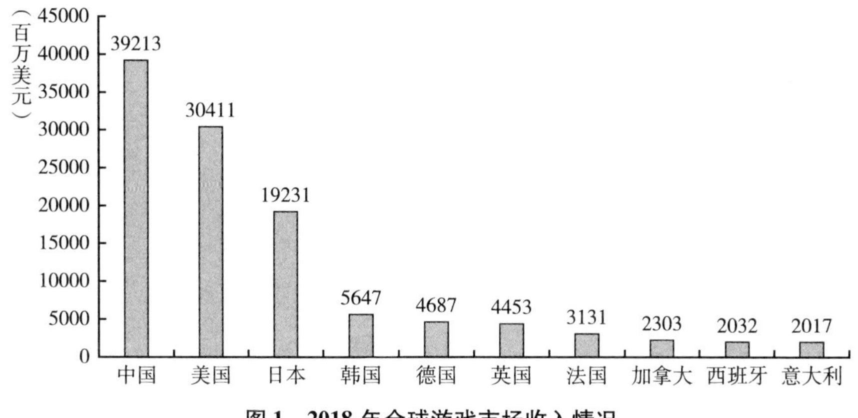


**图 1　2018 年全球游戏市场收入情况**

注：此处中国市场额为原图表中中国大陆及台湾地区数据总和。
资料来源：Newzoo，“2018 Global Games Market Report”，2018，p. 16。

就中国游戏对外贸易而言，2018 年国产游戏的海外市场主要集中在美洲和亚洲，增速最快的国家从高到低依次为印度、印尼、越南、美国、巴西、菲律宾、土耳其、墨西哥、俄罗斯、泰国（见表 1）。

① 中国音数协游戏工委（GPC）、CNG 中新游戏研究（伽马数据）、国际数据公司（IDC）：《2018 年中国游戏产业报告（摘要版）》，第 1～2 页。

② 《2018 中国移动游戏出海报告：累计创收超 400 亿元》，凤凰网游戏，http://games.ifeng.com/a/20190227/45319587_0.shtml，最后访问日期：2019 年 10 月 28 日。

**表 1　2018 年国产游戏主要海外市场（下载量）**

单位：%

| 排名 | 国家 | 相对于 2017 年 | 2017 年相比 2016 年 |
| --- | --- | --- | --- |
| 1 | 美　国 | 41 | -1 |
| 2 | 印　度 | 78 | 71 |
| 3 | 印　尼 | 67 | 22 |
| 4 | 巴　西 | 37 | 0 |
| 5 | 越　南 | 45 | 28 |
| 6 | 俄罗斯 | 26 | -1 |
| 7 | 泰　国 | 16 | 7 |
| 8 | 墨西哥 | 28 | -10 |
| 9 | 土耳其 | 33 | -2 |
| 10 | 菲律宾 | 36 | 5 |

资料来源：《2018 中国移动游戏出海报告：累计创收超 400 亿元》，凤凰网游戏，http：//games. ifeng. com/a/20190227/45319587_ 0. shtml，最后访问日期：2019 年 10 月 28 日。

其中，美国和俄罗斯在国产游戏购买力方面亦表现出众，2018 年同比增长率分别为 60% 及 26%。从整体趋势来看，增速最快的国家/地区从高到低为韩国、日本、美国、英国、加拿大、法国、德国、俄罗斯、中国香港、中国台湾（见表 2）。

**表 2　2018 年国产游戏主要海外市场（用户支出）**

单位：%

| 排名 | 国家/地区 | 相对于 2017 年 | 2017 年相比 2016 年 |
| --- | --- | --- | --- |
| 1 | 美国 | 60 | 51 |
| 2 | 日本 | 72 | 62 |
| 3 | 韩国 | 84 | 19 |
| 4 | 中国台湾 | 4 | 8 |
| 5 | 德国 | 40 | 40 |
| 6 | 中国香港 | 23 | 19 |

续表

| 排名 | 国家/地区 | 相对于 2017 年 | 2017 年相比 2016 年 |
|---|---|---|---|
| 7 | 英国 | 55 | 48 |
| 8 | 俄罗斯 | 26 | 31 |
| 9 | 法国 | 47 | 59 |
| 10 | 加拿大 | 52 | 68 |

资料来源：《2018 中国移动游戏出海报告：累计创收超 400 亿元》，凤凰网游戏，http：//games. ifeng. com/a/20190227/45319587_ 0. shtml，最后访问日期：2019 年 10 月 28 日。

在国产游戏对外贸易方面，中国自主研发网络游戏海外市场收入达 95. 9 亿美元，中国游戏产业贸易总额依然呈增长态势，增长幅度稍有提升，同比增长 15. 8%（见图 2）。

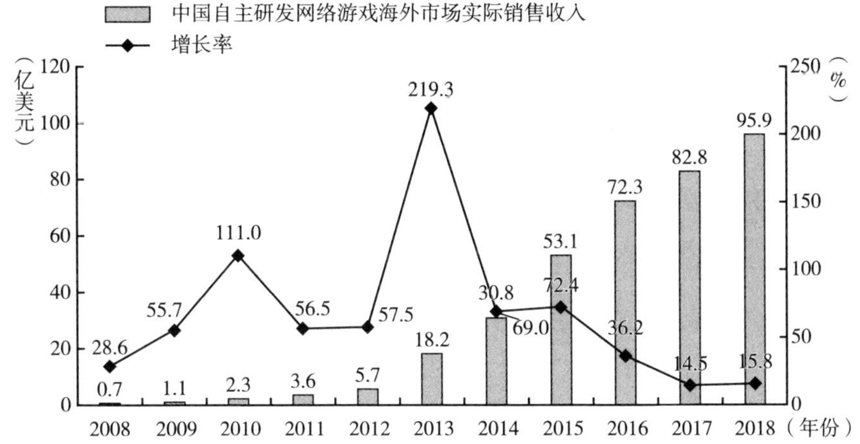


**图 2　2008 ~ 2018 年中国自主研发网络游戏海外市场实际销售收入**

资料来源：中国音数协游戏工委（GPC）、CNG 中新游戏研究（伽马数据）、国际数据公司（IDC）：《2018 年中国游戏产业报告（摘要版）》，第 46 页。

根据伽马数据及谷歌联合发布的产业报告，海外移动游戏市场收入继续攀升，2018 年总收入达 437. 6 亿美元，其中中国移动游戏海外市场收入占整体海外市场的比例为 15. 8%（见图 3）。

**图3　2015～2018年海外移动游戏市场收入及中国移动游戏海外收入比例**

资料来源：《〈中国移动游戏海外市场发展报告〉：新蓝海增40%，出海七国各具特色》，36氪网站，https：//36kr.com/p/5186995，最后访问日期：2019年10月28日。

根据App Annie发布的《2018中国移动游戏出海报告》，2018年中国国产游戏在海外市场下载量达32亿次，同比增长39%（见图4）。

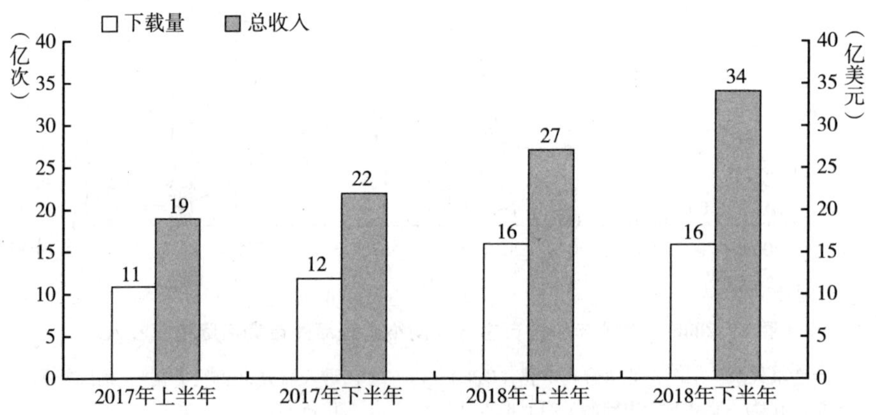


**图4　2017～2018年国产游戏海外市场表现**

资料来源：《2018中国移动游戏出海报告：累计创收超400亿元》，凤凰网游戏，http：//games.ifeng.com/a/20190227/45319587_0.shtml，最后访问日期：2019年10月28日。

## （二）游戏产业出海企业概览

在2018年国产游戏对外贸易中，腾讯、网易两家公司表现出众，海外游戏年度总收入共计4.72亿美元，同比增长高达505%。① 在谷歌发布的《2019年BrandZ™中国出海品牌50强报告》中，游戏企业占据10个席位（见表3）。

**表3 2019年中国出海品牌50强（游戏企业部分）**

| 排名 | 品牌力 | 游戏企业 |
|---|---|---|
| 11 | 577 | 趣加游戏 |
| 16 | 416 | IGG |
| 20 | 338 | 腾讯 |
| 21 | 324 | 创智优品 |
| 22 | 296 | Tap4fun |
| 32 | 241 | 网易 |
| 35 | 229 | 智明星通 |
| 37 | 218 | 云图微动 |
| 47 | 150 | 掌趣科技 |
| 48 | 143 | 龙创悦动 |

资料来源：《2019年BrandZ中国出海品牌50强出炉：华为榜首》，IT之家，https://baijiahao.baidu.com/s?id=1629329522118831024&wfr=spider&for=pc，最后访问日期：2019年10月28日。

与2017年同类数据相比，2018年入围“中国出海品牌50强”的游戏企业总数从8家增长至10家。其中，智明星通、趣加游戏、Tap4fun、龙创悦动、腾讯、掌趣科技连续两年榜上有名，而且趣加游戏、Tap4fun、腾讯三家企业的品牌排名及品牌力皆有明显提升。最新上榜企业有IGG、创智优品、网易、云图微动四家游戏公司，猎豹移动和游族网络两家企业则跌出榜单。②

在由游戏工委发起的2018年游戏十强评比活动中，完美世界、昆仑万维、米哈游等十家企业被授予年度“海外拓展游戏企业”奖（见表4）。

① 《2018中国移动游戏出海报告：累计创收超400亿元》，凤凰网游戏，http://games.ifeng.com/a/20190227/45319587_0.shtml，最后访问日期：2019年10月28日。

② 孙静：《中国游戏文化对外贸易发展报告》，载李小牧主编《中国国际文化贸易发展报告（2018）》，社会科学文献出版社，2018，第62页。

**表 4　2018 年度中国十大海外拓展游戏企业**

| 序号 | 公司名称 |
| --- | --- |
| 1 | 深圳市腾讯计算机系统有限公司 |
| 2 | 广州网易计算机系统有限公司 |
| 3 | 完美世界(北京)软件科技发展有限公司 |
| 4 | 北京智明星通科技股份有限公司 |
| 5 | 游族网络股份有限公司 |
| 6 | 北京掌趣科技股份有限公司 |
| 7 | 北京龙创悦动网络科技有限公司 |
| 8 | 北京昆仑万维科技股份有限公司 |
| 9 | 上海米哈游网络科技股份有限公司 |
| 10 | 广州易幻网络科技有限公司 |

资料来源：《2018 年度中国游戏十强获奖名单》，游戏工委，http：//2018gametop. cgigc. com. cn/，最后访问日期：2019 年 10 月 28 日。

## （三）海外市场优秀游戏作品概览

就游戏作品而言，海外玩家的偏好类型与国内用户有较大差异。较受欢迎的中国出海游戏依次为策略类、角色扮演类、射击类、休闲类、模拟经营类等（见图 5）。其中，在中国游戏出口产品前 50 名榜单中，策略类游戏有

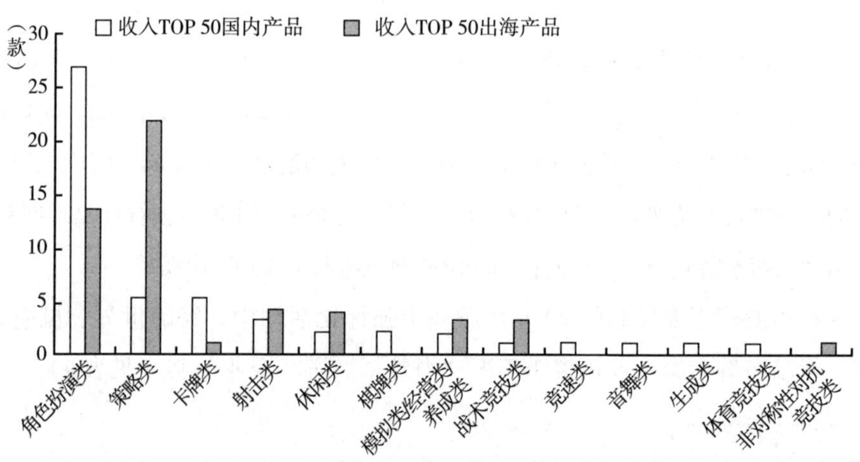


**图 5　2018 年国内及出海游戏产品对比**

资料来源：《〈中国移动游戏海外市场发展报告〉：新蓝海增 40%，出海七国各具特色》，36 氪网站，https：//36kr. com/p/5186995，最后访问日期：2019 年 10 月 28 日。

21 款，角色扮演类游戏居第二位，为 13 款。[①] 从地域角度看，不同国家及地区的海外用户对国产游戏的偏好也存在着差异。其中，休闲类游戏在美国及越南更受欢迎，而在菲律宾、泰国、印尼、俄罗斯、巴西、韩国及日本，重度游戏的下载总量更高，印度用户则更喜欢中重度游戏（见图 6）。

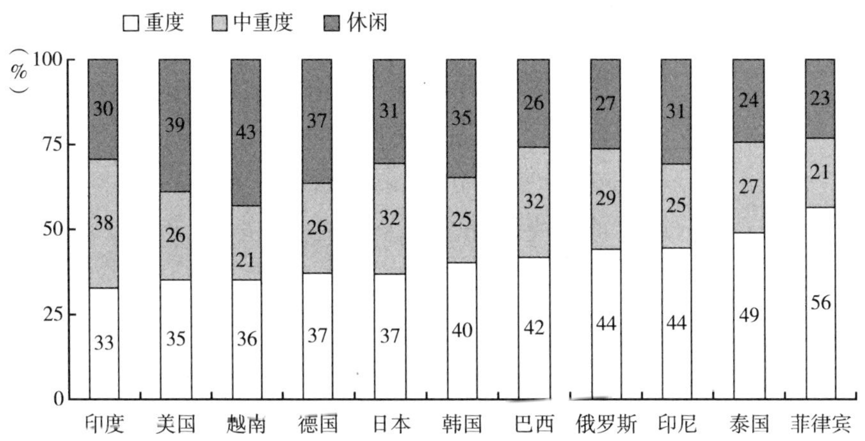


**图 6　不同游戏类型在 2018 年海外市场的下载量占比**

资料来源：《2018 中国移动游戏出海报告：累计创收超 400 亿元》，凤凰网游戏，http：//games. ifeng. com/a/20190227/45319587_ 0. shtml，最后访问日期：2019 年 10 月 28 日。

从游戏时间来看，海外玩家普遍将更多时间花在重度游戏上，其中泰国、菲律宾、印尼和印度的相关比例皆超过了 90%。在德国，休闲游戏的时长份额为 37%；在日本和越南，中重度游戏时长份额皆居第二位，分别为 47% 和 32%（见图 7）。

在 2018 年“游戏十强”评选中，网易的《荒野行动》、小米的《列王的纷争》等作品被中国游戏工委评选为年度最受海外欢迎游戏作品（见表 5）。

① 中国音数协游戏工委（GPC）、CNG 中新游戏研究（伽马数据）、国际数据公司（IDC）：《2018 年中国游戏产业报告（摘要版）》，第 48 页。

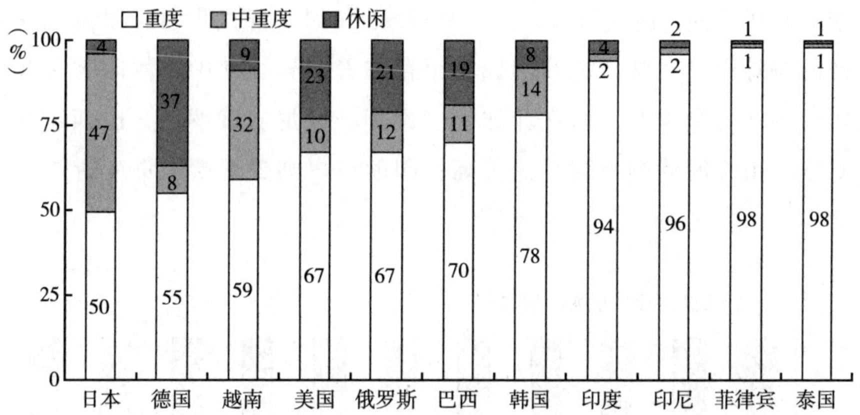


**图7　不同游戏类型在2018年海外市场的使用时长占比**

资料来源：《2018中国移动游戏出海报告：累计创收超400亿元》，2019年2月27日，http：//games.ifeng.com/a/20190227/45319587_0.shtml，最后访问日期：2019年10月28日。

**表5　2018年度十大最受海外欢迎游戏**

| 产品名称 | 开发商 |
| --- | --- |
| 荒野行动 | 网易 |
| 列王的纷争 | 小米游戏 |
| 狂暴之翼 | 游族网络 |
| 崩坏3 | 米哈游 |
| 永恒纪元 | 37GAMES |
| 仙境传说:守护永恒的爱 | 心动网络 |
| 王国纪元 | IGG |
| 拳皇98终极之战OL | FingerFun |
| 碧蓝航线 | 哔哩哔哩游戏 |
| 放置奇兵 | Idle-Games |

资料来源：《2018年度中国游戏十强获奖名单》，游戏工委，http：//2018gametop.cgigc.com.cn/，最后访问日期：2019年10月28日。

此外，App Annie对海外谷歌商店及苹果商店的国产游戏进行统计。其中，《模拟自行车大赛》《钢琴块2》和《绝地求生》手游版的下载量位列前三（见表6），《王国纪元》《荒野行动》《火枪纪元》的海外市场收入则位居前三（见表7）。

**表 6　2018 年中国出海游戏下载量排名**

| 排名 | 公司 | 热门游戏 |
| --- | --- | --- |
| 1 | 涂鸦移动 | 模拟自行车大赛 |
| 2 | 猎豹移动 | 钢琴块 2 |
| 3 | 腾讯 | 绝地求生 |
| 4 | 网易 | 终结者 2:审判日 |
| 5 | IGG | 王国纪元 |
| 6 | Worzzle | Word Link |
| 7 | 创智优品 | Word Connect by Zenjoy |
| 8 | Moonton | Mobile Legends:Bang Bang |
| 9 | Modern Avenue | Merge Plane |
| 10 | FunPlus | 火枪纪元 |
| 11 | Super Tapx | 恋爱球球 |
| 12 | RAY3D | Shoot Hunter-gun Killer |
| 13 | 3DGames | Crazy for Speed |
| 14 | Yotta Games | Mafia City |
| 15 | 力比科技 | Prince Saloon:Frozen Party |

资料来源：《2018 中国移动游戏出海报告：累计创收超 400 亿元》，凤凰网游戏，http://games.ifeng.com/a/20190227/45319587_0.shtml，最后访问日期：2019 年 10 月 28 日。

**表 7　2018 年中国出海游戏收入榜**

| 排名 | 游戏 | 发行商 | 类别 |
| --- | --- | --- | --- |
| 1 | 王国纪元 | IGG | 策略 |
| 2 | 荒野行动 | LongE、网易 | 冒险 |
| 3 | 火枪纪元 | FunPlus | 策略 |
| 4 | 阿瓦隆之王:龙之战役 | FunPlus | 策略 |
| 5 | 列王的纷争 | 智明星通 | 策略 |
| 6 | 绝地求生 | 腾讯、Bluehole | 动作 |
| 7 | Mafia City | Yotta Games | 策略 |
| 8 | Idle Heroes | DH Games | 角色扮演 |
| 9 | Raganarok M: Eternal Love | GungHo Online Entertainment、X. D. Network | 角色扮演 |

续表

| 排名 | 游戏 | 发行商 | 类别 |
|---|---|---|---|
| 10 | 碧蓝航线 | Yostar; X. D. network; bilibili | 角色扮演、动作 |
| 11 | Arena of Valor | 腾讯;Netmarble;SEA | 动作 |
| 12 | 奇迹暖暖 | VNG;智明星通;Kakao Corp;腾讯;Netmarble;Nikki Inc | 角色扮演、休闲、模拟 |
| 13 | Mobile Legends: Bang bang | Moonton | 动作 |
| 14 | 城堡争霸 | 腾讯;IGG | 策略 |
| 15 | Be The King | Chuang Cool | 角色扮演、模拟 |

资料来源:《2018 中国移动游戏出海报告:累计创收超 400 亿元》,凤凰网游戏,http://games.ifeng.com/a/20190227/45319587_0.shtml,最后访问日期:2019 年 10 月 28 日。

综上所述,中国游戏产品已经成为全球游戏市场必不可少的一部分,其用户数量、市场规模及贸易额皆有所提升。

## 二 中国游戏文化国际贸易的主要问题

### (一)游戏学术研究不足,缺乏理论引领

2018 年,国内以游戏为主题的图书依然有限。相关出版物包括以下主题:游戏设计,如黄石等人编著的《游戏创意基础》(中国传媒大学出版社)、陈嘉栋的 Unity3D 引擎书系(电子工业出版社);游戏与学习,如由中国教育技术协会教育游戏专业委员会编辑的《游戏与教育:用游戏思维重塑学习》(电子工业出版社);游戏与法律,如孙磊的《电子游戏司法保护研究》(知识产权出版社);游戏发展史介绍,如王亚晖的《中国游戏风云》(中国发展出版社);游戏文化讨论,如薛强的《赛博空间里的虚拟生存》(复旦大学出版社)、徐静的《青少年网络游戏情感互动研究》(中国社会科学出版社)、黄佩的《传播视野中的电子游戏:技术与文化的互动和

创新》（北京邮电大学出版社）等。其中，未有涉及游戏出海的学术专著，缺乏对中国及海外游戏文化的深度阐释。

在国内学术期刊数据库中，以“电子游戏”为关键词检索，结果如下：如图8所示，2018年以“电子游戏”为关键词的学术成果极为有限，其中包括21篇硕士学位论文和88篇期刊论文，没有相关博士论文。如果以“游戏出海”为主题检索，则没有相关条目。

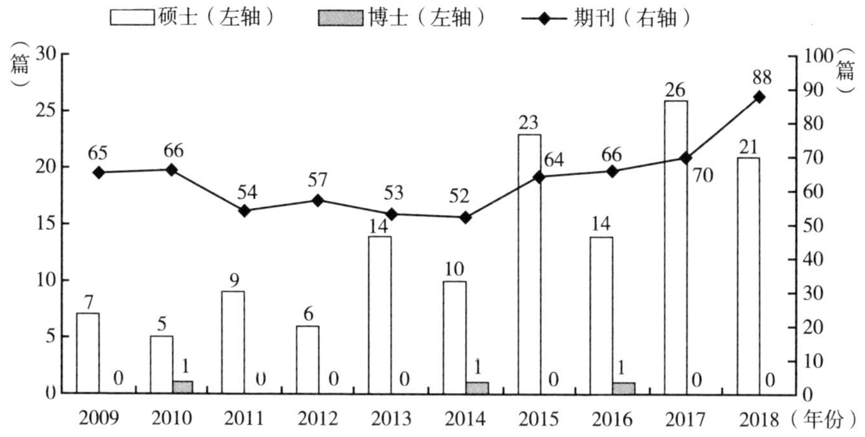


**图8　2009～2018年以“电子游戏”为关键词的学术论文**

注：该图数据收集时间为2019年4月29日。

由此可见，国内针对电子游戏的学术研究还极为欠缺，尤其缺乏高水平的学术专著，缺少针对中国游戏文化的深入阐释，更缺少对中国游戏出海的相关研究。在这种情况下，当前的研究成果无法给中国游戏文化产品对外出口提供有力的理论支撑及指导，这致使中国游戏对外贸易依然处在自发探索的状态下，严重影响了中国海外游戏市场的效能。

## （二）游戏人才储备不足，缺乏系统性游戏教育

根据伽马数据与完美世界教育研究院联合发布的《中国游戏人才教育培训行业分析与发展趋势研究报告》，2018年中国游戏产业从业者约为145

万人，人才缺口超过40万人。①

中国教育网的相关数据显示，国内有61个专科（高职）层次的游戏设计或游戏相关方向的学历教育项目，如深圳职业技术学院、九江职业技术学院等院校开设的“游戏设计”专业，南阳师范学院、张家口职业艺术学院等学校开设的软件技术（游戏开发方向），湖南工艺美术职业学院、四川电影电视学院等院校的动漫设计（游戏）设计方向。相关本科层次教育项目仅有15个，皆为非重点高校，如四川音乐学院的动画（游戏设计与制作）专业、南昌航空大学的教育技术学（游戏软件开发）专业等（见表8）。虽然有些高校也开设了游戏相关课程，但往往将游戏教育置于“数字媒体艺术”专业之下，缺乏更为成熟的游戏教育体系。

**表8　国内本科层次游戏专业概览**

| 学校名称 | 专业名称 | 重点专业 | 重点高校 |
|---|---|---|---|
| 南昌航空大学 | 教育技术学(游戏软件开发) | 否 | 否 |
| 青岛农业大学 | 动画(含二维动画、三维动画、虚拟现实与游戏设计方向) | 否 | 否 |
| 湘潭大学 | 动画系(游戏设计方向) | 否 | 否 |
| 四川音乐学院 | 动画(游戏设计与制作) | 否 | 否 |
| 黄淮学院 | 动画(游戏美术方向) | 否 | 否 |
| 兰州文理学院 | 数字媒体技术(动画游戏与影视后期) | 否 | 否 |
| 南阳理工学院 | 软件工程(游戏开发技术方向) | 否 | 否 |
| 湖北商贸学院 | 计算机科学与技术(包含WEB前端开发VRAR游戏开发方向) | 否 | 否 |
| 大连东软信息学院 | 艺术设计(游戏设计方向) | 是 | 否 |
| 贵州大学明德学院 | 计算机科学与技术(游戏软件设计方向) | 否 | 否 |
| 电子科技大学成都学院 | 软件工程(游戏程序设计) | 否 | 否 |
| 四川传媒学院 | 动画(3D影视动画、游戏美术) | 否 | 否 |

① 伽马数据、完美世界教育研究院：《中国游戏人才教育培训行业分析与发展趋势研究报告》，http：//www. sohu. com/a/285262398_ 739398，最后访问日期：2019年10月28日。

续表

| 学校名称 | 专业名称 | 重点专业 | 重点高校 |
|---|---|---|---|
| 四川电影电视学院 | 数字媒体艺术(含数字影视、动漫游戏、电子竞技方向) | 是 | 否 |
| 四川电影电视学院 | 动画(影视动画、动漫产品设计、动画游戏方向) | 是 | 否 |
| 现代软件学院 | 游戏动漫 | 否 | 否 |

资料来源：本科层次游戏专业及院校，中国教育在线，https://gkcx.eol.cn/specials/school?argschtype = &province = &recomschprop = &argspecialtyname = 游戏，最后访问日期：2019 年 10 月 28 日。

不难看出，当前国内还没有建立起更具优势的游戏教育体系。根据伽马数据和完美世界教育研究院发布的游戏人才报告，当前国内存在着三种游戏教育模式。第一，游戏企业内部培训，以适应各企业实际项目的需求，缺点是所培养出来的人才缺乏普适性。第二，高校的游戏教育课程，虽然系统，但与产业实际需求存在着较大差距。第三，职业培训机构的课程，虽然能够紧跟产业发展趋势，但却过于注重技术训练，忽视了学习者的通识教育和综合素质。因此，当前国内的游戏教育还需要在产教融合模式做更多探索，尤其需要加强对海外游戏产业的了解，并增加对海外各地区地域文化的研究课程。

### （三）游戏自主创新不足，游戏产品过于单一

2018 年，虽然中国游戏对外贸易额呈现增长态势，但出口游戏类型较为单一。根据伽马数据发布的移动游戏出海产品报告，排名前 50 位的作品中，有近半数为策略类游戏，角色扮演类游戏和射击类游戏分别位列第二和第三（见图 9）。

就游戏品类而言，中国游戏对外贸易产品依然以娱乐游戏为主，鲜少涉及游戏的其他应用场景，缺乏成熟的功能游戏作品。根据完美世界教育研究院和伽马数据联合发布的《2019 年中国功能游戏人才报告》，预计到 2023 年，全球功能游戏市场总值将达到 91.7 亿美元，包括教育课、商业、医疗

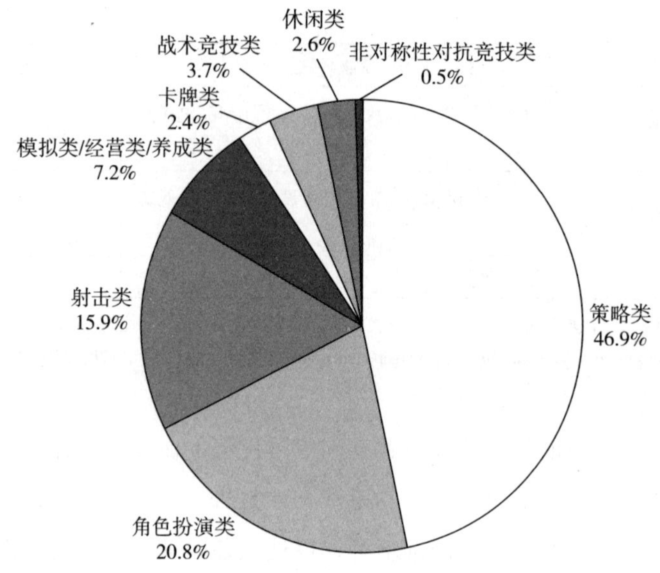


**图 9　2018 年出口收入前 50 移动游戏各类型占比**

资料来源：中国音数协游戏工委（GPC）、CNG 中新游戏研究（伽马数据）、国际数据公司（IDC）：《2018 年中国游戏产业报告（摘要版）》，第 47 页。

等应用场景。① 近年来，虽然功能游戏已经成为产业关注的热点，但这一游戏类型依然停留在概念阶段。囿于开发经验不足，且本土开发者尚未找到功能游戏的盈利模式，国内的功能游戏发展极为落后，在该领域存在着较大的贸易逆差。

此外，由于海外市场存在着巨大的地域文化差异，因此，单一类型的游戏产品也会极大阻碍中国游戏对外贸易的效能。如 98% 的泰国玩家更偏好动作类、策略类、角色扮演类等重度游戏，而在越南，近 40% 的玩家喜欢休闲游戏。如何理解海外地域文化的文化逻辑，从而针对不同地区精准输出游戏产品，如何将同一款游戏产品进行有效的本土化移植，这都是当前中国游戏文化出海亟待解决的问题。

① 《报告：功能游戏年增长率为 19%　2023 年市场达 91 亿美元》，新浪科技，https://tech.sina.com.cn/i/2019-04-08/doc-ihvhiewr4102571.shtml，最后访问日期：2019 年 10 月 28 日。

## 三　促进中国游戏对外贸易发展的建议

如上文所述，学术研究不足、教育体系欠缺以及创新力不足是影响当前中国游戏对外贸易发展的主要问题，归根结底是因为缺乏游戏素养（Game Literacy）。“素养”来自语言学，原“指语言的输入（听和读）及输出（说和写）两类技能。著名学者詹姆斯·保罗·吉认为，电子游戏是一种融合多种媒体符号的互动语言，且游戏素养也包括‘输入’（单向度地被动接受游戏内容）和‘输出’（对游戏展开批判性的反思）”。[①] 可以说，只有在生产和消费两个环节全面提升游戏素养，才能切实推动中国游戏在国内外的传播及能效。

### （一）推动游戏研究，为游戏产业出海提供理论支持

当前，国内学者已经开始有意识地探索游戏研究这一新话题。2018 年 10 月，北京师范大学数字创意媒体研究中心主办了名为“数字游戏批评的理论与实践”的论坛，邀请来自中国传媒大学、中国艺术研究院、北京大学、北京师范大学、社会科学文献出版社、北京邮电大学等科研机构的青年游戏学者及文化学者参与圆桌讨论，针对游戏艺术的本体论、游戏的跨媒介融合、游戏素养与游戏教育等话题展开了深入讨论。与此同时，知名游戏学者、汕头大学陈莱姬教授还对参会者进行了国际游戏期刊论文写作方法指导，鼓励更多国内学者在国际平台分享研究成果。

与此同时，我国应加大对游戏研究的全方位支持，包括设立游戏研究专项基金，鼓励各学科学者运用传统学科资源，从不同角度针对游戏进行学术讨论；设立专门的游戏研究期刊，为游戏研究者提供分享学术成果的平台；译介国外优秀的游戏研究著作，借鉴国外成熟的游戏方法，同时鼓

---

① 孙佳山、孙静：《网游成瘾背后是游戏素养匮乏引导网瘾少年回归正轨》，《中国青年报》2018 年 10 月 24 日。

励国内学者以专著、论文等形式分享高水平的原创研究成果；开展国内外游戏学术会议，为国内外游戏研究者及产业从业者提供交流讨论游戏的平台等。

## （二）发展游戏教育，为游戏产业出海提供人才保证

在国外，尤其是欧美国家，游戏教育已经发展成为颇为成熟的专业学科，拥有本科、硕士、博士等不同层次的教育项目。根据电子游戏高等教育联盟（Higher Education Video Game Alliance）发布的最新报告，2018 年，美国有 520 多家机构开设了超过 1200 个与游戏相关的学位项目，还有大量非学位项目。与此同时，加拿大高等教育学校中与游戏相关的项目比 2008 年同比增长了 9 倍。① 在该联盟发起的一项针对游戏教育的调查中，超过半数的受访者都接受过游戏设计、游戏制作以及游戏编程的教育，超过三分之一的受访者都学习过 3D 建模、动画、关卡设计、项目管理、游戏与社会、游戏研究、游戏企业管理等课程（见表 9）。

**表 9　国外游戏教育课程概览**

| 课程名称 | 人数 | 课程名称 | 人数 |
|---|---|---|---|
| 游戏设计 | 284 | 互动叙事/创意写作 | 129 |
| 游戏制作 | 215 | 批判性游戏研究 | 128 |
| 游戏编程 | 208 | 项目式学习 | 127 |
| 3D 建模 | 188 | 游戏与学习 | 124 |
| 动画 | 164 | 游戏企业管理 | 123 |
| 关卡设计 | 151 | 游戏美术 | 115 |
| 项目管理 | 146 | 游戏引擎脚本编程 | 113 |

① Higher Education Video Game Alliance，“2019 Survey of Program Graduates”，p. 12，https：//hevga. org/wp-content/uploads/2019/03/HEVGA_ 2019_ Survey_ of_ Program_ Graduates. pdf，最后访问日期：2019 年 10 月 28 日。

续表

| 课程名称 | 人数 | 课程名称 | 人数 |
|---|---|---|---|
| 游戏与社会 | 132 | 功能游戏 | 102 |
| 游戏研究 | 131 | 声音设计 | 97 |
| 游戏化 | 92 | 概念美术 | 79 |
| 游戏 AI | 90 | 艺术 | 67 |
| 视觉设计 | 88 | 音乐 | 50 |
| 虚拟现实/增强现实 | 83 | 数据分析 | 42 |
| 质量评估 | 82 | 游戏平台硬件结构 | 36 |

资料来源：Higher Education Video Game Alliance，“2019 Survey of Program Graduates”，p. 24，https：//hevga. org/wp-content/uploads/2019/03/HEVGA_ 2019_ Survey_ of_ Program_ Graduates. pdf，最后访问日期：2019 年 10 月 28 日。

与国内相比，国外的游戏教育体系已经颇为成熟，已经开设了超过 15 种不同层次的学位项目，其层次从两年的资格证书到哲学博士学位，涉及计算机科学、应用科学、艺术学、音乐、美术、娱乐技术、互动技术等多个不同学科。其中，2019 年获得艺术学学士学位、美术学士学位、学计算机科学学士学位、科学学士学位、艺术硕士学位等游戏专业毕业生占比有所增加（见表 10）。

**表 10　国外与游戏相关的学位教育项目受访者占比**

单位：%

| 学位类型 | 2015 年（受访者为 149 人） | 2019 年（受访者为 382 人） |
|---|---|---|
| 两年期的资格证 | 0 | 5 |
| 副学位（专科） | 1 | 1 |
| 应用科学副学位 | 0 | 1 |
| 艺术学学士学位 | 13 | 20 |
| 美术学士学位 | 0 | 6 |
| 音乐学士学位 | 0 | 0 |
| 计算机科学学士学位 | 10 | 12 |
| 科学学士学位 | 11 | 18 |
| 艺术硕士学位 | 2 | 9 |
| 工程硕士学位 | 9 | 5 |

续表

| 学位类型 | 2015 年(受访者为 149 人) | 2019 年(受访者为 382 人) |
|---|---|---|
| 娱乐技术硕士学位 | 14 | 6 |
| 互动技术硕士学位 | 0 | 4 |
| 科学硕士学位 | 10 | 8 |
| 计算机科学硕士学位 | 6 | 2 |
| 哲学博士 | 8 | 1 |
| 其他 | 13 | 0 |

资料来源：Higher Education Video Game Alliance, "2019 Survey of Program Graduates", p. 25, https://hevga.org/wp-content/uploads/2019/03/HEVGA_2019_Survey_of_Program_Graduates.pdf，最后访问日期：2019 年 10 月 28 日。

不仅如此，国外的游戏教育课程还极大惠及了教育，技术，政府、安全及国防等非游戏行业，亦为娱乐、食品、医疗卫生等传统产业输送了大量人才（见表 11）。

**表 11　非游戏行业从业者接受游戏教育的调查**

单位：%

| 职位 | 占受访总数的百分比 | 职位 | 占受访总数的百分比 |
|---|---|---|---|
| 广告 | 1 | 医疗卫生 | 3 |
| 商业及金融 | 1 | 保险 | 1 |
| 建筑 | 1 | 休闲 | 1 |
| 咨询 | 2 | 市场推广 | 1 |
| 客户服务 | 1 | 媒体及娱乐 | 3 |
| 教育 | 31 | 非营利组织 | 1 |
| 能源 | 1 | 销售 | 1 |
| 娱乐 | 4 | 技术 | 30 |
| 食品 | 6 | 兽医 | 1 |
| 政府、安全及国防 | 9 | | |

资料来源：Higher Education Video Game Alliance, "2019 Survey of Program Graduates", p. 26, https://hevga.org/wp-content/uploads/2019/03/HEVGA_2019_Survey_of_Program_Graduates.pdf，最后访问日期：2019 年 10 月 28 日。

以此为参照，国内应逐步完善游戏教育体系，丰富游戏教育课程，推动全民游戏通识教育，从而在生产和消费两个环节提升公众的游戏素养。如此一来，中国游戏对外贸易产品的品质能够得到极大提升，进一步惠及中国游戏出海以及中国文化对外传播。

## （三）普及游戏思维，推动游戏产品多样性

简言之，中国游戏对外贸易应从以下两个方面提升游戏产品的多样性。

其一，结合海外细分市场及用户群的研究，有针对性地推出相应的产品。如向泰国输出硬核玩家偏爱的重度游戏，针对越南市场投入一定比例的休闲游戏。在本土化的过程中，中国企业尤其要理解海外地域文化的文化逻辑和文化禁忌，从而精准输出中国游戏文化产品。

其二，提升严肃游戏的比例。随着电子游戏产业的成功及市场规模增长，电子游戏已经与书籍、电影、电视等媒体媒介一样，成为我们日常生活中的重要组成部分。不仅如此，作为一种愈发成熟的数字媒体，游戏早已经不再是纯粹的娱乐，在多种场景下发挥着更为严肃的功能，在文化传承、公民素养、基础教育等方面起到极大的促进作用。例如，《诛仙》手游与国家首批非物质文化遗产南京夫子庙合作，将夫子庙历史街区全实景植入《诛仙》，为玩家构建了一个沉浸式的“秦淮风景区”，让玩家在数字化的夫子庙中敲锣、吃糖葫芦，逛庙会，深入了解中国传统文化。再如，《完美世界》手游团队与潍坊风筝代表性传承人郭洪利进行了跨界合作。在三次元的潍坊国际风筝节上，整个团队以《完美世界》中的鲲为核心意象，联合打造了巨型风筝群。在二次元的游戏世界中，开发团队还把最具特色的传统风筝“沙燕”植入游戏当中，成为文创产业的优秀范本。

## （四）扶持独立游戏，提高游戏产品的创新性

根据伽马数据发布的报告，2018 年中国游戏用户为 6.26 亿人，其中独立游戏用户为 2 亿人，活跃的独立游戏团队有 600 至 700 个，成为中国游戏产业创新的重要力量。因此，应从以下方面予以支持。

在政策支持方面，相关管理部门应设定游戏专项扶持项目，鼓励优秀独立游戏团队用作品传播中国传统文化；制定独立游戏版权保护的相关法律，

维护原创作品的合法权益；设定独立游戏审核的绿色通道，降低独立游戏获取版号的时间成本。

在资金支持方面，政府专项资金支持；首都地区主要游戏企业也应承担一定的社会责任，尽可能为独立游戏团队提供资金支持；完善网络资金众筹平台的服务及审核机制，为独立游戏群体建立多样化的资金支持通道；在高校中设立游戏奖学金，支持学生参与独立游戏开发，参与国内外游戏学术会议，资助学生赴海外知名游戏院校交流深造。

在发行运营方面，相关游戏企业应为独立游戏团队提供游戏发行的指导。2018 年 6 月，国外知名游戏平台 Steam 宣布与中国游戏企业完美世界合作，推出 Steam 中国项目，旨在为中国独立游戏人提供包括字幕翻译、宣传推广等一系列的支持。与此同时，国内游戏企业也可以借鉴任天堂、索尼、微软等大厂做法，每年专门开设独立游戏专区，将优秀的独立游戏作品吸引到自己的平台，用自身成熟的发行渠道来支持独立游戏群体。如此一来，优质的独立游戏作品还能成为大厂产品的有力补充，能够有效整合企业和社会资源，从而共同提高首都地区游戏对外贸易的产能。

综上所述，2018 年中国游戏出口额保持增长态势，相应游戏产品的海外受众群也进一步扩大，从而推动了中国文化出海的发展。与此同时，以专科（高职）为主力的游戏教育体系也在进一步发展中。然而，中国游戏文化依然存在着诸多问题，包括缺乏理论引领，缺少更为成熟的人才培养体系，游戏产品的多样性及创新性较为有限等。不难看出，我国的游戏企业依然与欧美及日韩等领军游戏企业有较大差距。在这种情况下，只有大力发展游戏学术研究，构建科学成熟的游戏教育体系，拓展游戏及游戏思维的应用场景，并扶持独立游戏开发，才能切实提升中国游戏文化产品在全球市场的竞争力。

# B.6

# 中国动漫产业对外贸易发展报告*

林建勇**

**摘　要：** 作为我国文化贸易的重要组成部分，动漫产业对外贸易在中华文化和民族价值观的国际传播中扮演着重要的角色。当前中国动漫产业对外贸易存在着政策环境较为良好、产业基础不断夯实、进出口贸易日益活跃等特点。但与此同时，中国动漫产业对外贸易发展面临着动漫产品低龄化、品牌缺乏、文化折扣、产业链不完整等问题与挑战。为促进中国动漫产业对外贸易发展，本文从人才培养、品牌打造、国际营销、产业链完善等角度提出了相关建议。

**关键词：** 动漫产业　对外文化贸易

21世纪以来，在市场需求和国家政策支持的双重作用下，我国文化贸易额持续快速增长，从2002年的398亿美元增长到2018年的1370.1亿美元，在我国对外贸易中占据着重要的地位。① 作为我国文化产业的核心类别之一，动漫产业由于其载体属性的特殊性，中国动漫产业对外贸易在中华文

* 本文为北京第二外国语学院首都对外文化贸易研究基地科研项目“‘一带一路’倡议下我国文化贸易发展研究”（WHMY19B001）部分研究成果。

** 林建勇，北京第二外国语学院首都对外文化贸易研究基地研究员，经济学院讲师，博士，研究领域为国际文化贸易、跨国公司与对外直接投资等。

① 《2018年我国对外文化贸易实现快速增长》，《中国文化报》2019年3月17日，http://epaper.ccdy.cn/html/2019-03/17/content_255798.htm，最后访问日期：2019年10月28日。

化和民族价值观的国际传播中发挥着重要作用，因此得到了国家的高度关注与大力支持，成了我国文化贸易的重要组成部分。

## 一　中国动漫产业对外贸易的发展概况

### （一）政策支持推动动漫产业进一步发展和对外开放

近年来，随着人力资本、土地租金等生产要素成本的增加，传统的粗放式发展模式难以为继。作为一种附加值高、绿色环保的新兴产业，文化产业的蓬勃发展对推动我国国民经济的转型升级发挥了重要作用，因此得到了国家的高度重视。其中，动漫产业作为文化产业重要的组成部分，也因此得到了国家给予的政策支持。一方面，国家出台相关扶持政策，促进动漫产业的发展，提高动漫企业的积极性，从而提升我国动漫产品的竞争力；另一方面，鼓励和支持我国的动漫产品走出国门，以期发挥动漫产业在文化贸易中的先导作用。

1. 动漫产业扶持政策

自 21 世纪初以来，国家新闻出版广电主管部门和信息产业主管部门陆续出台了动漫产业相关规划、政策等，从播放管理、市场、资金、技术等方面支持和推动中国动漫产业的发展。2002 年，国家广播电影电视总局出台了《影视动画业“十五”期间发展规划》，规划一方面提出了创办少儿频道甚至是动画专业频道的意见，另一方面提出了对动画片的播放管理要求，要求中央电视台播放的动画片全部为国产动画片，地方电视台播放的进口动画与国产动画比例为 4∶6。该规划的提出拉开了我国振兴动漫产业的序曲。2004 年作为我国动漫产业的元年，一系列关于我国动漫产业改革的措施和政策被相继提出。其中国家广播电影电视总局印发的《关于发展我国影视动画产业的若干意见》更是在体制、政策、市场管理等方面对我国的影视动画产业进行了全面规划，由此吹响了我国动漫产业振兴的号角。2006 年出台的《关于推动我国动漫产业发展的若干意见》在指导思想、发展目标和基本思路等方面对我国动漫产业的发展提出了指导意见，提出国家和地方政府设立专项资金扶持优秀原创动漫产业、鼓励社会资金进入动漫产业、企业出口动漫产品享受出口退税等动漫产业促进措施。同年发布的《国家“十一五”时期文化发展规划纲要》提出了国产动漫振兴工程，以期加快发展我国的民族动漫产业，从而促进国产动漫产品在数量和质量两个方面的双重提高。为落实《国家“十一五”时期文化发展规划纲要》，文化部于2008年出台了《文化部关于扶持我国动漫产业发展的若干意见》，在民族原创动漫产品的扶持、动漫产业链条的完善等方面进一步提出了相关扶持计划。2009年文化部发布的《文化产业投资指导目录》将动漫服务业纳入鼓励行业范围，同年国务院常务会议审议通过的我国第一部文化产业专项规划《文化产业振兴规划》更是把动漫产业列为重点发展门类。类似地，2012年2月文化部发布的《“十二五”时期文化产业倍增计划》将动漫产业列为十一个重点行业之一。2017年，文化部发布了《“十三五”时期文化发展改革规划》，规划在原创动漫的生产推广、民族动漫品牌的培育、手机动漫标准的制定等方面提出了相关要求。总体来看，近些年来动漫产业的发展受到了前所未有的关注，我国自上而下各级政府部门持续推出了一系列动漫产业促进政策和措施。内容涵盖了动漫行业指导、动漫产品播放管理、动漫企业资格认定、财税支持等方面。在这些政策的支持与推动下，我国动漫产业快速发展，日益成为我国经济增长的新亮点。

2. 动漫贸易支持政策

在重视动漫产业发展对国内经济结构转型升级促进作用的同时，国家政府部门也关注到了我国动漫产品“走出去”对传播我国民族文化和国家价值观从而提升我国软实力的促进作用。为此，文化部、国家新闻出版广电总局、文化和旅游部等多个部门相继出台了相关政策措施，鼓励和支持我国国产动漫走出国门，走向国际市场。2006年出台的《关于推动我国动漫产业发展的若干意见》提出了为出口海外市场的动漫产品提供一定程度的出口译制补助、为参与国际展览的优秀国产动漫产品提供出口信用支持、给出口动漫版权的企业提供适当奖励、给在境外提供劳务的动漫企业以税收优惠等措施。2017 年文化部出台的《动漫游戏产业“一带一路”国际合作行动计划》提出了推动手机动漫标准成为国际标准的目标要求，以期促进我国手机动漫的“走出去”。为鼓励我国文化企业走出国门参与国际竞争，促进我国文化产品和文化服务的出口，商务部等四部委于 2007 年设立了国家文化出口重点企业和重点项目，通过认定的企业将在税收、金融、技术等方面享受一定的奖励支持。2007 年至今，有不少动漫企业和动漫项目相继获得了相关认定与奖励。为实现文化贸易的高质量发展，2017 年商务部等六部委启动了国家文化出口基地建设，并于 2018 年认定北京天竺综合保税区等 13 个基地为首批全国文化出口基地。全国文化出口基地的设立为后续培养一批具有国际竞争力的文化出口企业和形成一批具有一定影响力的文化贸易平台提供了孵化平台。虽然目前国家尚未出台与全国文化出口基地建设配套的相关政策，但未来随着相关政策的出台落地，基地内的动漫企业势必会受益于相关政策优惠，从而提高其“走出去”的积极性。

### （二）不断夯实的产业基础支撑动漫产业参与国际竞争

对于一个产业而言，产业的发展基础是该产业参与国际竞争的重要支撑与发展动力。虽然我国的动漫产业尚处于发展的初始阶段，与日本、美国等动漫产业大国相比仍存在着一定差距。但近些年来，在国家政策、社会资本、市场需求以及新媒体等多重因素的推动下，我国动漫产业的发展步伐明显加快，形成了一定的市场规模。

从动漫产业总产值来看，2014 年我国的动漫产业总产值达到 1000 亿元，与 2013 年同期相比增长了 13.4%（见图 1）。2016 年泛娱乐 IP 爆发，社会资本大量进入动漫产业，在此推动下 2017 年我国动漫产业总产值同比增长 17.3%，达到 1536 亿元。2018 年我国动漫产业总产值预计将达到 1747 亿元，同比增长 13.7%。2014 ~ 2018 年，我国动漫产业总产值保持了持续快速增长，同比增长率均大于 13%，成为我国经济的一个新增长点。

就在线动漫市场规模来看，在移动互联网技术迅速发展和应用普及的催化下，我国在线动漫市场的增长率明显高于同期的动漫产业增长率（见图

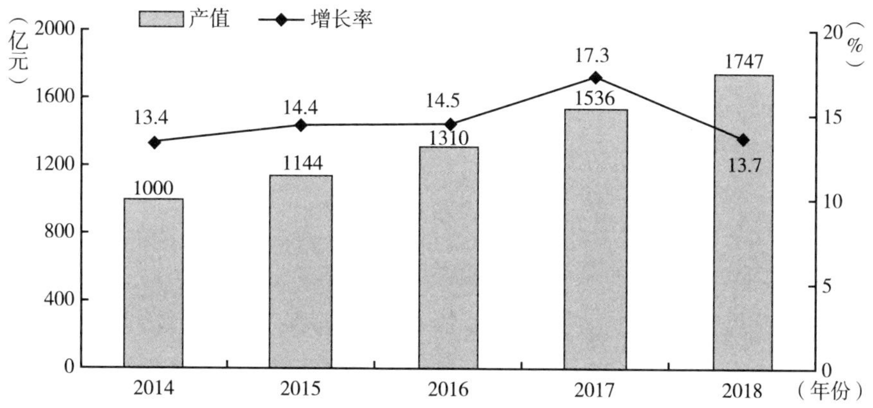


**图 1　2014 ~ 2018 年我国动漫产业总产值与增长率**

资料来源：作者根据艾瑞咨询发布的《2018 年中国动漫行业研究报告》整理得到。

2）。2014 年为我国在线动漫市场规模为 17.6 亿元，2017 年增长到了 92.5 亿元，2014 ~ 2017 年期间我国在线动漫市场规模同比增长率均大于 50%。2018 年我国在线动漫市场规模预计将达到 141.6 亿元，同比增长 53.1%。

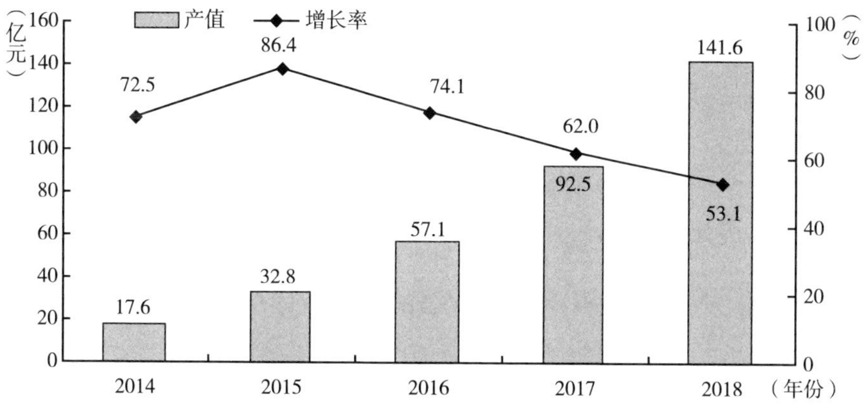


**图 2　2014 ~ 2018 年我国在线动漫市场规模与增长率**

资料来源：作者根据艾瑞咨询发布的《2018 年中国动漫行业研究报告》整理得到。

在动漫市场规模扩大的同时，我国的动漫用户规模也呈现出明显的扩大趋势。在 2013 ~ 2017 年期间，我国的泛二次元用户数量增长迅速，从 2013

年的0.89亿人增长到了2017年的3.08亿人，增加了2倍多。2018年我国的泛二次元用户规模预计将同比增长12.3%达到3.46亿人。作为二次元用户组成部分的在线动漫用户，其规模增长速度远高于同期的二次元用户规模：2013年在线动漫用户有0.28亿人占二次元用户规模的1/3左右，2017年则增长到1.613亿人占二次元用户规模的1/2多。①

在产业发展的过程中，企业对于推动产业的发展往往发挥了关键性的作用。在近些年我国动漫产业加快发展的过程中，我国动漫企业的数目不断增加，形成了以奥飞娱乐、长城动漫、华夏动漫等为代表的一批领军型企业，为我国动漫产业的发展做出了至关重要的贡献。2018年5月，文化和旅游部等三部委公布的结果显示，2017年我国合计又有79家动漫企业通过了文化和旅游部等三部委的相关认定。② 与此同时，在国家政策支持和企业原创品牌意识加强的双重作用下，我国动漫企业相继推出了一系列在国内乃至在国际市场上产生了一定影响力的优秀动漫品牌。2015年上映的完全由我国制作的国产动画电影《西游记之大圣归来》，凭借其精良的制作迅速获得了不少观众的喜爱成了当年暑期档的一匹黑马，上映4天就票房过亿，并最终取得了9.56亿元的票房收入，成了我国国产动漫电影票房总冠军，同时还一度成了在我国上映的动漫电影票房总冠军。

### （三）进出口贸易日益活跃，但出口市场仍需进一步拓展

国家统计局公布的统计数据显示，2012年我国动画电视的进口额和进口时长分别为0.15亿元和385小时，2017年则分别增长到了8.23亿元和12022小时。动画电视的进口额和进口时长占我国电视总进口额和总进口时

① 作者根据前瞻产业研究院发布的《2019～2024年中国动漫产业发展前景预测投资战略规划分析报告》整理得到。

② 《文化和旅游部　财政部　国家税务总局关于公布2017年通过认定动漫企业名单的通知》，中华人民共和国文化和旅游部官网，http：//zwgk.mct.gov.cn/auto255/201806/t20180605_833129.html，最后访问日期：2019年10月28日。

长的比重分别由 2012 年的 2.38% 和 2.94% 增长到了 2017 年 43.23% 和 45.54%。可见，2012 年以来动画电视逐渐成了我国电视进口的主要类型。而从进口来源来看，日本、美国这些传统的动漫产业大国依旧是我国进口动画电视的主要来源地，2017 年自日本进口的动画电视总额占到了我国动画电视进口额的一半以上，达到了 66.78%，美国则为 18.40%，除日本、美国外，其余国家和地区的动画电视在我国的动画电视进口份额仅为 15% 左右，可见当前日本动画电视和美国动画电视在我国动画电视进口中占据着主导地位。[①]

就我国动画电视的出口情况来看，2012 年我国动画电视的出口额和出口时长分别为 0.31 亿元、1678 小时，2016 年则分别为 0.37 亿元、1407 小时，与动画电视进口的快速增加相比，2012 年到 2016 年我国动画电视的出口规模并未呈现明显的增加趋势，这也使得动画电视出口额占电视出口额的比重由 2012 年的 13.60% 降到了 2016 年的 9.92%。在我国动画电视的出口市场中，亚洲成了我国动画电视出口的主要区域。2016 年出口到亚洲的动画电视占到了我国动画电视出口总额的 71.63%。其中，韩国由于与我国在文化上的相近和地理上的毗邻等因素，成了我国动画电视出口的主要国家。2016 年，出口到韩国、香港的动画电视占我国动画电视出口总额的 61.40%。[②] 虽然日本、美国为传统的动漫消费大国，但由于这两个国家本身的动漫产业成熟度较高，动漫行业竞争较为激烈，加之文化折扣等其他因素，中国出口到这两个国家的动画电视总额在我国动画电视总出口额中所占的比重相对较低。

为鼓励我国文化企业走出国门参与国际竞争，从而促进我国文化产品和文化服务的出口，商务部等四部委于 2007 年设立了国家文化出口重点企业和重点项目。2018 年，经过商务部等五部委的认定，共有 298 家企业入选

① 国家统计局：http://data.stats.gov.cn/search.htm? s=%E5%8A%A8%E6%BC%AB，最后访问日期：2019 年 10 月 28 日。

② 国家统计局：http://data.stats.gov.cn/search.htm? s=%E5%8A%A8%E6%BC%AB，最后访问日期：2019 年 10 月 28 日。

国家文化出口重点企业，109 个项目入选国家文化出口重点项目。其中，央视动画有限公司、天津画国人动漫创意有限公司、苏州欧瑞动漫有限公司等 41 家动漫企业，动画片制作发行、《奇妙·多乐园》动画电视剧、《口袋森林》等 12 个动漫项目被分别认定为 2017 ~2018 年度国家文化出口重点企业和重点项目。[①]

## 二 中国动漫产业对外贸易发展面临的问题与挑战

### （一）产品受众人群低龄化，出口市场空间有限

在我国的传统观念中，动漫往往被认为是用来教育儿童的一种方式，因此自 21 世纪初我国动漫产业发展以来，国家在政策层面上就对动漫产业的受众群体予以了定位与指导。2004 年国务院发布的《中共中央国务院关于进一步加强和改进未成年人思想道德建设的若干意见》提出了加强少年儿童影视片的创作生产以及创作符合未成年人特点的动画片系列的指导意见。在顶层设计的影响下，长期以来我国制作的动漫产品基本上只针对年龄较小的少年儿童受众群体，在 2013 年前我国出现了《喜羊羊与灰太狼》《熊出没》等知名度较高的动漫产品，而非低龄化的作品则只有《魁拔》系列。虽然 2013 年后我国动漫产品逐渐朝着全龄化的方向发展，先后制作了《十万个冷笑话》《西游记之大圣归来》《大鱼海棠》等一些全龄化且票房较高的优秀动漫产品，但与美国、日本等动漫产业强国相比，我国非低龄的优秀动漫产品还相对较少。目前排在美国动漫电影票房榜首的为 2013 上映的《冰雪奇缘》，其全球累计票房达到了 12.76 亿美元，排在美国动画电影票房前十的动画电影面向群众年龄较为广泛，属于全年龄段产品。除去中美

① 《2017 ~2018 年度国家文化出口重点企业和重点项目目录》，中华人民共和国商务部服务贸易和商贸服务业司网站，http：//fms. mofcom. gov. cn/article/a/ad/201802/20180202712106. shtml，最后访问日期：2019 年 10 月 28 日。

合拍的《功夫熊猫3》，当前排在中国动画电影票房排行榜首的为2015年上映的《西游记之大圣归来》，其累计票房为9.57亿元，与《冰雪奇缘》的12.76亿美元之间存在着明显的差距，而且排在我国动画电影票房前十的动画电影除了《西游记之大圣归来》《大鱼海棠》之外，其余的皆为低龄化动漫产品。[①] 中国动漫产品受众人群低龄化的特点限制了中国动漫产品的出口市场空间。

### （二）产品创意不足，缺乏核心动漫品牌

我国是一个有着五千年雄厚文化底蕴的国家，这为我国的动漫产品制作提供了丰富的创作题材。然而，我国大多数的动漫企业未能汲取我国文化底蕴的精髓，从而制作出具有创新性的优秀动漫作品。相反地，在近些年动漫企业大规模涌现的背景下，动漫产业的同质化现象日益严重，不少动漫在主题上相似或在人物形象上基本一致。与此相反，美国、日本则充分挖掘中华文化精髓，提炼了诸如熊猫、花木兰、中国功夫、中国餐饮等中国元素并加以创新，制作出了《功夫熊猫》《花木兰》《中华小当家》等一批经典的动漫产品。除了产品创意不足之外，我国核心动漫品牌也极为缺乏。说到日本动漫，大部分人都会想到《名侦探柯南》《樱桃小丸子》《叮当猫》等，说起美国动漫就会想起蜘蛛侠、蝙蝠侠、米老鼠等一批著名的动漫品牌。说起国产动漫，大多数首先想到的是《葫芦娃》《黑猫警察》等经典的动画片。诚然，这些动漫曾经是我国国产动漫的经典作品，为“80后”“90后”带来了美好的童年回忆。然而，我国的动漫企业并未在这些动漫作品的基础上推陈出新，创造出更加优秀的作品，从而围绕《葫芦娃》《黑猫警察》等打造一批动漫品牌。日本、美国的动漫企业则围绕动漫品牌持续推出新作品，从而维护与强化品牌的价值与影响力。如日本的《名侦探柯南》自1996年推出动画电视以来，基本上保持着一周更新一集的状态，这一方面维护了原

① 吴小燕：《过亿票房动画电影数量升至19部　探索中成长的中国动画电影崛起之路依然十分漫长》，前瞻网，https：//t. qianzhan. com/caijing/detail/181206－b35b5336. html，最后访问日期：2019年10月28日。

有的观众群体（如“80后”“90后”），另一方面吸引了一批新的观众群体（如“00后”），并最终成了家喻户晓的品牌。

### （三）中西文化差异，形成天然贸易壁垒

由于每个国家在历史背景、地理位置、语言环境、生活习俗和文化信仰等方面存在差异，每个国家或者地区都有他们独特的民族文化，不同国家或地区之间可能在价值观、社会制度、行为模式等方面存在着巨大的偏差。这使得国外受众在接受他国的文化产品时，其对该文化产品的兴趣与接受程度也会大打折扣，国际贸易领域称之为文化折扣。我国动漫产业在进行国际贸易时不可避免地会遇到文化折扣问题。不仅如此，当前我国的动漫产品仍属于内需型而非输出型，国产动漫的题材和内容都是在迎合国内观众，缺乏对海外受众心理和海外文化的深入了解，加之我国动漫产品的低龄化特点，使文化折扣现象在我国动漫产业的国际贸易中尤为明显。由前面分析可知，我国动漫产品出口市场主要为韩国、中国香港、中国台湾等亚洲国家或地区，这也进一步印证了文化折扣对我国动漫产业对外贸易发展产生的影响。

### （四）完整产业链尚未形成，盈利模式相对单一

对于动漫产业而言，创作、制作、衍生品开发为其盈利的三种模式。当前中国动漫产业的盈利模式主要体现在动漫制作方面，而能够给国家带来长期经济效益的衍生品开发发展还不完善。我国的动漫产业尚未形成完整的产业链，总体上呈现出“两头小、中间大”的局面。与中国不同，作为动漫大国的日本、美国都有完善的动漫产业链。日本以漫画为基础形成了漫画期刊连载→单行本发行→改编动画片→周边产品→国际化营销的产业链。[①] 正是这种产业链模式的逐渐成熟推动了日本动漫产业的不断发展与壮大，使动漫产业成了日本国民经济的重要组成部分。与日本以漫画为基础的产业链不

① 罗剑宏、孔金连：《日本、韩国动漫产业发展的比较分析》，《电视研究》2007年第5期，第74页。

同，美国动漫产业依托成熟的好莱坞电影基地，形成了以动画电影为基础的产业模式：影视公司制作动画电影→电影院放映、电视台播放→图书、音像制品出版→衍生品开发和销售。凭借完善的产业链、大规模的资本投入以及先进的电影制作技术，美国动漫产业得到了快速发展，走在了世界前列。

## 三 促进中国动漫产业对外贸易发展的相关建议

### （一）培养具有国际视野的动漫创意人才和营销人才

动漫创意人才和营销人才的缺乏是制约我国动漫产业走向国际化发展的关键因素之一。由于动漫创意人才的缺乏，我国国产动漫产品长期表现出创意不足、低龄化的发展特点。为此，一方面我们可依托北京电影学院、中央美术学院、中国传媒大学等动漫制作与设计专业较好的高校，打造一批专业过硬且具有创新能力的动漫创作团队。在培养的过程中，通过选派优秀的行业人才到国外深造学习等方式培养他们对他国文化的认知，从而减小后续制作的产品在国际贸易中存在的文化折扣。另一方面，我们还应注意从国际上吸纳人才，引进日本、美国、英国等动漫大国的优秀动漫人才，通过“外援”的高水平发挥带动我国动漫创作水平的整体提升。

除了动漫产品本身，在中国动漫走向国际市场的过程中，在国际动漫市场上的营销战略也很重要，我国的动漫产品大多都还是内需型，并没有丰富的国际营销经验，这也是造成中国动漫在海外传播效果不理想的一个重要原因。因此，在注重培养既懂动漫创作又了解他国文化的复合型动漫创意人才的同时，我们还应重视培养既具备良好的外语水平又熟悉动漫国际化运作的外向型营销人才，为我国动漫产品的前期制作和后期发行做好宣传和公关工作。

### （二）深挖中华民族文化，打造中国特色品牌

对于动漫产品而言，内容的原创性是其核心所在。我国动漫产品要想在国际市场上分得一杯羹，就必须树立自己的特色品牌。作为一个具有悠久历史和

灿烂文明的国度，我国五千年历史文化中蕴含的众多传说和历史故事为我国的动漫创作提供了丰富的素材，这是我国相比日本、美国等国家的优势所在。为此，我们应该回归民族文化，深挖中华文化的精髓，一方面基于中国历史人物或故事进行再创新，打造具有中国特色的品牌，用中国故事吸引世界观众；另一方面在受到国外观众欢迎的文化题材上注入独特的中国元素，从而拉近我国国产动漫与其他国家消费者之间的距离。另外，与日本、美国动漫产品相比，我国动漫产品的低龄化问题凸显，这也是造成我国动漫产品在国际市场份额难以突破的重要原因。近年来，基于中华文化元素打造的诸如《西游记之大圣归来》《白蛇：缘起》等全龄化动画电影取得的较高票房证明了我国国产全龄化动漫产品的广阔市场空间。为此，在受众群体方面，还应考虑到动漫产品的全龄化发展，在抓住儿童市场的基础上开发更多的青少年、成年人市场。

## （三）加强国际合作，拓展海外营销渠道

文化折扣是我国动漫在国际化发展中难以避开的一大问题，为打破该审美壁垒，我国动漫企业可采取国际合作生产的方式进行动漫产品的创作。在尊重不同国家或地区文化特殊性的基础上，将中华文化与出口受众群体的接受习惯相结合，打造出出口对象国或地区民众普遍喜爱的动漫产品，从而推动我国动漫产业对外贸易的快速发展。在海外营销推广国产动漫时，我国动漫企业可利用海外推广公司，让其代理国内优秀动漫产品的版权，服务我国国产动漫在海外的发行和播出。同时，我国动漫企业也应积极参加国际动漫节、动漫产业高峰论坛、动漫产业博览会等动漫行业相关活动，这一方面可以了解当前国际动漫的发展趋势、他国动漫产品的特色文化，另一方面可以通过活动推广我国动漫产品，增加其知名度，寻求国际合作的契机。在发挥好这些传统传播渠道的基础上，我国动漫企业也应重视互联网的快速发展为国产动漫的海外传播提供的新渠道。作为当前人们获取文化、经济、政治信息的主要渠道和重要交流平台，互联网在潜移默化中改变了人们的观影模式，所以在传统传播途径的基础之上，可以适当发展网络营销这一新渠道，以适应新的市场形势和市场需求。

### （四）完善动漫产业链，拓展更多盈利渠道

对于一个产业而言，产业链的各个环节呈现为互相促进、互相制约的平衡状态，任何一个环节发展的滞后，都会造成产业链的畸形发展，从而影响到整个产业的持续、健康、快速发展。就动漫产业来看，动漫产业大国日本、美国结合自身的国情发展，分别形成了完善的动漫产业链，从而为该国动漫产业和动漫产业对外贸易的发展奠定了基础。而当前中国动漫产业的发展仍集中于中端的动漫产品制作，前端的动漫创作以及后端能够给国家带来长期经济效益的衍生产品开发、推广都还不完善。为此，为推动我国动漫产业对外贸易的发展，首先我国动漫企业可通过加强动漫创意人才培养、加深国际生产合作等措施促进动漫创作水平的提升，打造具有中国特色的动漫品牌。其次，基于口碑较好的动画电视或动画电影，我国动漫企业应进一步进行诸如网络游戏、玩具家具、主题餐饮、主题乐园等衍生品的开发。通过衍生品的开发，拓展我国动漫产业的盈利渠道，同时维护与强化品牌的价值与影响力。最后，我国动漫企业应该建立完善的海外营销体系，提高其产品在全球范围内的知名度与接受度，从而为产品海外市场的开发打下坚实的基础。

# B.7

# 中国文化旅游服务贸易发展报告*

王海文　赵晓琳**

**摘　要：** 目前，中国文化旅游服务贸易在政策引导、产业推动、消费需求和业态繁荣等方面表现良好，文化旅游服务贸易结构不断优化升级，不论从贸易的行业细分还是区域考察上都有积极的变化。但是在文化与旅游的深度融合、文化旅游服务贸易区域协调、文化旅游服务贸易全球价值链构建、文化旅游服务贸易开放空间等方面亟待加强和提升。为此需要从文旅深度融合、区域协同发展、全球价值链构建、市场开放空间拓展等方面推动中国文化旅游服务贸易的繁荣发展。

**关键词：** 文化旅游服务贸易　“一带一路”　产业融合

伴随对五大发展理念的深入贯彻以及经济结构的持续优化升级，我国文化和旅游融合发展的总体态势喜人，不仅文化旅游业态蓬勃发展，而且在全方位对外开放新格局构建过程中，文化旅游服务贸易也取得了不俗的成绩，成为我国对外文化贸易以及旅游服务贸易发展的重要着力点和推动力量。

---

* 本文为国家统计局项目“基于全球价值链的我国对外文化贸易统计国际比较研究”（项目编号：2018LY15）阶段性成果。

** 王海文，北京第二外国语学院教授、经济学院副院长，首都对外文化贸易研究基地秘书长，研究领域为国际文化贸易、服务贸易等；赵晓琳，北京第二外国语学院博士后。

## 一 中国文化旅游服务贸易发展现状

### （一）促进文旅融合顶层设计进一步加强

文化旅游服务贸易的发展离不开政策的引导和推进。近年来，在经济结构调整优化的政策导向下，国家出台了一系列关于促进服务业、旅游产业、文化产业、服务贸易以及文化贸易繁荣的指导意见和相关文件。早在2009年国务院就印发了国内第一部文化产业专项规划——《文化产业振兴规划》，为了更好地推动文化产业的发展，必须加快转变文化产业发展方式，不断解放和发展文化生产力，做好维护国家文化安全的工作，以文化产业促进国民经济的新发展。同年国务院又印发了《关于加快发展旅游业的意见》，提出把旅游业培育成国民经济的战略性支柱产业和人民群众更加满意的现代服务业。[①] 同样是在2009年，文化部、国家旅游局共同发布《关于促进文化与旅游结合发展的指导意见》，指出加强文化和旅游的深度结合，有助于推进文化体制改革，加快文化产业发展，促进旅游产业转型升级，满足人民群众的消费需求。[②] 在新形势下促进文化与旅游深度结合，是文化和旅游部门的共同责任，由此为文化与旅游的大融合、大发展注入了强劲的动力。

十九大报告指出，为适应新时代中国特色社会主义现代化，要进一步深化机构和行政体制改革。[③] 新组建的文化和旅游部为文化与旅游的融合提供了更加强有力的组织保障，相关文件和促进政策落地实施进一步加速。《国务院办公厅关于促进全域旅游发展的指导意见》（2018）、《文化和旅游部关于提升假日及高峰期旅游供给品质的指导意见》（2018）、《关于促进乡村旅游可持续发展的指导意见》（2018）、《国家全域旅游示范区验收、认定和管理实施办法（试行）》和《国家全域旅游示范区验收标准（试行）》

① 唐仲霞：《民族文化旅游社区多主体共生模式研究》，博士学位论文，陕西师范大学，2013。
② 薛晓金：《新世纪以来的北京戏剧演出市场》，《四川戏剧》2010年第4期。
③ 黄林彬：《新时代下南平市深化政府机构改革研究》，硕士学位论文，福建农林大学，2018。

（2019）、《文化和旅游部关于实施旅游服务质量提升计划的指导意见》（2019）等一系列文件相继出台。2019 年 3 月，文化和旅游部发布《关于促进旅游演艺发展的指导意见》，此文件指出优先推动国家边境旅游试验区和边境全域旅游示范区创建单位打造跨境旅游演艺节目，将列入全国旅游演艺精品名录的项目纳入对外及对港澳台文化和旅游交流与合作重点项目。[①] 旅游和不同文化行业的融合正在全力推进和深化。

## （二）文化旅游服务供给进一步提质增效

依据文化和旅游部发布的《2018 年旅游市场基本情况》，2018 年文旅融合开局顺利，按照“宜融则融、能融尽融；以文促旅、以旅彰文”的工作思路，用文化扩充旅游的发展内涵，提升文化旅游的发展空间，以文化带动旅游产业的发展，促进旅游品质的提高，让消费者能够在旅游的过程中感知到文化的深刻内涵。

2018 年，各地在推动文化和旅游机构合并重组过程中全面发力，大力提高文化旅游服务供给质量、效率和水平。从文化旅游业态看，文化和旅游深度融合的形式更加多样。依据中国旅游研究院发布的相关报告，2018 年城镇居民的生活消费中，旅游消费所占比重增加，其中除了周末和节假日，居民平时的休闲户外活动比重增加，休闲活动更加丰富，休闲空间不断扩大，旅游消费指数稳步增长。节假日旅游产品更加注重非遗和自然遗产旅游相结合的项目，这样的项目也得到消费者更多的关注，其中包含文化展演、博物馆以及主打文化 IP 的景区等。此外，旅游景区转型升级加速，主题公园布局继续下沉，向二、三线城市扩张，旅游演艺集中化趋势不减，这些都为文化旅游新业态奠定了坚实基础。从文化旅游与科技创意融合状况看，企业和投资机构主动迎合市场发展，加速协调运营结构，不断提高旅游产品质量，特别关注旅游与文化、创意、科技的创新发展，营造受本地居民和游客欢迎的市场环境。

① 怡梦：《我国旅游演艺发展走向转型升级》，《中国艺术报》2019 年 4 月 3 日。

总体而言，在旅游规模不断扩大、结构持续优化的情况下，中国文化旅游服务供给侧改革进一步深化。[①]

## （三）文化旅游渐成刚性消费需求

伴随经济结构的优化升级，消费的结构和方式也在发生积极变化。2018年，国内居民出游力指数再创新高，达到17.8%，旅游消费大众化已成为趋势。[②] 同时依据文化和旅游部相关数据信息，2018年，中国居民人均教育文化娱乐消费支出2226元，占人均消费支出比重为11.2%。在旅游和文化消费两旺，产业和贸易基础愈加夯实的条件下，文化旅游逐渐从奢侈消费转变为必需和刚性消费需求。

依据中国旅游研究院发布的相关报告，2018年随着文化与旅游的深度融合，文化旅游的品质也不断提升，旅游绩效改善愈发明显，全民文化旅游开启美好生活。文化旅游消费拉动GDP增长，国民文化旅游消费需求不断增长，其中，国内旅游持续高速增长，出境旅游也不断增长，国内的文化旅游区域化不断均衡发展，其中旅游在外交和港澳台相关事务中的作用更加突出。[③] 统计显示，2018年出入境旅游总人数2.91亿人次，同比增长7.8%。入境的外国游客亚洲占比76.3%，以观光休闲为目的的游客占33.5%（见图1、图2）。[④] 出境游消费行为向理性转变，文化需求不断提高。2018年国庆假期，博物馆旅游开始走红，普拉多博物馆、俄罗斯冬宫、梵高博物馆等文化艺术中心受到中国游客欢迎。出境游中为了体验当地文化的游客所占比例不断增大，文化旅游已经超越了传统的观光购物游的形式。此外，为了吸引更多的外国游客来华旅游，很多地区

---

① 《报告发布丨“2018旅游经济运行盘点”系列报告（一）：旅游消费》，中国旅游研究院网站，http://www.ctaweb.org/html/2019-1/2019-1-3-16-32-94384.html，最后访问日期：2019年10月28日。。

② 《银联商务联合中国旅游研究院发布〈中国旅游消费大数据报告2018〉》，上海热线网站，https://rich.online.sh.cn/content/2019-01/30/content_9189500.htm，最后访问日期：2019年10月28日。

③ 孟妮：《2019年中国旅游消费活力更劲》，《国际商报》2019年1月30日。

④ 《2018年旅游市场基本情况》，中华人民共和国文化和旅游部网站，http://zwgk.mct.gov.cn/auto255/201902/t20190212_837271.html?keywords，最后访问日期：2019年10月28日。

选择去国外举办文化旅游推介会，让更多的外国人了解中华文化，从而为文化旅游消费需求的高水平实现创造了更广阔的空间。

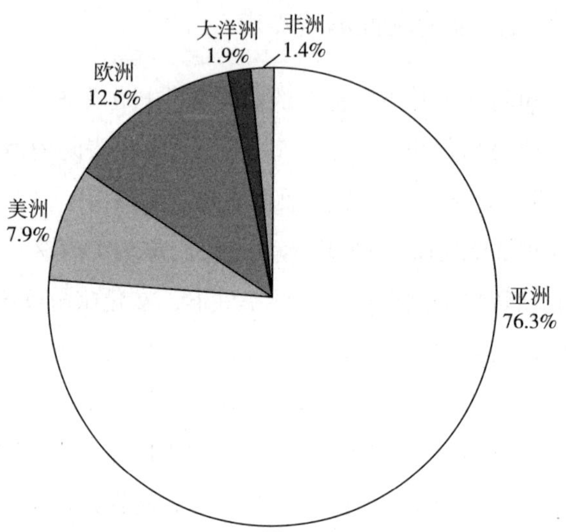


**图1　2018 年中国入境外国游客人数占比**

资料来源：《2018 年旅游市场基本情况》，中华人民共和国文化和旅游部网站，http：//zwgk. mct. gov. cn/auto255/201902/t20190212_ 837271. html？keywords，最后访问日期：2019 年 10 月 28 日。

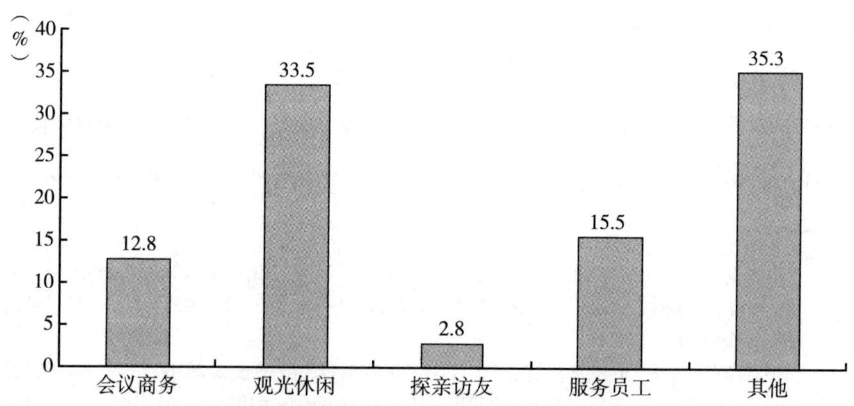


**图2　2018 年按旅游目的划分的中国入境外国游客占比**

资料来源：《2018 年旅游市场基本情况》，中华人民共和国文化和旅游部网站，http：//zwgk. mct. gov. cn/auto255/201902/t20190212_ 837271. html？keywords，最后访问日期：2019 年 10 月 28 日。

## （四）文化旅游内涵进一步充实

文化和旅游的深度融合使文化旅游中无论文化要素、文化创意还是文化产品与服务的比重不断增大，作用更加明显，由此使旅游更好实现“文化+”，同时使文化更快通过“旅游+”向市场化、国际化迈进。无论从文化视角还是从旅游视角看，文化旅游都向更高水平发展，内涵更加丰富。

不仅如此，从要素层面看，文化要素与资本、技术等要素更加紧密融合，形成文化旅游服务供给与需求坚实的要素基础。从产业层面看，旅游与演艺、时尚、娱乐等加速融合创新。从业态发展看，冰雪旅游、博物旅行、体育旅游、山地旅游等新时尚旅游消费需求发展，成为文化旅游内涵深化的重要体现。

特别需要指出的是，2018 年全国重视红色旅游，红色旅游景区活动也显著增加，以红色旅游为特色的旅游景点受到大家的关注，红色旅游中融入了很多红色文化元素（见表 1）。红色旅游景区与文化、创意和科技的融合创新对年轻游客颇具吸引力。游客对特色鲜明、主题突出的景区很感兴趣，对自然风光、休闲度假融合紧密的红色旅游更加关注。①

**表 1　2018 年中国红色旅游十大热门景点**

| 排名 | 景点 |
|---|---|
| 第一 | 天安门广场 |
| 第二 | 井冈山风景旅游区 |
| 第三 | 中国人民抗日战争纪念馆 |
| 第四 | 赤水风景名胜区 |
| 第五 | 遵义会议会址 |
| 第六 | 台儿庄大战纪念馆 |

① 《报告公布丨“2018 旅游经济运行盘点”系列报告（一）：旅游消费》，中国旅游研究院网站，http：//www. ctaweb. org/html/2019 －1/2019 －1 －3 －16 －32 －94384. html，最后访问日期：2019 年 10 月 28 日。

续表

| 排名 | 景点 |
| --- | --- |
| 第七 | 延安纪念馆 |
| 第八 | 西柏坡景区 |
| 第九 | 周恩来纪念馆 |
| 第十 | 沙家浜革命历史纪念馆 |

资料来源：孟繁刚：《〈2018 年度红色旅游消费报告〉发布北京位列目的地榜首》，中国消费网，http：//www. ccn. com. cn/html/shishangshenghuo/lvyou/2019/0125/438102. html，最后访问日期：2019 年 10 月 28 日。

## （五）“一带一路”沿线国家和地区文化旅游快速发展

随着“一带一路”倡议的推进，特别是《文化部“一带一路”文化发展行动计划（2016～2020 年）》的深入实施，“一带一路”沿线国家和地区文化旅游迎来了快速发展期。首先，从文化旅游国际政策环境看，根据国家发改委信息，截至 2019 年 4 月 18 日，“一带一路”政策沟通方面，中国已经与 125 个国家和 29 个国际组织签署 173 份合作文件，并推动建立中国－东盟、中国－中东欧、中俄蒙等一系列文化旅游合作机制，利用中意（大利）、中法（国）、中英（国）、中南（非）等人文交流机制，拓展与“一带一路”沿线国家合作空间，先后成立中国驻曼谷、布达佩斯、阿斯塔纳旅游办事处，指导完成巴黎、悉尼中国旅游体验中心建设，先后举办中国－中东欧、中国－东盟、中国－欧盟等 10 余个文化年、旅游年等。[①] 从文化旅游发展经济环境看，货物贸易、服务贸易，特别是文化贸易与投资的开展，为文化旅游的蓬勃发展创造了良好的条件。文化和旅游部数据中心数据显示，“一带一路”沿线国家是旅游增长最快的区域。值得一提的是，2018 年 10 月 25 日，成都、青岛、武汉、宁波等 14 个中国城市与卡塔尔多哈市、摩洛哥马拉喀什市等 9 个阿拉伯国家城市在成都共同发出倡议，弘扬丝路精神，深化“一带一路”倡议，促进文化和旅游融合发展。其次，从文化旅

① 莫莉：《“一带一路”：助力国际旅游合作深化》，《金融时报》2019 年 1 月 25 日。

游便利化条件看，在签证便利化、国际航线增加、自由贸易试验区以及粤港澳大湾区建立等因素推动下，入境外国游客数量也在持续稳步增长，个性化和定制化旅游突显文化旅游的发展潜力和魅力（见表2）。

**表2 “一带一路”国家定制游十大新玩法**

| 国家 | 玩法亮点 |
| --- | --- |
| 肯尼亚 | 马拉大区私家游猎体验,享受非洲草原盛宴 |
| 阿联酋 | 体验从未有过的环酋自驾线路,参观皇室私人岛屿 |
| 坦桑尼亚 | 坦桑尼亚国家公园全天 safari |
| 印度 | 入住独一无二的船屋酒店,石窟寻古世界文化遗产之旅 |
| 以色列 | 听《国家地理》旅游专家解析历史谜题,感受死海漂浮乐趣 |
| 津巴布韦 | 入住百年瀑布酒店,看维多利亚大瀑布 |
| 意大利 | 葡萄酒庄园品鉴意大利最好的葡萄酒,模拟试驾 F1 方程式 |
| 新西兰 | 与毛利贵族交流互动,了解毛利文化 |
| 埃及 | 探秘金字塔群,私家游艇红海巡游 |
| 乌干达 | 山地大猩猩追踪之旅 |

资料来源：《中国旅游研究院发布 2018 年“一带一路”旅游大数据》，环球网，http://bigdata.huanqiu.com/information/2019-04/14792752.html，最后访问日期：2019 年 10 月 28 日。

## 二 中国文化旅游服务贸易存在的问题与不足

2018 年，中国文化旅游服务贸易延续了之前发展的良好态势，无论是政策、供给、需求还是市场均取得了不俗的成绩。然而，在看到进步的同时，需要进一步认识到在加快经济结构优化升级，构建全方位对外开放新格局以及应对外部复杂形势的背景下，中国文化旅游服务贸易还不能很好适应形势要求，发展中依然存在诸多问题和不足。

### （一）文化与旅游的全面深度融合仍然存在不足

虽然近年来中国在旅游经济和文化经济方面取得了长足的进步，成为旅游大国，但不是旅游强国；属于文化资源大国，却不是文化经济强国。依据世界经济论坛《2017 年旅游业竞争力报告》，在 2017 年全球旅游业竞争力排行榜上，中国排名上升两位至第15位。中国的文化资源（第1位）和自然景观（第5位）排名全球领先。[①] 但是与西班牙、法国、德国、美国等旅游强国相比仍有较大差距，在国际吸引力、国际话语权、世界著名旅游品牌、旅游科技含量等方面提升空间很大，旅游供需结构矛盾突出。这些差距和问题成为文化旅游服务贸易发展过程中的重要制约因素，也是亟待努力弥补和破解的方面。

更重要的是，文化和旅游的全面深度融合要实现在要素、产品、服务和企业等各层面的融合，文化和旅游需要彼此借力，使文化旅游新业态真正突显文化内涵和旅游品质，最终形成超越跨界融合的高水平业态规模和结构，从而无论在供给、需求、市场，还是在品牌塑造、价值引领、功能发挥等方面形成遵循文化和旅游发展规律，顺应文化服务贸易和旅游服务贸易发展趋势的具有中国特色和水平的文化旅游服务贸易，这是对中国文化旅游服务贸易提出的更高要求和目标。

### （二）文化旅游服务贸易区域协调尚须进一步加强

与发达国家相比，我国服务贸易总体竞争力弱，行业和区域发展水平参差不齐。就文化服务贸易和旅游服务贸易来看，在资源开发、产业基础、行业促进和区域协调方面同样有巨大发展空间。总体而言，在文化和旅游服务贸易基础上，文化旅游服务贸易的发展与经济发展水平呈现较高相关性。发达地区文化旅游服务贸易较欠发达地区更有基础和条件推动文化旅游创新发展。特别是对于具有丰富而独特文化和旅游资源的民族地区，其文化旅游服务贸易发展潜力大、前景好。然而发展过程中，欠发达地区、民族地区等发展较滞后的地区缺乏更好的辐射、引领和带动，缺乏区域协同发展中的溢出效应、示范效应和带动效应，从而不能使文化旅游资源实现在更广区域范围内的配置，市场存在较严重的壁垒和分割，雷同发展过程中也容易形成不正当竞争等问题，影响文化旅游服务贸易国际化发展水平。

---

① 《2017旅游业竞争力报告：旅游业贡献占全球10% GDP》，《空运商务》2017年第11期。

### （三）文化旅游服务贸易全球价值链亟待加速构建

在中国参与全球产业分工程度不断深化的背景下，如何适应分工深化和产业链、价值链、创新链再造的新形势和新要求已经成为当下中国文化旅游服务贸易需要面对的重大课题。事实上，无论从文化产业还是从旅游产业来看，其所涉及的行业部门众多，产业链条长，带动效应明显。然而，中国文化产业和旅游产业在推进产业链升级，促进全球价值链构建，加速创新链建设等方面依然存在诸多不足，链条上各环节呈现散、弱的特征，由此极大制约着文化旅游服务贸易全球价值链构建，制约着文化旅游新业态以及服务贸易模式创新，制约着文化旅游服务贸易提质增效和国际竞争力的增强，成为中国文化旅游服务贸易面临的发展瓶颈。

### （四）文化旅游服务贸易开放空间亟待拓展

我国文化旅游服务贸易虽然有较为坚实的产业支撑，但是在贸易开放空间方面尚待提高。在构建我国对外开放新格局的背景下，我国文化旅游的国际化发展是必然要求和趋势。目前，国内文化旅游产业发展势头良好，但是在开拓文化旅游服务贸易国际市场，进一步拓展开放空间、提升开放水平方面亟待加强。特别是面对逆全球化和贸易保护主义抬头的情况，需要通过开拓更广阔、更多元的市场，更平衡、更优化的进出口结构，更多样、更有效率的贸易渠道和平台推动文化旅游服务贸易的创新发展，从而避免市场集中单一、平台缺乏、发展潜力受限等诸多问题。

## 三　促进中国文化旅游服务贸易的对策

### （一）积极推动文化和旅游全面深度融合

要推动文化和旅游全面深度融合，不仅要在组织机构上继续理顺关系，加强相关各部门的联动合作，强化保障服务，还要在政策及要素、产品与服务、企业等层面实现全方位融合，从而真正形成独具特色的文化旅游新业态和发展新模式。

第一，在政策层面，系统梳理国内外相关法律法规、意见协定，研究国外在促进文化旅游繁荣发展方面的先进经验，进一步破除贸易壁垒，提升贸易效率。同时，加强文化旅游的“十四五”规划研究，特别是针对制约文化旅游融合发展的分割、壁垒、低效、缺乏动力等瓶颈问题，要下大力气进行政策破解和纾解。

第二，在要素层面，创造要素自由流动环境和机制，促进文化旅游人才、资本、信息的市场化合理配置，推动文化旅游与科技的高度结合和融合，为文化旅游服务贸易全球价值链的构建奠定要素流动和融合的机制基础。

第三，从产品服务和企业层面，推动文化产品与服务以及旅游产品与服务供求互动对接，培育文化旅游知名品牌，促进不同规模、性质和形式文旅企业的发展，强化战略引导和支持，在推进中华文化“走出去”的过程中增强文旅企业国际化的内生动力。

### （二）大力促进文化旅游服务贸易区域协同发展

要深入贯彻创新、协调、绿色、开放、共享的发展理念，加快促进中国文化旅游服务贸易区域发展的协同性，以使文化旅游服务贸易发展有更大空间和动力。

第一，要与区域发展规划紧密衔接，做好相关产业、贸易的顶层战略规划设计，破解因区划分割以及壁垒造成的要素流动障碍、信息不对称以及效率低下的问题，强化区域协调合作，形成政策合力和强有力的部门协作、信息共享等条件。

第二，利用好国家重大战略，“一带一路”倡议、京津冀协同、城市圈崛起、自由贸易试验区建设、创新试点等机遇，加强文化旅游服务贸易区域创新，增强其示范和带动作用。

第三，发展好重点区域，特别是资源条件和基础较好的民族地区，利用好国内、国外两个市场，破解文化旅游服务贸易区域发展不平衡问题，在开放经济条件下进一步增强更大范围文化旅游服务贸易区域协同，创新合作模式，持续扩大贸易效应。

### （三）主动提升文化旅游服务贸易全球价值链水平

为了顺应文化经济全球化以及全球文化分工深化的趋势和形势，系统全面提升中国文化旅游服务贸易国际竞争力和水平，必须从全球价值链的视角和高度审视当下中国文化旅游服务贸易存在的问题以及未来发展的方向。

第一，要完善并夯实文化产业和旅游产业链、价值链，进一步增强不同行业融合发展的关联性，提升文化旅游服务贸易价值链的整体水平，为价值创造、模式创新以及社会效益和经济效益的双效统一创造条件。

第二，依托货物贸易和服务贸易，强化文化旅游服务贸易价值链与相关货物贸易和服务贸易价值链的交融，增强文化旅游服务贸易繁荣发展的新动能。

第三，扶持薄弱环节，加强国际合作，在更广阔市场空间布局中国文化旅游服务贸易的全球价值链，形成更加开放、支持共享的，具有中国特色的文化旅游服务贸易开放新格局。

### （四）不断拓展文化旅游服务贸易市场开放空间

文化旅游服务贸易市场开放空间的拓展要在建设社会主义文化强国和旅游强国的战略引领下，紧紧服务国家重大战略，进一步实施市场多元化战略，持续增强拓展国际市场和应对外部风险的能力，形成与提升国家文化软实力相一致的策略路径。同时紧密跟踪“互联网+”、大数据战略，推动文化旅游服务贸易线下、线上市场的结合，突破时空限制，不断提升贸易效率和便利化水平，有效解决文化旅游服务贸易市场开拓中的壁垒问题。

## 参考文献

李江敏、李志飞主编《文化旅游开发》，科学出版社，2000。

李振中:《推动消费与文化融合发展》,《消费日报》2019 年 5 月 6 日。

董小麟、庞小霞:《我国旅游服务贸易竞争力的国际比较》,《国际贸易问题》2007 年第 2 期。

马勇、王宏坤:《基于全产业链的我国文化旅游发展模式研究》,《世界地理研究》2011 年第 4 期。

尹贻梅:《创意旅游:文化旅游的可持续发展之路》,《旅游学刊》2014 年第 3 期。

张振鹏:《启动文化消费的长效促进机制》,《中国文化报》2019 年 5 月 11 日。

# B.8 中国艺术品贸易年度发展报告

程相宾　江 南*

**摘　要：** 在世界经济不确定性加大、国内经济结构调整的背景下，2018 年我国艺术品市场成交量和进出口贸易交易额都有不同程度的下降。通过分析本年度艺术品市场交易数据，进出口的商品结构和流向国家，得出艺术品市场具有“互联网 + 艺术品”商业模式蓬勃发展、画廊市场发展困境凸显、艺术品价格趋于平稳、市场监管不断完善的特点。结合艺术品市场自身发展特点，本文提出诸如完善艺术品行业监管，促进艺术品金融发展，调整增值税率及依托自贸区促进艺术品贸易的建议，旨在进一步优化我国艺术品对外贸易结构，构建良性的市场环境，提高我国艺术品的国际竞争力。

**关键词：** 艺术品贸易　艺术品市场　文化贸易

## 一　经济环境与宏观政策

2018 年，我国经济迈入高质量增长阶段，在防范金融风险与去杠杆的经济背景下，国家先后出台各项监管政策，进一步加强对文化产业尤其是对

* 程相宾，博士，北京第二外国语学院经济学院讲师，首都对外文化贸易研究基地研究员，研究领域为国际文化贸易等；江南，北京第二外国语学院经济学院国际贸易系本科生。

金融衍生品与艺术品的管理，保证艺术品产业协调有序发展。2018 年 5 月，《国务院关税税则委员会关于降低日用消费品进口关税的公告》（税委会公告〔2018〕4 号）出台，艺术品进口关税进一步下调。自 2012 年艺术品进口关税由 12% 降至 6% 以来，我国艺术品关税先后进行了三次大幅度下调。其中，对艺术品、收藏品及古物按最惠国税率一半以上降税，油画、粉画及其他手绘画原件，雕版画、印制画、石印画的原本，各种材料制的雕塑品原件三类税率降至 1%。而唐卡由 12% 下调至 6%，手绘油画、粉画及其他画的复制品，拼贴画及类似装饰板两类由 14% 下调至 6%，达到业界可承受水平。虽然关税下调一定程度上刺激了本国文物回流与外国名品进入，但高居不下的 17% 艺术品进口增值税率仍然是艺术品进口的重大阻碍，通过保税区降低交易成本仍是艺术品贸易的主要手段。[①]

在"五位一体"总体布局和"四个全面"战略布局的大背景下，国家进一步加大文化产业扶持力度，相继出台《关于实施中华优秀传统文化传承发展工程的意见》《国家文物事业发展"十三五"规划》等多项文件，进一步加强文物保护建设，推进文化资源合理利用，促进文化产业平稳高速发展。2018 年 7 月，中共中央办公厅、国务院办公厅印发《关于实施革命文物保护利用工程（2018 ~2022 年）的意见》，促进革命文物的利用与传播工程的建设。[②] 同年 10 月，中共中央办公厅、国务院办公厅印发的《关于加强文物保护利用改革的若干意见》指出，为促进文化资源利用、加强文化国际传播，要大力推进文化资源合理利用，建立文物资源资产管理机制，开展文物督查，建立文物安全长效机制。多项政策出台将进一步促进建立文物流通领域登记交易制度、全国文物购销拍卖信息与信用管理系统，促进文物艺术品市场活跃发展。

---

① 《国务院关税税则委员会关于降低日用消费品进口关税的公告》，中华人民共和国财政部网站，http：//gss. mof. gov. cn/zhengwuxinxi/zhengcefabu/201805/t20180531_ 2914284. html，最后访问日期：2019 年 10 月 28 日。

② 《关于加强文物保护利用改革的若干意见》，中华人民共和国中央人民政府网站，http：//www. gov. cn/zhengce/2018 -10/08/content_ 5328558. htm，最后访问日期：2019 年 10 月 28 日。

2018 年 8 月，银保监会联合中央网信办、公安部、人民银行及市场监管总局发布《关于防范以“虚拟货币”“区块链”名义进行非法集资的风险提示》，文件指出了加强对区块链等新兴互联网技术的监管。在艺术品市场与区块链技术契合发展的形势下，加强政府监管将一定程度上解决因高科技与金融蓬勃发展而出现的艺术品市场乱象，切实推动艺术品市场健康发展。[①] 2018 年 11 月，国务院印发《关于支持自由贸易试验区深化改革创新若干措施的通知》，强调要加大改革授权力度，继续下放相关权限、支持自贸试验区改革，进一步发挥自贸区试验田作用；同时，继续给予自贸区相关政策扶持，促进新产业、新模式发展。自贸区蓬勃发展将为文化产品进出口提供优势平台，促进艺术品产业国际交流。[②] 同年 12 月，中央宣传部会同中央网信办、发展改革委等部门和单位拟定的《文化体制改革中经营性文化事业单位转制为企业的规定》和《进一步支持文化企业发展的规定》经国务院批准正式发布，[③] 文件强调要进一步深化文化体制改革，加快国有经营性企业文化事业单位转企改革；加强文化出口基地建设，鼓励和引导社会资本以多种形式投资文化产业，鼓励国有文化产业投资基金对重点文化企业进行股权投资，进一步促进文化企业发展。

## 二　产业概况

根据巴塞尔艺博会与瑞银集团合作撰写的《2018 全球艺术市场报告》，2017 年全球艺术品市场总交易额达到 637.39 亿美元，同比增长

---

① 《关于防范以“虚拟货币”“区块链”名义进行非法集资的风险提示》，中共中央网络安全和信息化委员会办公室、中华人民共和国国家互联网信息办公室网站，http://www.cac.gov.cn/2018-08/24/c_1123317731.htm，最后访问日期：2019 年 10 月 28 日。

② 《国务院关于支持自由贸易试验区深化改革创新若干措施的通知》，中央人民政府网站，http://www.gov.cn/zhengce/content/2018-11/23/content_5342665.htm，最后访问日期：2019 年 10 月 28 日。

③ 《国务院办公厅关于印发文化体制改革中经营性文化事业单位转制为企业和进一步支持文化企业发展两个规定的通知》，中央人民政府网站，http://www.gov.cn/zhengce/content/2018-12/25/content_5352010.htm，最后访问日期：2019 年 10 月 28 日。

11.9%，总交易量达到390万件，同比增长8.02%，实现了自2013至2015年全球艺术品市场萧条时期后的大幅度增长。雅昌艺术市场监测中心（AMMA）公布的《中国艺术品拍卖市场调查报告》显示，2017年全球艺术品拍卖总额达到155亿美元，增长4%，其中中国市场拍卖总额达45亿美元，占世界拍卖总额的29%，成为继美国之后的世界第二大艺术品拍卖交易大国。

### （一）一级市场

2017年全球一级艺术品市场交易总额达337亿美元，同比增长4%，交易方以高端经纪商为主。年营业额50万美元以上经纪商交易额占总交易额的66%，其中年营业额100万美元至1000万美元的经纪商贡献了40%的交易额，一级市场为大经纪商所控制趋势明显。2017年，超过25万美元交易以占总交易量7%的低占比创造了一级市场48%的营业额，高端市场趋势明显。

画廊方面，全球停业画廊数量自2009年达到峰值后，近年来停业画廊数量持续减少，新开张画廊数量近十年来保持持续下降态势，至2017年停业画廊数量首次超过新设画廊数量，全球画廊数量出现负增长。截至2017年底，中国画廊总量达到4399家，同比下降4.7%，是自2014年中国画廊数量达到峰值后第三次下滑。画廊地区分布不均，全国半数画廊集中于北京、上海，东部沿海地区画廊相对发达（见图1）。相较上年，上海地区画廊发展迅速，已与北京成并肩态势。展销方面，2017年全国画廊共办展545次，同比下降44.4%，出现自2013年办展数量持续下降以来的最大下降幅度。经营品类方面，当代作品为画廊主要经营种类，当代油画、当代书法占总艺术品的半数以上，雕塑、摄影其次，传统油画、书画再次。

同时，2018年北京艺博会市场发展繁荣，在中国文化“走出去”的政策引领下，全国几大艺术博览会在规模和内容上都有所创新，这不仅有效促进国内外艺术品文化交流，也进一步彰显中国优秀传统及当代文化现状。此

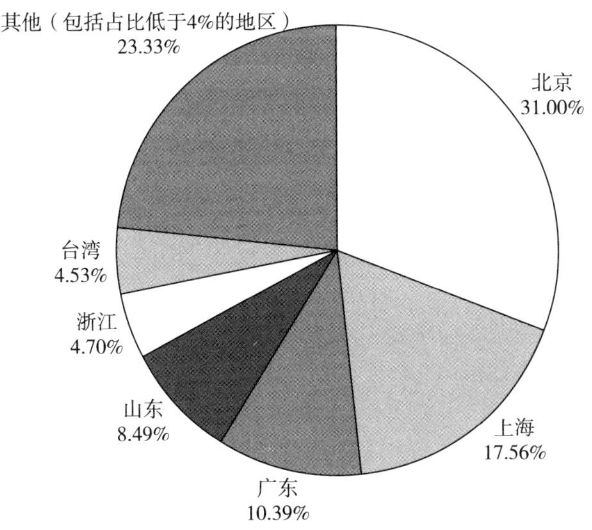


**图 1　2017 年中国画廊数量地区分布占比**

资料来源：雅昌艺术市场监测中心。

外，艺博会与画廊市场相互促进趋势也在逐渐加强，越来越多的大型画廊加入北京的艺术博览会。2018 年，除上海艺术博览会和广州国际艺术博览会两大博览会外，“画廊周北京”“艺术北京”“艺术深圳”“艺术厦门”“Art Chengdu 国际当代艺术博览会”等多个大型博览会也十分引人关注，艺术博览会在中国艺术品交易市场上发展壮大、影响力进一步扩大，成为艺术品一级市场的有力支撑。

## （二）二级市场

2018 年，全球艺术品拍卖市场继续繁荣，拍卖成交额达 155 亿美元，同比增长 4%。全球范围内艺术品二级市场增幅主要由西方国家拉动，美国市场成交量达到全球总量的 38.1%，同比增长 18%，意大利、英国二级市场交易量增幅均超过 10%。2018 年，由于金融风险频发、贸易增速放缓，加上中美贸易战对中国经济的不良影响，艺术品拍卖市场全年整体走低，投资不确定性加大。全年中国二级市场总交易额达到44.85亿美元，同比下降12.11%，总交易艺术品81020件，同比下降9.37%，其中春拍交易额同比上升4.5%，秋拍交易额同比下降16.3%，市场整体下行发展趋势明显。时间方面，中国艺术品拍卖市场在经历了2005年至2011年的高速增长之后，成交额进入一个回落调整期，2012~2018年成交额基本保持稳定，没有出现较大幅度的波动（见图2）。

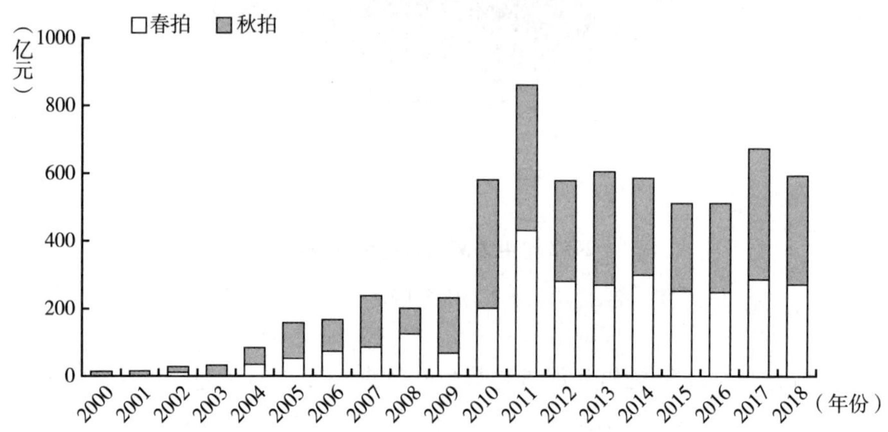


**图2　2000~2018年中国艺术品拍卖市场成交额发展趋势**

资料来源：《中国艺术品拍卖市场调查报告》。

艺术品拍卖的区域市场分布集中，北京、香港仍为艺术品二级市场交易主要发生地（见图3），两地市场加总占总交易量78.2%，但与上年相比，北京、香港市场所占市场份额下降约10%，影响力减弱。与之相对，上海、广东、浙江三地市场份额增加，其中长三角市场份额增长迅速，同比增长约2%，珠三角市场同比增长约1%。其他地区市场份额也出现大幅增长，台湾、福建、江苏地区市场份额均增长至2%（见图4）。

价格区间方面，2018年艺术品市场受宏观经济环境影响剧烈，投资者信心下降，艺术品投资市场波动加剧。全年二级市场中高端市场缩水，价格

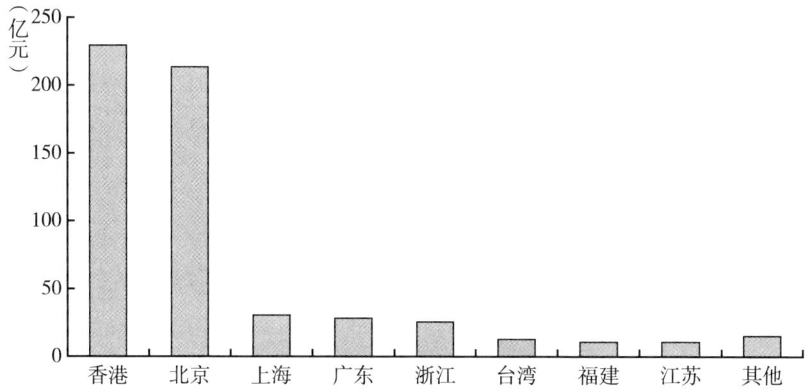


**图3　2018年拍卖市场各地区拍卖成交额**

资料来源：雅昌艺术市场监测中心。

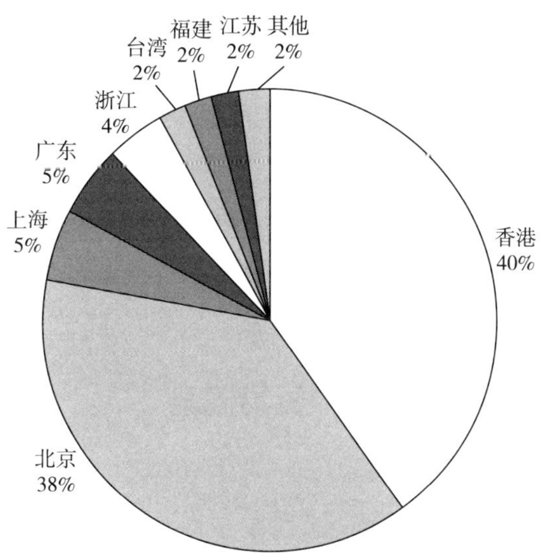


**图4　2018年拍卖市场各地区市场份额**

资料来源：雅昌艺术市场监测中心。

整体下行趋势明显，1000美元至2万美元价格区间成交艺术品数量占总量56%，高端亿元艺术品收藏势头放缓（见图5）。2018年春拍亿元以上高端艺术市场成交量同比增长18.2%，而成交额同比下降16.98%，中高端艺术品市场实现成交额与成交量双增长；2018 年秋拍中高端市场及高端亿元市场成交量及成交额均出现大幅度下跌。

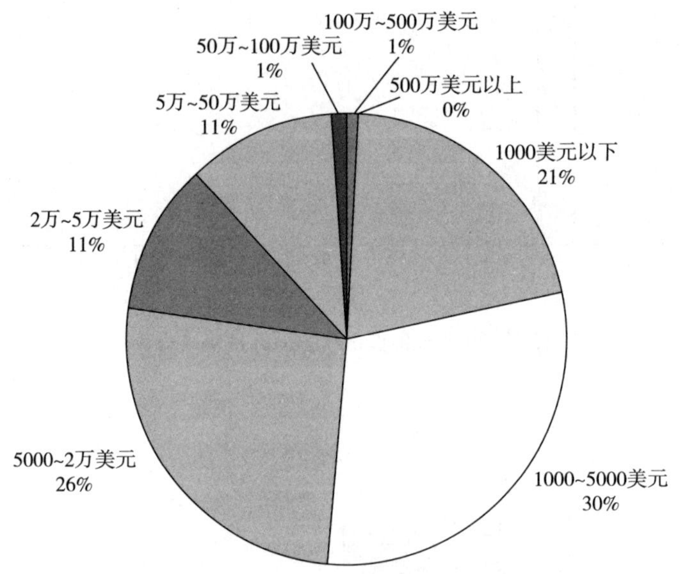


**图 5　2018 年中国拍卖市场各价格区间所占市场份额**

资料来源：《中国艺术品拍卖市场调查报告》。

## 三　贸易概况

由于中美贸易战及中国金融市场的震荡，2017 年我国艺术品进出口贸易发展持续走低，进出口总额出现大幅度下滑。为便于分析，现采用《商品名称及编码协调制度》（*Harmonized Commodity Description and Coding System*）对各类艺术品进行分类。

《商品名称及编码协调制度》将国际贸易涉及的各种商品按照生产部类、自然属性和功能用途等分为 21 类。第 97 章统计框架较全面涵盖了国际贸易所涉及的艺术品类别，目前已被世界上近 200 个国家（地区）采用。其中，艺术品主要集中在第 97 章（见表 1），其他文化商品分散在其他品类。采用《商品名称及编码协调制度》中的艺术品统计标准，虽然存在一定范围上的统计遗漏，但是由于其定义的统一性，此统计标准已被广泛采纳和使用。

**表 1 《商品名称及编码协调制度》中艺术品类别**

| 章目 | 编号 | 商品名称 |
| --- | --- | --- |
| 第 97 章 艺术品、收藏品及古物 | 9701 | 油画、粉画及其他手绘画，但带有手工绘制及手工描饰的制品或品目 4906 的图纸除外；拼贴画及类似装饰板 |
| | 9702 | 雕版画、印制画、石印画的原本 |
| | 9703 | 各种材料制的雕塑品原件 |
| 第 97 章 艺术品、收藏品及古物 | 9704 | 使用过或未使用过的邮票、印花税票、邮戳印记、首日封、邮政信笺（印有邮票的纸品）及类似品，但品目 4907 的货品除外 |
| | 9705 | 具有动物学、植物学、矿物学、解剖学、历史学、考古学、古生物学、人种学或钱币学意义的收藏品及珍藏品 |
| | 9706 | 超过 100 年的古物 |

资料来源：海关信息网。

据中国海关统计，我国艺术品贸易区域布局集中，贸易额和贸易量主要集中在北京、广东、上海等地。在对艺术品进出口贸易额和贸易量的比较中，不难发现，《商品名称及编码协调制度》所划分的“第 97 章　艺术品、收藏品及古物”中，贸易额和贸易量的实现主要集中在编号 9701“油画、粉画及其他手绘画”类别中。

## （一）进口概况

2017 年我国艺术品进口总额 0.77 亿美元，同比下降 43.8%，下降幅度较 2016 年减缓，第一次出现自 2013 年艺术品市场大繁荣以来进口总额低于 1 亿美元的情况，进一步反映出我国艺术品市场降温，艺术品投资下降。相比美国、英国等发达国家，我国艺术品进口需要缴纳进口关税、进口增值税两项税款，其中增值税率高达 17%。较高的关税不仅阻碍了国际优秀艺术品进入国内市场，也导致了逃税漏税等违法现象的滋生，增加了规范市场的难度。2018 年，国家宣布再次下调关税，这不仅意味着中国将适当放松艺术品流通管制，还有利于进一步刺激、鼓励艺术品及相关领域的国际化合作，提高我国艺术品的国际竞争力，帮助我国艺术品国际贸易走出低谷。此外，艺术品关税的降低也意味着竞争的到来，关税降低将使优秀的国外经营机构进入中国市场的门槛降低，加剧国内市场竞争，同时也将促进国内市场提升本土相关经营单位竞争力，提升艺术品市场质量，促进艺术品市场产业优化。

进口类别方面，2017 年各类别艺术品进口额相对平均，其中唐卡、油画及粉画进口额依旧是艺术品进口的主要类别（见图 6）。与 2016 年相比，唐卡、油画类别进口同比下降 24.5%，雕塑、雕版画及邮票三大类艺术品的进口份额波动较小，濒危动物收藏品类进口份额上涨 14.7 个百分点，唐卡、油画类别一家独大现象削弱，进口多元化趋势显著。进口来源国家和地区方面，发达国家和地区依旧是我国艺术品进口主要来源地（见图 7）。对比前后两年进口情况，进口总额有不同程度的降低，进口来源国家则相对稳定。

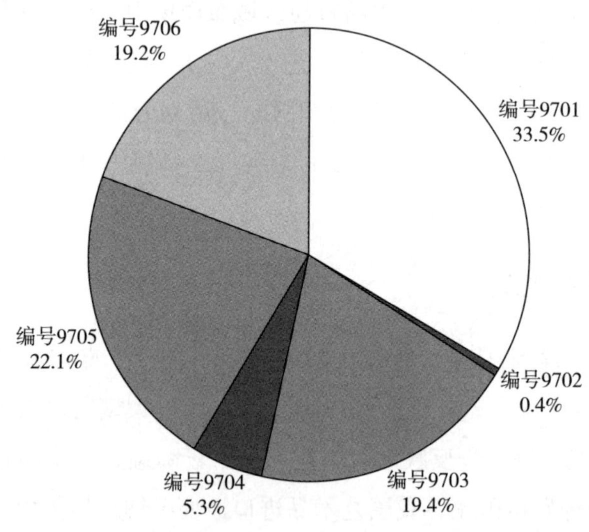


**图 6　2017 年各类别艺术品进口情况**

资料来源：联合国商品贸易数据库。

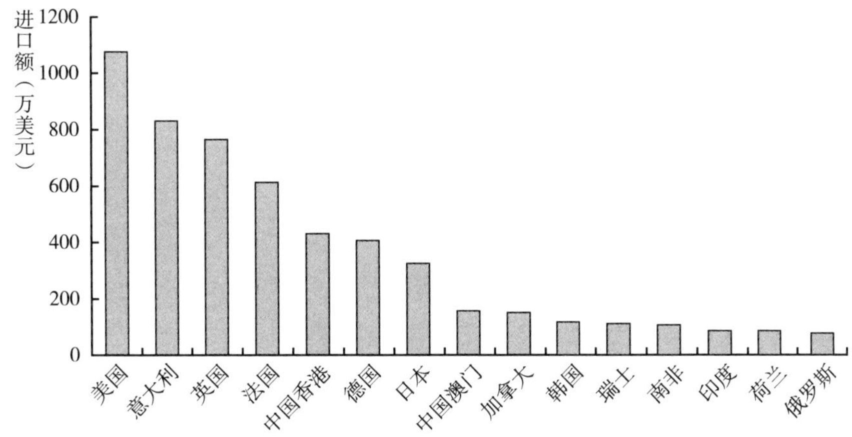


**图 7　2017 年艺术品进口来源国家和地区**

资料来源：联合国商品贸易数据库。

## （二）出口概况

2017 年，我国艺术品出口总额约 1.28 亿美元，同比下降 6.6%，出现出口总额连续第四年下降，下降幅度较上年进一步减小。出口类别方面，2017 年唐卡、油画类别依旧领跑艺术品出口（见图 8），所占市场比例同比增加近 10 个百分点，雕塑、古物类别出口均出现大幅下滑，出口市场结构较为单一。与 2016 年相比，艺术品出口类别集中化程度进一步加深。

出口流向方面，艺术品出口仍主要流向发达国家和地区，其中美国始终为中国艺术品出口最多目的地国家（见图 9）。与 2016 年相比，加拿大、荷兰、德国的艺术品出口比例增加，法国、瑞士的出口比例降低，香港虽然依旧稳居出口流向地第二位，但香港与内地之间的艺术品贸易大幅度减少，同比下降 62.5%。

## （三）艺术品国际交流情况

在建设“文化强国”、促进中国文化“走出去”的背景下，我国越来越多艺术品登上世界舞台，为弘扬中华优秀传统文化、增强中国文化影响力做出贡献。2018 年 5 月，第十六届威尼斯建筑双年展中国城市馆“穿越中

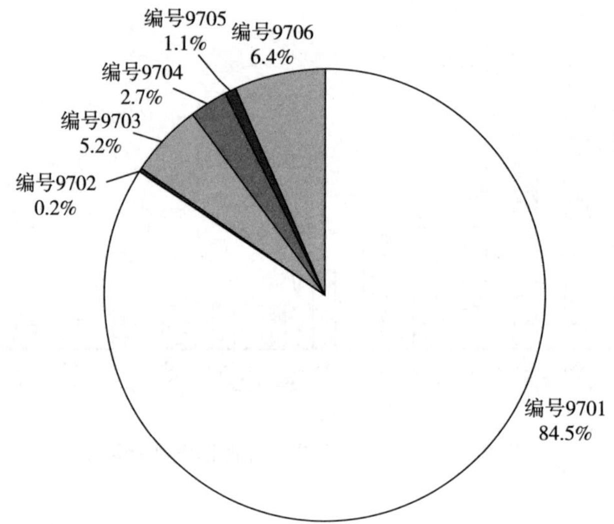


**图8　2017 年各类别艺术品出口所占市场份额**

资料来源：联合国商品贸易数据库。

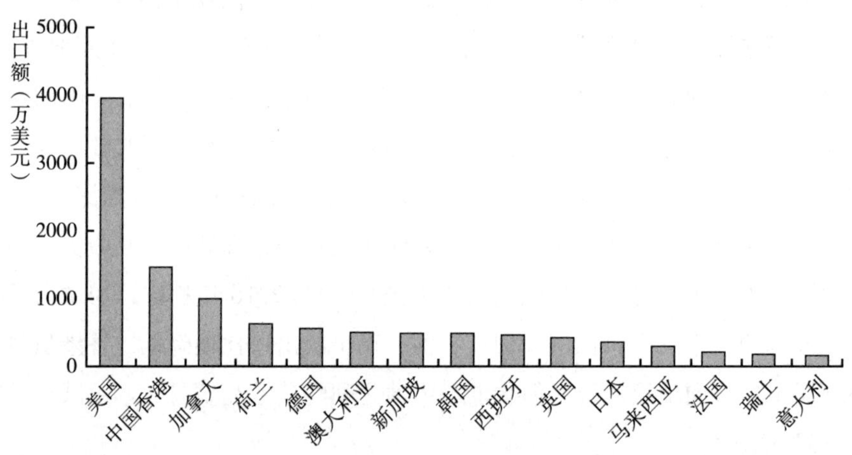


**图9　2017 年艺术品出口流向国家和地区**

资料来源：联合国商品贸易数据库。

国——构建共同体”开幕。展览由北京国际设计周、苏州市人民政府主办，在“自由的空间”主题下，本届双年展旨在通过探讨世界与中国、城市与农村、技术与就业、传统与当代之间的关联，展现当代中国艺术家对生产制造以及对当今城市生活状态的思考。

2018 年 5 月，“阿富汗国家宝藏”于郑州开展，231 件（套）珍贵文物与中国观众见面。自 2006 年以来，“阿富汗国家宝藏”先后在法国、意大利、美国巡展，于中国已在北京、敦煌、成都完成展出，展出文物包括金器、玻璃器、象牙雕塑等各类珍品，表现出古代阿富汗的早期历史进程，是古代丝绸之路及现代世界文明繁盛的见证。展览于丝绸之路起点展出，契合文物价值及内涵，为我国“一带一路”倡议的文化互联互通提供良好平台。

2018 年 6 月，澳大利亚国家博物馆“阿纳姆地树皮画”海外首展在中国国家博物馆开幕。来自澳大利亚的 46 位原住民艺术家携 154 件艺术品首次走出国门，与中国古老传统文化交流碰撞。展出作品通过几何和比喻性的图像，反映出澳大利亚的远古生活，表达了澳洲原住民对自我认知和现代生活的思考，为中澳两国人民进一步开展深层次文化交流提供更加广阔的平台。

2018 年 10 月，国家美术馆举办由索菲亚中国文化中心和保加利亚国家美术馆共同主办的“历史与现实：中国当代艺术展”。展览作为“一带一路（中东欧）中国美术巡展项目”的首站，植根于中国悠久传统，通过 13 位艺术家的代表作向保加利亚观众展现了中国博大精深的历史，弘扬了当代中国艺术精神，加深了两国人民的精神交流。

## 四　发展特点

### （一）“互联网 +”背景下艺术金融模式正逐渐形成

近年来，中国艺术品升值速度快、青年艺术家崛起多，艺术品已经逐渐成为除金融、房地产领域外另一大热门投资方向，进入“艺术品—艺术资产—艺术金融”的发展过程。2018 年，资产证券化市场全年发行规模突破 2 万亿元，年末存量突破 3 万亿元，随着《关于规范金融机构资产管理业务的指导意见》《关于进一步做好信贷工作提升服务实体经济质效的通知》等多项规定的出台，资产证券化市场逐步成为重要金融市场。在此背景下，艺术品资产证券化等艺术品金融逐渐被大众认可，艺术品金融市场关注度提升。2018 年，上海举办的“2018 亚洲艺术品金融论坛（第三届）暨艺术品金融的商业模式与创新高峰论坛”，讨论了两会后文化产业的进一步发展将促进艺术品抵押、艺术品资产证券化市场的完善和发展。

此外，在大数据、人工智能等高科技快速发展的背景下，艺术品的商业模式也出现较大改变，以区块链为首的互联网技术将进一步促进艺术品的交易与流通、改变艺术品销售方式，进一步推动艺术品市场的创新发展。例如，通过对移动终端、自由交易的大数据整理形成全新的评估定价机制，促进交易过程透明化；随艺术电商平台交易的发展，艺术品版权意识增强，个人进入艺术品投资市场的门槛降低，这推动了艺术品规范化、多元化发展。

### （二）一级市场发展困境凸显

当前画廊和艺术博览会市场规模小、专业化水平低，在拍卖市场和私下交易的挤压下，发展困境凸显。一方面，画廊行业存在低水平同质化现象，多数画廊无法承担“经纪人”角色，没有承担发掘画家、培养画家的职责，也没有很好承担买卖双方间中间商的职能。虽然画廊市场向规范化发展明显，但国内画廊仍欠缺管理经验，无法与艺术家保持稳定长期签约关系，多个画廊同时与一个艺术家合作或者艺术家与画廊合作时间短等问题依旧显著。另一方面，收藏家和消费者对画廊的信任度低是画廊市场的另一大问题。消费者倾向私下交易或者拍卖交易将导致画廊市场进一步萎缩，信任体系的建立是画廊市场进一步向好发展的另一重要决定因素。此外，人才缺乏、发展能力弱也是当前画廊市场发展的另一大问题。根据雅昌艺术市场监测中心数据，72% 的画廊在职人员仅有 4 至 10 人，画廊规模较小，72. 8% 的画廊存续时间在 10 年以内，市场整体留存度低。画廊市场发展对一级市场发展有重要影响，例如艺博会需要以画廊为单位参展。画廊市场是一级市场的基石，画廊发展停滞不前将阻碍艺博会市场发展，从而导致一级市场的整体低迷。

### （三）艺术品价格和贸易额的持续下降

近年来，艺术品价格趋于平稳，价格增速较缓且亿元以上高价艺术品成交额下降，艺术品投资者回归理性趋势显著。根据雅昌艺术市场监测中心发布的数据，2018 年春拍亿元以上高端艺术品拍卖额下降近 20%，2018 年秋拍中高端及高端艺术品成交额均出现大幅度下滑。一方面，由于国内资金流动性的降低，艺术品价格在宏观经济形势影响下回归理性；另一方面，前几年艺术品市场尤其是拍卖市场的疯狂开发以及出于投资需要而对艺术品的疯狂追求，导致艺术品价格失真，在如今缩量增质、重建艺术品市场交易秩序的大背景下，投资者信心降低、交易减少，这使得艺术品价格不断下降。根据联合国商品贸易数据库发布的数据，2017 年我国的艺术品进出口总额大幅度下跌到 2.05 亿美元，进出口总额仅占艺术品二级市场交易额的 4.5%，较 2016 年的 7.3% 进一步下降。国际贸易在艺术品市场交易中占比较小，对外贸易依存度较小，艺术品市场仍以国内市场为主。这一方面反映出我国艺术品市场开放程度较低，与美国艺术品市场进出口总额 211 亿美元、英国艺术品市场进出口总额 109.6 亿美元存在较大差距，另一方面也反映出要实现中国成为世界艺术品贸易中心、世界文化贸易中心还有很长的路要走。

### （四）艺术品市场仍须完善监管

虽然艺术品市场经过几十年的发展，从单一的市场体系发展为画廊体系、艺博会体系、拍卖体系、平台化交易体系以及艺术教育体系的多元化艺术品市场体系，但由经济发展和需求推动建立的各体系缺少统一规范的整体监管。在艺术品金融市场向好的趋势中，发展初期的“互联网 +”艺术品金融仍然乱象丛生，艺术品金融监管需求迫切。例如，2018 年，“玺喜网”艺术品 P2P 平台创始人逃跑被上海市公安局立案，引起艺术界和艺术品信贷行业的普遍关注。数百 P2P 平台相继暴雷以及网贷风险的增加让本就质量堪忧的艺术品市场投资风险进一步加大。在全社会“去杠杆”和“防范系统性金融风险”的政策引导下，如何有效控制艺术品投资风险、引导艺术品金融化平稳健康发展成为艺术品行业新模式、新业态崛起的重中之重。国家层面，文化和旅游部、商务部、中国文学艺术界联合会等多部门先后出台了管理办法，但具体法规仍然难以出台。权威部门统筹监管缺失导致艺术品市场管理难度加大，市场乱象无法得到根治。此外，随新技术和经济社会进一步发展，艺术品市场管理也迎来新的挑战。一方面，随电子支付发展的艺术品网上交易对传统艺术品交易造成巨大冲击，虚拟化交易平台让艺术品交易复杂化、信用化，保证艺术品信息公开、艺术品交易透明尤其重要，艺术品交易征信体系管理需求迫切。另一方面，随着艺术珍品价格节节攀升，消费者更加倾向收藏名家画作，因此，建立有效的艺术品鉴定机制，避免虚假交易，切实保证消费者合法权益，是近年来中国艺术品市场监管的重中之重。在艺术品市场业态发展迅速、日新月异的背景下，建立统一高效的艺术品监管权威体系是正确应对新老问题的关键。

## 五　对策建议

### （一）完善艺术品市场，引导艺术品金融健康平稳发展

由于艺术品投资存在流通难、变现难的困境，艺术品金融化将有利于盘活艺术品市场，促进艺术品流转和资金流通。艺术品金融化的主要形式为艺术品产权交易证券化及艺术品基金私募化、艺术品按揭与抵押、艺术品租赁等。由于中国艺术品市场存在一、二级市场价格倒置、区分不明的问题，艺术品市场缺乏有效的定价机制，艺术品定价偏差大将大大增加投资人的投资风险、降低投资人信心。为引导艺术品金融健康发展，需要大力发展一级市场的定价作用，建立相应机制引导艺术品正确定价，减轻一、二级市场定价倒置问题；另一方面，加强艺术品金融监管，将艺术品金融置于金融监管框架内。2014 年，中国证监会颁布了《私募投资基金监督管理暂行办法》，将艺术品私募基金纳入监管范围内。2018 年，中国人民银行、中国证监会、中国银监会、国家外汇局联合发布《关于规范金融机构资产管理业务

的指导意见》，进一步管控金融风险。艺术品行业要真正实现良性健康发展不仅需要监管，还需要艺术品金融机构：第一，吃透中央文件，从社会责任角度出发严格金融化创新底线；第二，具备前瞻意识，完善行业自律机制，主动自我约束；第三，强化信息披露，建立透明公平的艺术品金融交易平台。

### （二）完善画廊市场体制，有效促进画廊产业发展

国内的画廊代理制度发展历史比较短。现代画廊在中国的历史才二十多年，还正处于被规范的过程中。有效引导画廊市场健康平稳发展，要从内外两方面着手。一方面要关注画廊市场外部环境，构建良好有序的画廊运行发展机制。第一，完善人才培养机制，让更多专业艺术人才进入一级市场，提升画廊市场专业度水平。第二，加强对画廊的政策支持，提高画廊的留存度和留存年限，相应控制拍卖业对画廊业的越界交易挤压。另一方面，要更积极地引导画廊自我认知与定位，促成画廊作为可信桥梁为艺术家和收藏家提供交易平台。当前，中国画廊市场分化严重，经营相对成熟的大规模画廊已有向国外扩展趋势，而近年新组建的小画廊和非营利艺术空间则同质化严重。在艺术品市场的调整关键期，更应理性引导大画廊向“超级画廊”发展，通过打造爆款“IP”、扩大经营规模的方式增强自身抗压力，提高国际影响力。对于新兴画廊，应加快引导其承担“经纪商”和“中间人”责任，减少市场造假、投机行为。在整体经济环境走低的形势下，完善画廊市场体制不仅是解决画廊市场现行问题的重要途径，更是促进画廊业健康平稳发展的基石。

### （三）调整艺术品增值税率，促进艺术品市场互联互通

2018 年，中央进一步下调艺术品进口关税，部分艺术品几乎实现了零关税进口。毫无疑问，艺术品关税下调将提高中国艺术品市场活跃度，促进中外艺术品交流。然而，总体来看，艺术品关税税率的下调影响有限，艺术品进口税率高昂主要源于艺术品 17% 的增值税率，所以近年来居高不下的增值税率才是影响艺术品进口的重要税收因素。由于艺术品具有典型的异质

性，同质化、标准化的税种很难适用于不同的艺术品，因此同质化税收存在一定不合理性。此外，高额的增值税将阻碍海外文物回流、导致内地艺术品交易及市场转移，进而削弱内地城市艺术品交易职能，不利于促进就业和促进我国文化产业发展。对比其他国家，韩国、新西兰、美国等国家已实现艺术品零关税，英国在实现零关税的基础上加征 5% 的进口增值税，日本在零关税之外加征 5% 的营业税，中国 17% 的增值税率是艺术品进口的大门槛。为进一步发展文化产业、促进中国艺术品市场与世界市场互联互通，艺术品增值税率改革刻不容缓。

## （四）充分发挥文化保税区功能，促进艺术品高效便捷出口

在全球艺术品市场受到经济下滑的严重影响下，各国都在寻求刺激艺术品贸易的新方法。文化保税区又称“文化港口”，是集保税港区、保税加工区、保税物流区、保税出口区等为一体，基本涵盖文化加工、贸易、物流、展览展示等业务，[①] 对区内文化产品免证、免税、保税的综合性保税园区，是我国文化“走出去”战略的新亮点。[②] 文化贸易保税区可实现区内艺术品税收减免、艺术企业聚集、艺术产品服务组合包装，进而抵消我国艺术品产业出口动力不足、出口体量不够的缺陷，提高我国艺术品竞争力。除此之外，保税区对艺术品出口最大的促进作用在于为其打通进出边界的通道，降低国内艺术品赴海外销售和参展的成本，实现艺术品国内外高效流通。对于一般艺术品来说，其出国参加展览有两条途径：第一，不缴纳押金，但艺术品出国参展后，不能回流；第二，缴纳一笔押金，临时出口，但参展艺术品不得销售。在保税区内，艺术品可享受保税临时出区展示、海外参展期间就地销售等优惠政策，极大程度地减免艺术品出口手续，方便艺术品的流通。我国文化保税区由于设立时间较短，各方面仍不成熟，依旧存在地区分布东多西少、发展速度不协调、不同保税区间功能定位相似的问题。因此，借助

---

① 刘吉发、马孝勇：《中国文化保税区的发展路径》，《长安大学学报》（社会科学版）2014 年第 2 期。

② 王海文：《国际文化贸易繁荣背景下的我国文化保税研究》，中国商务出版社，2015。

促进我国艺术品出口的契机，一方面进一步在中西部等文化资源密集地区设立文化保税区，促进当地艺术品出口以及中、东、西部地区协同发展；另一方面可有针对地对不同文化保税区进行定位，在某些保税区内大力发展艺术品贸易，促使各保税区摆脱“雷同”的标签，进而实现全国保税区统筹发展，为艺术品出口提供快捷、低成本的交易环境。

## 参考文献

范玉刚：《以文化贸易竞争力的提升引导文化产业提质增效发展》，《学习与探索》2018 第 2 期。

马健：《中国艺术品国际贸易的历史与现状》，《理论界》2009 年第 4 期。

王长松、杨喬：《中国艺术品进出口贸易分析》，《湖南社会科学》2014 年第 3 期。

王海文：《国际文化贸易繁荣背景下的我国文化保税研究》，中国商务出版社，2015。

# 专　题　篇

**Special Topics**

# B.9
# 新时期我国版权贸易发展的现状与对策研究

杨　修*

**摘　要：**　近年来，我国加快推动版权产业国际化，版权贸易取得了显著成绩，特别是图书版权贸易成为我国版权贸易的重要组成。然而，我国版权贸易仍存在着国际市场集中度过高、贸易结构不合理、版权贸易国内发展不均衡等问题，面临着中华文化海外认同度不高、数字化技术冲击和贸易主体“走出去”动力不足等多方面挑战。未来，我国应通过发挥政府在版权贸易上的重要作用，加快我国版权企业实施国际化战略，加强中华文化海外传播，培养翻译和版权贸易人才等方式推动

* 杨修，经济学博士，科技部中国科学技术交流中心调研处副研究员，研究领域为文化与贸易、全球化与创新等。

我国版权贸易持续发展。

关键词： 版权贸易 文化认同 国际竞争力

版权贸易是国家和地区文化传播的重要方式。加快推动我国版权输出是宣传中华民族优秀文化，提升文化自信，增强文化软实力最直接、最有效的方法。随着我国版权制度不断完善及版权产业快速发展，我国与世界主要国家间版权贸易往来日益密切，版权贸易逐渐成为我国对外文化贸易发展的重要组成。在我国版权贸易取得显著成绩的同时，我国版权贸易不仅存在贸易结构不均衡、国际市场集中度过高等主要问题，还面临着数字化技术冲击、中华文化海外认同度偏低等诸多挑战。因此，探索新时代我国版权贸易发展的路径，对于坚定文化自信、实现文化强国具有重要的意义。

## 一 我国版权有关产业发展基础

### （一）我国出版业基础夯实

#### 1. 我国图书出版业发展势头强劲

通过采用出版物种类数量来衡量出版业发展，可以发现，图书行业保持快速发展的态势。如表 1 所示，2016 年，我国图书种类数量为 499884 种，是 2007 年的 2 倍多，且近十年来我国图书出版种类数量增长率均为正值，其中 2011 年和 2012 年增长率较高，分别为 12.53% 和 12.04%。受数字化技术的影响，我国报纸、音像制品种类数量逐年降低，多数年份呈现负增长，2016 年我国报纸种类数为 1894 种，较 2007 年减少了 44 种；我国音像制品种类数也明显下滑，多年增长率为负，2016 年我国音像制品种类数量为 14384 种，较 2007 年缩减了约 1 倍；我国期刊种类数量近年来增长幅度总体偏低。此外，我国电子出版物种类 2007～2014 年快速增加，2014 年电子出版物种类数达到 11823 种，为近年来最高值。但是，2015～2016 年，我国电子出版物种类数出现下滑，2016 年电子出版物种类数降低至 9836 种。

**表 1　2007～2016 年我国出版物种类数量和增长率**

单位：种，%

| 年份 | 图书 | | 期刊 | | 报纸 | | 音像制品 | | 电子出版物 | |
|---|---|---|---|---|---|---|---|---|---|---|
| | 种类数 | 增长率 | 种类数 | 增长率 | 种类数 | 增长率 | 种类数 | 增长率 | 种类数 | 增长率 |
| 2007 | 248283 | 6.12 | 9468 | 0.00 | 1938 | 0.00 | 31955 | -5.19 | 8652 | 20.05 |
| 2008 | 274123 | 10.41 | 9549 | 0.86 | 1943 | 0.26 | 23493 | -26.48 | 9668 | 11.74 |
| 2009 | 301719 | 10.07 | 9851 | 3.16 | 1937 | -0.31 | 25384 | 8.05 | 10708 | 10.76 |
| 2010 | 328387 | 8.84 | 9884 | 0.33 | 1939 | 0.10 | 21552 | -15.10 | 11175 | 4.36 |
| 2011 | 369523 | 12.53 | 9849 | -0.35 | 1928 | -0.57 | 19408 | -9.95 | 11154 | -0.19 |
| 2012 | 414005 | 12.04 | 9867 | 0.18 | 1918 | -0.52 | 18485 | -4.76 | 11822 | 5.99 |
| 2013 | 444427 | 7.35 | 9877 | 0.10 | 1915 | -0.16 | 16972 | -8.19 | 11708 | -0.96 |
| 2014 | 448431 | 0.90 | 9966 | 0.90 | 1912 | -0.16 | 15355 | -9.53 | 11823 | 0.98 |
| 2015 | 475768 | 6.10 | 10014 | 0.48 | 1906 | -0.31 | 15372 | 0.11 | 10091 | -14.65 |
| 2016 | 499884 | 5.07 | 10084 | 0.70 | 1894 | -0.63 | 14384 | -6.43 | 9836 | -2.53 |

资料来源：国家统计局《2017 中国文化及相关产业统计年鉴》，中国统计出版社，2017。

2. 我国出版行业国际竞争力总体偏低，常年保持贸易逆差

我国图书、报纸和期刊进口规模远大于出口，国内对国外上述产品需求依赖度较高，常年保持贸易逆差。2016 年，我国图书、报纸和期刊贸易逆差额达 24165.06 万美元，较 2006 年增长了约 0.8 倍（见图 1）。此外，进出口产品价格一定程度上反映了产品的国际竞争水平。通过比较我国图书、报纸和期刊进出口均价①，可以发现，我国图书、报纸和期刊进口均价总体

① 本文分别采用图书、期刊和报纸的进口/出口金额除以进口/出口数量衡量图书、期刊和报纸的进口/出口平均价格。

保持9.6美元每册，出口均价总体保持在3.6美元每册，进口均价明显高于出口均价（见图1），说明尽管近年来我国图书、报纸和期刊等印刷品国际贸易规模不断扩大，但国际定价偏低，我国在上述产品出口领域仍然依靠价格优势，而非产品质量，这反映出我国在图书、报纸和期刊上的国际竞争实力仍须进一步加强。

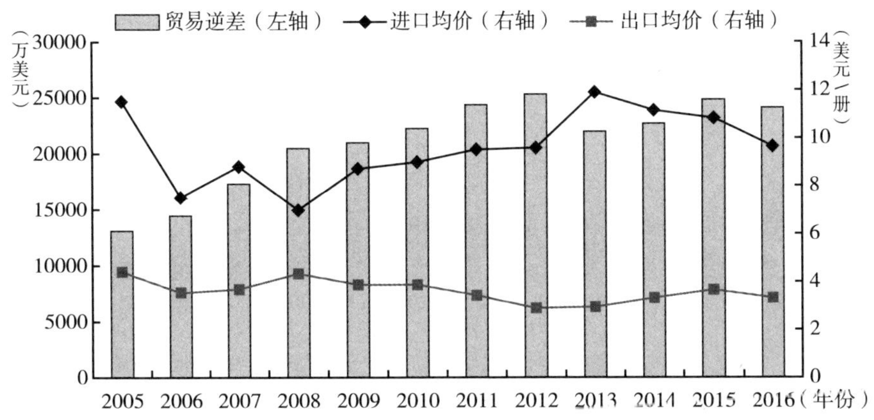


**图1　2005～2016年图书、报纸和期刊贸易差额和进出口均价**

资料来源：国家统计局《2017中国文化及相关产业统计年鉴》，中国统计出版社，2017。

在音像、电子出版物和数字出版物上，我国音像、电子出版物和数字出版物贸易仍以贸易逆差为主，且贸易逆差逐年扩大。2017年我国音像、电子出版物和数字出版物贸易逆差额达31651.37万美元，较2005年增长了17倍之多，反映出我国在上述领域拥有巨大的进口需求，我国音像、电子和数字出版行业供给能力亟待快速提升。从进出口均价①来看，我国音像、电子出版物和数字出版物出口价格2012年前一直来维持在3美元的稳定水平，增幅较小，但2013年起，上述产品出口平均价格出现了明显增长，2017年出口平均价格增加至117.88美元。与出口平均价格相比，我国音像、电子出版物和数字出版物进口平均价格保持快速增长，且进口均价远远高于出口均价（见图

① 本文分别采用音像制品、电子出版物和数字出版物的进口/出口金额除以进口/出口数量衡量音像制品、电子出版物和数字出版物的进口/出口平均价格。

2），2017 年进口均价高达 2392. 26 美元，这不仅说明我国音像、电子出版物和数字出版物不具有国际竞争优势，也间接反映出进口产品定价高是造成近年来我国音像、电子出版物和数字出版物贸易逆差快速增长的主要原因之一。

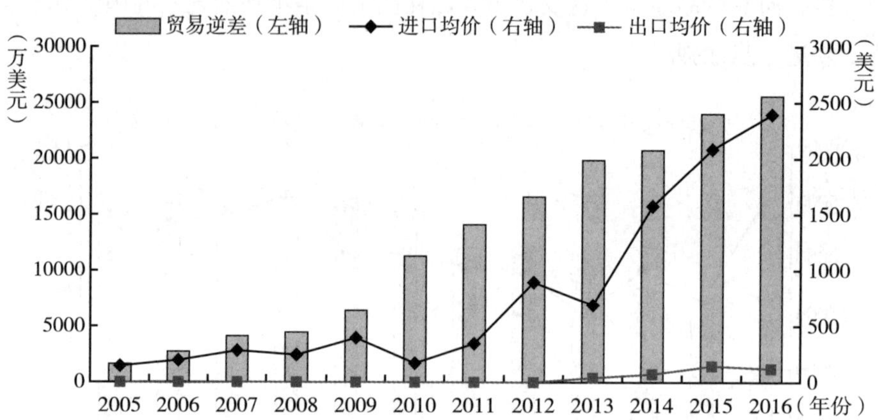


**图 2　2005 ~ 2016 年音像、电子出版物和数字出版物进出口均价和贸易差额**

资料来源：国家统计局《2017 中国文化及相关产业统计年鉴》，中国统计出版社，2017。

## （二）我国电视、电影行业发展基础

### 1. 我国电视节目生产能力不断提高，出口能力有待加强

2005 年以来，我国电视节目生产能力持续加强，2016 年我国电视节目制作时间为 350. 72 万小时，播出时间为 1792. 43 万小时，较 2005 年分别增长了 37. 32% 和 42. 35%，我国电视节目生产能力明显增加。同时，我国电视节目综合人口覆盖率 2016 年达 98. 88%，基本实现了电视节目全覆盖。在电视节目进出口方面，我国电视节目出口能力有待加强，以贸易逆差为主，其中电视剧贸易逆差尤为明显。2006 年以来，除个别年份外，我国电视剧贸易一直为逆差，2014 年贸易逆差额达最大值 149012 万元；我国动画净贸易在 2006 ~ 2013 年为贸易顺差，但自 2014 年以来，我国动画净贸易表现为逆差，且贸易逆差规模逐年扩大，2016 年我国动画贸易逆差达 101983 万元。

2. 我国电影行业快速发展，电影产品国内供给能力显著增强

近年来，我国电影行业加速发展，全国电影票房收入不断提升，一直保持正增长。2016 年，全国电影票房收入为 492.8 亿元，年增长率为 11.82%，在不到十年的时间，2016 年全国电影票房收入已是 2007 年 7.32 倍（见图 3）。此外，与美国和印度这类全球电影行业发达国家相比，我国电影行业无论从电影配套设施还是从电影生产上均得到了明显提升。如表 2 所示，在银幕数上，美国银幕数始终保持在全球首位，2015 年其银幕数为 40457 块，中国银幕数自 2012 年起出现了明显增加，银幕数达 13118 块，超过印度成为全球银幕数第二大国家。在故事片生产上，印度故事片生产数量全球第一，2015 年为 1907 部；中国故事片生产数量近年来迅速增加，与美国故事片生产数量差距逐年缩小，2015 年为 686 部，比美国少 105 部，是全球第三大故事片生产国（见表 2）。值得注意的是，尽管我国电影行业取得了可喜的成绩，但我国电影的海外影响力仍然偏低，进口电影占据了全国票房的半壁江山，2016 年进口电影票房收入 205.4 亿元，占总票房数的 41.8%，我国电影产品内容及海外影响力需要强化。

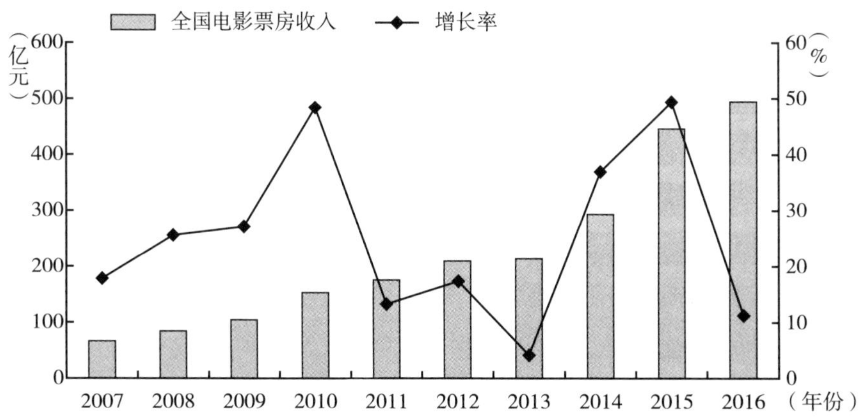


**图 3　2007～2016 年我国电影票房收入及增长率**

资料来源：国家统计局《2017 中国文化及相关产业统计年鉴》，中国统计出版社，2017。

**表 2 2006 ~ 2015 年中国、美国和印度银幕数和故事片生产数比较**

单位：块，部

| 年份 | 银幕数 | | | 故事片生产数 | | |
|---|---|---|---|---|---|---|
| | 中国 | 美国 | 印度 | 中国 | 美国 | 印度 |
| 2006 | 3034 | 38415 | 11183 | 330 | 673 | 1091 |
| 2007 | 3527 | 40077 | 10189 | 402 | 789 | 1146 |
| 2008 | 4097 | 40194 | 10120 | 406 | 773 | 1325 |
| 2009 | 4723 | 39717 | 10070 | 456 | 751 | 1288 |
| 2010 | 6256 | 39547 | 10020 | 526 | 792 | 1274 |
| 2011 | 9286 | 39641 | 10020 | 558 | 819 | 1255 |
| 2012 | 13118 | 39662 | 11100 | 745 | 738 | 1602 |
| 2013 | 18195 | 39783 | 11081 | 638 | 738 | 1724 |
| 2014 | 23600 | 40158 | 11109 | 618 | 707 | 1868 |
| 2015 | 31600 | 40547 | 11100 | 686 | 791 | 1907 |

资料来源：国家统计局《2017 中国文化及相关产业统计年鉴》，中国统计出版社，2017。

## 二 我国版权贸易发展现状

### （一）我国版权贸易发展总体情况

1. 我国版权贸易规模发展趋势

2008 年以来，我国版权贸易发展总体保持平稳增长，2017 年我国版权贸易规模达 31936 种，约是 2007 年（13694 种）的 2.3 倍，实现了明显增长。值得的注意的是，2009 年和 2015 年我国版权贸易规模出现下滑（见图 4），其中，受全球金融危机的影响，2009 年版权贸易规模 17998 种，较 2008 年下降 7.34%；2015 年起，我国经济进入“新常态”，加快转变经济发展方式，积极推动从贸易大国向贸易强国的转变，我国经贸发展速度不断放缓，当年我国版权贸易规模下降至 26938 种，降幅达 16.44%。随着我国文化企业对经济“新常态”的逐步适应，2016 年起我国版权贸易又继续保持增长态势，2016 年和 2017 年两年增长率分别为 5.37% 和 12.51%。

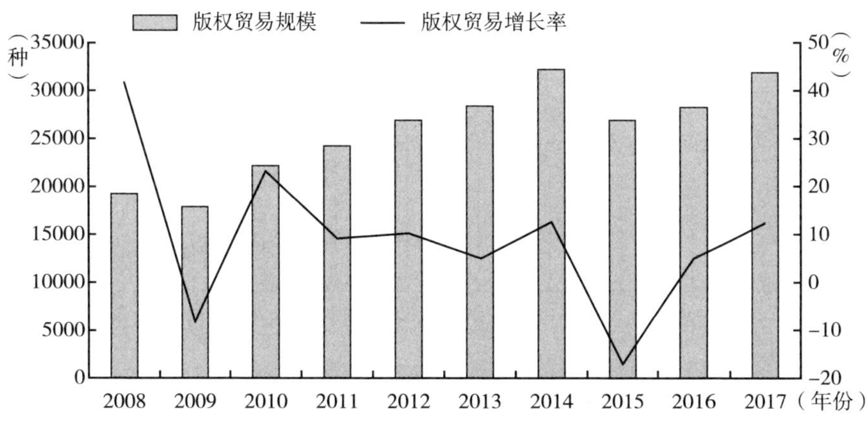


**图 4　2008 ~ 2017 年我国版权贸易规模及增长率**

资料来源：国家版权局网站。

2. 我国版权的输出与引进规模比较分析

在版权输出上，我国版权输出规模近年来呈现出快速增长的趋势，2017 年我国版权输出规模为 13816 种，较 2008 年（2455 种）约增长了 4.63 倍。特别是 2014 年，我国版权输出规模呈现出跃升态势，当年我国版权输出规模 15542 种，年增长率高达 49.43%。在版权引进上，2008 年我国版权引进规模出现了明显增长，当年引进版权 16969 种，较 2007 年（11101 种）增长了 52.86%。随后，我国版权引进规模呈现小幅度波动，但波动幅度不大，例如，2013 年我国版权引进规模增长 3.29%，2015 年我国版权引进规模下降 1.37%，2015 ~ 2017 年我国版权引进规模未出现大起大落，年版权引进值约在 17000 种水平上（见图 5）。

在版权贸易差额上，我国版权贸易仍以引进为主，版权贸易呈现贸易逆差，如 2017 年我国版权贸易逆差达 4304 种。我国版权贸易逆差反映出我国图书、软件、电影等行业国际竞争实力偏低，版权贸易竞争力不强，国内市场对国外图书、软件、电影等核心文化产品的需求较大，依赖度较高。

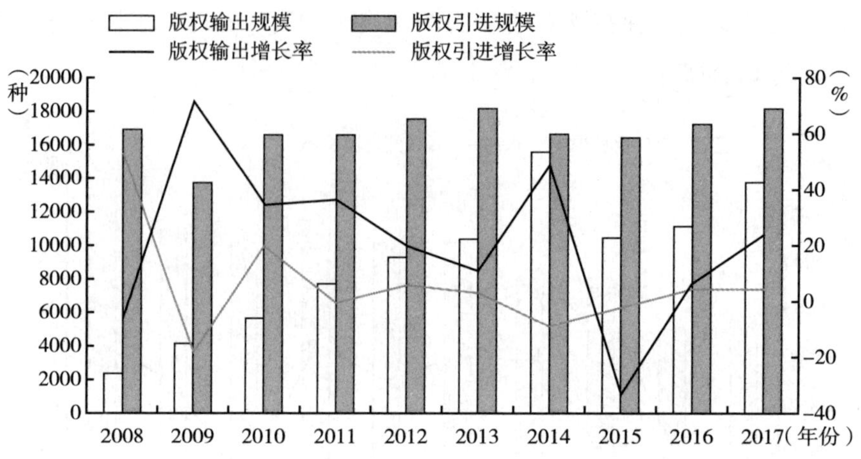


**图 5　2008～2017 年我国版权的输出与引进情况**

资料来源：国家版权局网站。

## （二）我国版权贸易结构特点

1. 我国版权输出结构分析

2008～2017 年，我国版权输出主要以图书版权和电视节目版权为主，其中图书版权是我国版权输出规模第一大类，2017 年我国图书版权输出规模为 10670 种，占版权输出总规模的 77.23%；电视节目版权输出规模为 1152 种，占版权输出总规模的 8.3%（见表 3）。此外，我国在录音制品、录像制品和电子出版物上的版权输出规模近年来出现了稳步增长，其中 2017 年录音制品和电子出版物版权输出规模分别为 322 种和 1557 种，是近十年来最大值；录像制品 2015 年版权输出规模高达 650 种，为近十年来的最大值（见表 3）。与图书、电视节目等版权输出相比，我国软件和电影版权输出偏低，除了个别年份输出规模较高以外，基本保持在个位数，说明我国软件和电影企业需要苦练“内功”，提升文化产品内容的吸引力，提高文化竞争实力和扩大国际影响力，推动版权输出。

**表 3　2008～2017 年我国版权输出结构**

单位：种

| 年份 | 图书 | 录音制品 | 录像制品 | 电子出版物 | 软件 | 电影 | 电视节目 | 其他 |
|---|---|---|---|---|---|---|---|---|
| 2008 | 2440 | 8 | 3 | 1 | 3 | 0 | 0 | 0 |
| 2009 | 3103 | 77 | 0 | 34 | 0 | 1 | 988 | 2 |
| 2010 | 3880 | 36 | 8 | 187 | 0 | 0 | 1561 | 19 |
| 2011 | 5922 | 130 | 20 | 125 | 5 | 2 | 1559 | 20 |
| 2012 | 7568 | 97 | 51 | 115 | 2 | 0 | 1531 | 1 |
| 2013 | 7305 | 300 | 193 | 646 | 20 | 0 | 1937 | 0 |
| 2014 | 8088 | 139 | 73 | 433 | 5 | 0 | 1555 | 0 |
| 2015 | 7998 | 217 | 650 | 2 | 1511 | 93 | 0 | 0 |
| 2016 | 8328 | 201 | 18 | 1264 | 0 | 16 | 1249 | 57 |
| 2017 | 10670 | 322 | 102 | 1557 | 8 | 2 | 1152 | 3 |

资料来源：国家版权局网站。

2. 我国版权的引进结构分析

与版权输出类似，我国版权引进仍以图书版权为主，且图书版权的引进规模总体保持增长趋势。如表 4 所示，2017 年，我国图书版权引进规模达 17154 种，占版权引进总规模的 94.67%，较 2016 年增长了 3.42%。我国在电视节目版权引进上呈现波动态势，且总体保持下降趋势，其中 2010 年我国电视节目版权引进规模达 1446 种，是近 10 年引进规模最高的一年。随后，除了 2013 年我国电视节目版权引进规模出现小幅上升外，其余年份均呈现负增长，2017 年我国电视节目版权引进规模仅为 61 种。此外，我国录音制品、录像制品、电影、电子出版物版权引进也表现出类似的波动态势，但就 2016～2017 年来看，我国在录音制品、录像制品和电子出版物版权引进上呈现出上升趋势，2017 年上述三类产品同比增长率分别为 23.52%、45.02% 和 71.43%。值得注意的是，我国对软件版权进口需求在逐年（除 2010 年、2017 年外）降低，2017 年我国软件版权引进规模仅为 12 种，创近十年来新低，这可能和近年来我国软件行业快速发展，为国内消费者提供更多选择，进而降低对国外软件需求有一定关系。

**表4　2008～2017年我国版权引进结构**

单位：种

| 年份 | 图书 | 录音制品 | 录像制品 | 电子出版物 | 软件 | 电影 | 电视节目 | 其他 |
|---|---|---|---|---|---|---|---|---|
| 2008 | 15776 | 251 | 153 | 117 | 362 | 0 | 2 | 308 |
| 2009 | 12914 | 262 | 124 | 86 | 249 | 2 | 155 | 1 |
| 2010 | 13724 | 439 | 356 | 49 | 304 | 284 | 1446 | 0 |
| 2011 | 14708 | 278 | 421 | 185 | 273 | 37 | 734 | 3 |
| 2012 | 16115 | 475 | 503 | 100 | 189 | 12 | 190 | 5 |
| 2013 | 16625 | 378 | 538 | 72 | 169 | 0 | 381 | 4 |
| 2014 | 15542 | 208 | 451 | 120 | 46 | 8 | 316 | 4 |
| 2015 | 15458 | 133 | 90 | 292 | 34 | 324 | 136 | 0 |
| 2016 | 16587 | 119 | 251 | 217 | 8 | 4 | 66 | 0 |
| 2017 | 17154 | 147 | 364 | 372 | 12 | 10 | 61 | 0 |

资料来源：国家版权局网站。

## （三）我国版权贸易合作伙伴

1. 我国版权贸易主要合作伙伴

我国（大陆）版权贸易合作伙伴主要以发达国家或中国港澳台地区为主。2017年，美国、英国和日本是我国版权贸易规模排名前三位的合作国家，版权贸易规模分别为7858种、3487种和2562种，约占比25%、11%和8%。一方面，美国、英国和日本作为文化产业发达国家，其在图书、电影等核心文化产品上具有较强的国际竞争力。同时，我国在图书、电影、电视节目等方面的需求对上述国家依赖程度较高。另一方面，日本与我国同属于亚洲文化圈，历史文化上具有较大的相似性，文化差异较小，两国消费者对各自文化的认同度较高，使日本成为我国在亚洲最大的版权贸易国。德国、法国、韩国、新加坡、加拿大、俄罗斯与我国版权贸易合作频繁，是我国排名前10位的版权贸易伙伴国。中国台湾和中国香港与我国大陆版权贸易往来密切，其中与中国台湾版权贸易种类高达2981种，占我国大陆版权贸易比重的22%；与中国香港版权贸易种类为1342种，占比10%。

2. 我国与“一带一路”沿线国家版权贸易概况

自“一带一路”倡议提出以来，我国加快发展与“一带一路”沿线国家的版权贸易，版权贸易规模保持了高速增长，2014～2016年版权贸易年均增幅达20%，占我国版权贸易总规模比重从2014年的5%上升至2016年15%。根据有关部门统计，2016年我国与沿线各国版权贸易规模约5000种，较2014年增加了2300种。在合作国家上，一直以来我国与东南亚、南亚国家在版权贸易上保持着十分紧密的合作。同时，为进一步深化与沿线国家文化交流与合作，扩大中华文化"走出去"，促进文明互鉴，实现民心相通，近年来我国积极开展与中东欧、阿拉伯国家版权贸易往来，版权贸易规模快速增加，版权贸易质量也得到明显提升。截至2017年9月，我国已与29个"一带一路"沿线国家和地区签订了政府间互译协议，其中，中俄经典与现代作品互译出版项目已推出经典图书57种，中阿典籍互译出版项目完成29种图书的翻译出版。

在版权贸易渠道上，选题联合开发、出版作品的合作翻译成为我国与"一带一路"沿线国家推动版权贸易发展和出版交流的主要渠道。截至2017年9月，我国面向"一带一路"沿线国家出版机构，共与50多家出版机构合作翻译并出版图书300多种；通过集中推介与宣传，积极吸引沿线国家出版机构参与，中国图书"走出去"基础书目库首批入库图书已达200种。此外，我国图书出版机构、行业协会每年有近百个代表团赴沿线国家执行出访任务，与沿线国家高等院校、科研机构、出版企业等开展合作洽谈，共同探索和推进版权合作的新模式。截至2017年9月，我国出版机构已在俄罗斯、波兰和土耳其等沿线国家建立出版分支机构20家；中国书架已在"一带一路"沿线国家落地4家，尼山书屋海外落地25家。

## 三　我国版权贸易存在的问题与挑战

### （一）我国版权贸易存在的问题

#### 1. 我国版权贸易国际市场结构过于集中

近年来，我国版权贸易得到了快速发展，版权贸易合作伙伴数量逐渐增加，但主要版权的进出口国家和地区仍过于集中，版权贸易国际市场结构有待进一步优化。在版权输出上，2014～2017 年我国（大陆）版权输出地主要以中国台湾、韩国、美国、英国和德国为主。2014 年我国（大陆）向上述地区版权输出规模分别为 1899 种、695 种、1266 种、731 种和 452 种，总占比 51.4%；2017 年我国（大陆）向上述地区版权输出规模分别为 2035 种、540 种、1213 种、496 种和 498 种，总占比 35%。虽然，2017 年我国（大陆）对上述国家和地区版权输出比重出现明显下降，但中国台湾、美国、韩国等文化发达国家和地区仍然是我国（大陆）版权输出的主要集中地。

在版权引进上，2014～2017 年我国（大陆）版权引进主要以美国、英国、日本、中国台湾为主。2014 年我国（大陆）从美国、英国、日本、中国台湾版权引进规模分别为 5451 种、2842 种、1783 种和 1270 种，总占比为 68%；2017 年我国（大陆）从上述国家和地区引进规模分别为 6645 种、2991 种、2232 种和 946 种，总占比 70.8%。我国（大陆）从上述国家和地区版权引进规模占比出现明显上升，又进一步反映出我国（大陆）对上述国家和地区图书、音像录制等核心文化产业的依赖程度较高，我国（大陆）版权贸易国际市场结构亟待优化。

2. 我国版权进口依赖度过高，版权输出结构有待优化

我国版权贸易多年呈现贸易逆差，版权引进规模明显大于版权输出规模，特别是在图书版权引进上，一直以来，图书版权引进占据我国版权引进的半壁江山。此外，我国版权输出结构不合理，版权输出主要以图书版权和电视节目版权输出为主，2017 年我国图书版权和电视节目版权输出占我国版权输出总规模比重超 80%。我国在电影，电子出版物，录音、录像制品等核心文化产品版权输出上比重一直偏低。特别是电影版权输出，2008～2017 年期间有 5 年版权输出规模为 0。电影体现了一个国家和地区历史文化、宗教信仰、居民核心价值等多方面因素，是最具影响力的核心文化产品。电影版权输出规模直接反映出本国文化在全球认同程度和国际竞争实力。我国电影版权输出规模持续低下，不仅反映出我国版权输出结构有待完善，也说明我国电影产业竞争实力亟待加强。

3. 参与版权贸易的国内地区发展不平衡

在版权引进的国内地区上，我国版权引进主要集中在北京、上海、广东、江苏等文化产业发达的省市。上述地区由于经济和贸易发展水平高，文化基础设施便利，文化产业发展水平高，版权产业和保护制度较为完善，集聚了一大批优秀企业和文化生产者，具有较强的版权贸易实力，在我国版权引进上占据了重要地位。以 2014 年为例，北京、上海、广东、江苏的版权引进数量为 8647 种、2047 种、492 种和 441 种，是当年国内版权引进数量最多的四个地区。

在版权输出的国内地区上，我国版权输出主要集中在北京和上海两地。作为我国经济、政治、文化、金融等中心城市，北京与上海在版权输出上具有得天独厚的优势。2014 年，北京和上海版权输出数量分别为 4331 种和 1658 种，占到当年全国版权输出总规模的 58. 2%，是我国版权输出的最重要的两个地区。

与此同时，由于文化产业发展起步晚，文化基础设施水平低，我国西南部地区版权贸易发展动力不足，无论是版权输出还是版权引进，版权贸易规模都普遍偏低。2014 年，重庆、四川、云南、甘肃、贵州、宁夏、新疆、陕西等 8 省市版权输出规模仅为 282 种，远远落后于北京、上海等东部城市。

## （二）我国版权贸易面临的挑战

1. 中华文化海外认同度不高制约我国版权贸易输出

近年来，我国积极推动中华文化“走出去”，中华文化的海外传播取得了一定的成绩。然而，中华文化的国际影响力与欧美文化仍存在着较大的差距，这是我们必须要面对的事实。中华文化源远流长，博大精深。五千年的历史造就了中华文化的独特性。对于欧美国家及部分“一带一路”国家而言，我国历史文化与他们的文化之间存在较大差异，文化差异性造成国外消费者对我国文化产品核心价值观的认同度较低，阻碍了我国版权的输出，特别是电影、电视节目等体现国家和地区核心文化价值的产品。此外，我国文化海外传播内容和形式也造成了我国文化海外认知度普遍偏低。例如，部分海外文化宣传活动内容过于单薄、主题单一，对当地人关心的各类社会、文化、经济话题了解不多；文化交流活动与文化产业结合不够，未能将文化展示与旅游业、文化创意产业等有机结合，忽略了我国及所在国家均有搭建文化贸易平台的需求；文化内容的翻译质量参差不齐，被推介的文化产品内容翻译水平不够，影响了文化产品的海外推广。因此，为尽快扭转我国版权贸易失衡问题，除了要在版权产业本身下功夫，苦练内功，更要做好中华文化在海外的有效传播，切实提升中华文化认同度。

2. 我国版权贸易主体“走出去”动力不足

我国版权贸易的参与企业以国内各家出版社、影视企业等大型集团为主，特别是出版企业往往具有明显的“内向型”特点，缺乏明确的激励机制，尤其是那些具有浓郁行政色彩的版权机构，它们拥有广泛的国内受众群体，在推动版权输出上往往动力不强，缺少“走出去”的主动性。加之，我国图书、音像、电影等文化产品本身国际竞争力不高，版权贸易人才队伍建设能力差，这进一步导致我国版权贸易失衡。此外，相对版权引进而言，版权输出的前期投入成本较高，中间税费高、手续复杂，在短期内很难形成较大的经济效益，这导致我国版权机构更重视版权引进。以出版行业为例，目前国内版权代理机构以国有专营机构为主，且这些机构在版权输出上没有自主权。相反，美国在版权输出上有600多家专业代理机构，无论从规模还是从经营能力上都与我国形成了明显的对比。此外，部分机构在版权贸易活动中经常违规操作，破坏行业规则，采取恶性竞争手段来抢夺资源，包括增加版税、降低必要成本等，造成了国内版权贸易很难健康有序发展。

3. 我国版权贸易发展面临数字化技术冲击

数字化成为我国文化产业发展绕不开的话题。数字化技术的快速发展对我国传统出版企业的生存和发展产生影响，我国版权贸易正面临着数字化冲击。数字出版本质要求新内容和新技术的融合，这需要更多资本来支撑。因此，数字时代的版权贸易将呈现出立体化、国际化和资本化的特点。数字化技术无疑会对传统版权产业的贸易方式产生深刻的影响。数字出版环节的多样化，将使版权贸易从内容到形式具有空前的复杂性。为适应数字化时代的特点，我国传统出版企业应尽快转变贸易方式，加强数字技术创新与文化内容的有机融合，加强资本、技术和内容的支撑与融合。

## 四 对策与建议

### （一）要发挥政府在版权贸易发展上的规制作用

版权贸易的本质是基于文化的知识传播活动，在国际文化合作与交流中体现了国家和地区的文化软实力，其显著的外部特性需要政府进行规制，尤其是进行激励性规制。未来要充分发挥政府在版权贸易发展中的重要作用。一方面，政府要围绕国家“一带一路”倡议等重大政策，积极搭建各类图书、影视作品等产品展览、交易和信息共享平台，推动与世界各国，特别是与“一带一路”沿线国家的版权贸易合作交流，着力打造信息共享、内容共建、渠道互通的合作交流平台，推动版权贸易发展。另 方面，我国政府可以设立版权贸易发展基金或专项基金，通过税收、财政优惠、融资政策等方式，减少我国版权产业有关企业贸易和运营成本，支持我国出版企业和版权代理机构“走出去”，带动我国版权贸易发展。

### （二）积极实施外向型企业发展战略，加强国际化布局

版权贸易发展的关键是版权企业“走出去”。正如前文所说，目前我国版权企业和机构“走出去”动力不足，导致我国版权输出能力偏低。未来，我国版权企业应积极实施外向型战略，加快版权产业的国际化布局，立足国际市场，从海外市场的需求来统筹和规划产品的内容和形式；基于我国传统文化来对有关产品进行深度挖掘，综合立体开发版权产品，促进出版产业和相关数字媒体深度融合。此外，我国出版企业要加强与“一带一路”沿线国家合作，结合沿线国家文化市场需求，主动探索中国文化产品内容的表现形式，促进对沿线国家版权输出；通过海外投资、合作出版等形式创新版权贸易方式，加强新媒体技术与传统出版业的深度融合，强化数字出版物版权

贸易的合作与交流；用好国际图书博览会、进口博览会等大型国际平台，做好我国出版物的宣传，促进版权贸易，同时利用国际平台积极引进国外优秀作品及版权，取其精华，为我所用，进一步丰富、提升我国出版物内容和质量，扩大我国版权输出规模。

### （三）加强中华文化海外传播能力，提升文化认同度

文化认同度低是造成我国版权贸易逆差的主要因素之一。为此，加强中华文化海外传播，增进全球民众对我国文化的认同，对于促进我国版权输出，推动版权贸易持续发展具有重要作用。一方面，我国要做好文化内容甄别与选择，结合外国文化消费偏好，先对易于理解、国外民众普遍接受的文化意象进行宣传，逐渐地去提升外国民众对我国文化的兴趣。同时，要做好国内文化产业与旅游产业的有机结合，加强旅游资源与文化资源的融合，在旅游产品和服务中融入中华元素，让更多海外游客在旅游中了解我国文化，增进对我国文化的认同。另一方面，要做好来华留学生和孔子学院的语言文化教育工作，不断完善和优化教学内容，通过举办各类汉文化活动等提高留学生和海外学生的积极性和参与程度，增进留学生等对我国文化的理解与认同。

### （四）着力培养更多翻译和版权贸易人才

翻译水平不足是我国版权贸易发展的主要挑战。自“一带一路”倡议提出以来，我国积极开展与沿线国家的版权贸易合作。然而，大多数沿线国家发展水平较低，居民受教育水平不高，英语普及率低，而我国尚缺乏专业化的翻译团队，语言差异成为阻碍我国版权贸易发展的重要障碍。这就要求我国注重对小语种专业化翻译人才的培养，除了英语、法语、西班牙语等大语种外，要加强对“一带一路”沿线国家语种翻译人才的培养，打造专业化的多语种翻译人才队伍，服务“一带一路”建设。此外，还要注重对国内版权贸易人才的培养，培养过程中既要注重对国际文化贸易理论和规则的培训，也要加强对跨文化传播和经营能力的培养，创新传统贸易人才的培养模式，培养一批具有专业化水平和国际化视野的版权贸易人才。

## 参考文献

方英、刘静忆：《中国与“一带一路”沿线国家间的出版贸易格局》，《科技与出版》2016 年第 10 期。

曲如晓、曾燕萍：《中国图书版权贸易的发展及对策思考》，《国际经济合作》2013 年第 12 期。

林晓虹、杨莹：《中国版权贸易发展与“走出去”战略》，《中国外资》2016 年第 5 期。

刘佳：《我国图书版权贸易发展路径探析——“一带一路”战略布局下的文化输出》，《科技与出版》2016 年第 4 期。

谷敏、李洁莹：《让中华文化在海外更好传播》，中国共产党新闻网，2018 年 12 月 3 日，http：//theory. people. com. cn/n1/2018/1203/c40531 - 30437980. html，最后访问日期：2019 年 10 月 28 日。

方圆：《版权贸易：期待数字时代华丽转身》，国家版权局网站，2012 年 9 月 5 日，http：//www. ncac. gov. cn/chinacopyright/contents/518/135322. html，最后访问日期：2019 年 10 月 28 日。

《中国与“一带一路”沿线国家版权贸易高速增长》，新华网，2017 年 8 月 22 日，http：//www. xinhuanet. com/world/2017 - 08/22/c_ 1121524260. htm，最后访问日期：2019 年 10 月 28 日。

# B.10
# 中国与中东欧时尚与创意产业贸易分析与展望

李嘉珊　张筱聆　卢晨妍　吕俊松*

**摘　要：**　本文分别对中东欧整体和其中部分国家与中国的时尚与创意产业贸易情况进行分析，并根据分析结果提出，目前双方合作仍须加强文化宣传与平台建设、细化文化贸易合作规模与层次、明确时尚与创意产业内涵以及促进时尚与创意产业与其他产业融合的四点展望。

**关键词：**　时尚产业　创意产业　中东欧国家　文化贸易

中东欧国家是“一带一路”沿线的重要构架，也是连接亚欧大陆的桥梁与通道。2018 年，中国与中东欧 16 国之间的贸易额达 822 亿美元，与 2011 年相比增长了 55.4%，中国自中东欧国家的进口额较 2011 年增长了 80.7%。由此可见，中国与中东欧国家之间具有极大的贸易潜力。第四届中国—中东欧国家文化创意产业论坛主题为“精心设计的未来——态度，技艺和技术”，此论坛包含了极具创新精神与技术的时尚与

* 李嘉珊，教授，北京第二外国语学院中国服务贸易研究院常务副院长，国家文化发展国际战略研究院常务副院长，首都国际交往中心研究院执行院长，首都对外文化贸易研究基地首席专家，国家文化贸易学术研究平台专家兼秘书长，研究领域为国际文化贸易等；张筱聆，北京第二外国语学院交叉学科国际文化贸易（英语语言文学）硕士研究生，国家文化发展国际战略研究院项目研究助理；卢晨妍，北京第二外国语学院国际文化贸易 2018 级研究生；吕俊松，北京第二外国语学院英语学院国际文化贸易专业硕士研究生，国家文化发展国际战略研究院助理。

创意产业。对中国与中东欧各国时尚与创意产业贸易发展的研究将有助于彼此更好地开展贸易合作、互联互通、将自身文化资源转化为可贸易的产品与服务。

## 一　时尚与创意产业定义

### （一）时尚的定义

目前对时尚的研究多是从社会学、心理学的角度出发，也有少数学者从经济学的角度对时尚进行了初步研究。黄勇从社会学的角度出发，对时尚进行了研究。他把时尚分为观念时尚、行为时尚、物质时尚和人物时尚，从具体内容上把时尚分为消费时尚、文化时尚、政治时尚和道德时尚，又指出，消费时尚流行的三个重要条件是开放的文化环境、较好的经济基础和强有力的传播媒体。[①]《中国时尚产业蓝皮书 2008》对时尚给出了如下定义：在一定时期和特定社会文化背景下，流传较广的一种生活习惯、行为模式及文化理念，体现在衣着、服饰、消费习惯或生活方式等个人或社会生活的多个领域。它往往由思想意识起步，以各种物质形式来表达，是一种与现实生活紧密联系的社会文化，并与时代大众的精神诉求息息相关，代表一段时期内流行的生活态度和生活方式。

在对时尚的经济学定义中，学者吴珊认为，时尚是人们追随时代发展的载体或象征，是借以消除某种差异的非职业性时间符号。其中，她强调非职业性的原因在于，这一点可以排除因为置业需求而不得不寻求统一的一些服装与配饰。然而，西方关于时尚的认知又与中国有所不同，他们对于时尚的认知则是更加突出个性，也不是“拥有”某件特定商品，而是积极参与进时尚当中，对选择的产品或搭配的服饰拥有自己的思索、分析与理解。Robinson 从经济学的角度出发，对“时尚需求的经济学”进行了初步探讨，

① 吴珊：《时尚的经济学分析》，《山西财经大学学报》2008 年第 2 期，第 7 ~ 12 页。

他提出时尚的经济学基础是对稀缺的追求以及对当前生产要素的显示支配作用。① 虽然对时尚的价值和福利问题有所提及，但他没有给出一个经济学意义上的时尚定义。

因此，综合上述观点，我们从文化贸易角度出发，对时尚进行了定义，即时尚是指在当下能够引起人们追随与模仿的某种物质或非物质对象，它由思想起步，最终通过可视化的方式表达，往往存在于拥有开放的文化环境、较好的经济基础和强有力的传播媒体的地区，具有创意性、参与性、带动消费、引领时代的特点。时尚贸易被包含在文化贸易的范畴之中，是在国内相关产业供给不足以及对国外文化产品的个性需求推动下产生的对时尚产品与服务的一种跨国贸易形式。

### （二）时尚与创意产业概念

通过收集相关产业文化创意及时尚相关理念，可得知时尚与创意之间有着密切的联系。

从美国时尚产业协会的分析来看，“时尚产业”这个词可能会让人想起时装周和摄影作品。然而，在这个全球贸易的时代，高端 T 台时装只是更广泛的纺织和服装行业的一部分，从高端奢侈品牌到快速时尚零售商，以及介于两者之间的数千家生产和销售服装、鞋子和其他纺织品的公司都属于时尚产业的一部分。根据联合国教科文组织《创意经济报告 2013》中的分类来看，不同的模型对于时尚产业在其中的分类各不相同。英国文化、媒体和体育部（DCMS）将创意经济分为广告、建筑、艺术及古董市场、工艺品、设计、时尚、电影和视频、音乐、表演、艺术、出版、软件、电视和广播、视频和电脑游戏，时尚产业作为其中一个分类与其他部分共同组成了 DCMS 对创意经济产业的定义；符号文本（Symbolic Texts）模型将创意经济产业分为核心文化产业、周边文化产业和边缘文化产业，而时尚产业则处在边缘文化产业之中；世界知识产权组织（WIPO）将创意经济产业分为核心版权

① 吴珊：《时尚的经济学分析》，《山西财经大学学报》2008 年第 2 期，第 7～12 页。

产业、部分版权产业和相互依存的版权产业，其中部分版权产业包含了时尚产业和设计产业，并且与其他分类不同，WIPO 将衣服和鞋履单独作为一种分类从时尚产业中分离了出来；联合国教科文组织（UNESCO）的统计模型分为文化领域和相关领域两大类，而文化领域又分了文化和自然遗产、节庆展会、视觉艺术和手工、图书出版、视听及互动媒体和设计与创意产业，其中时尚被包括在了设计与创意产业之中；由大卫·索罗斯比（David Throsby）创建的同心圆模型将创意经济产业分为四类：核心文化表现形式、其他核心创意产业、更广泛的文化产业和相关文化产业，其中时尚产业被算在了相关文化产业当中。

因此，结合以上相关定义，可以将时尚与创意产业定义为：时尚与创意产业包含了时尚产业、创意产业和时尚创意产业。其中，时尚产业供给的是在特定时期满足人们对于生活前沿与个性需求的产品和服务；创意产业范围较大，囊括了时尚产业，通常是指那些从个人的创造力、技能和天分中获取发展动力的企业，以及那些通过对知识产权的开发创造潜在财富和就业机会的活动；而时尚创意产业则是两者的综合，它满足人们对时尚的心理需求，是以销售时尚创意产品及服务从而获得收益为目的的，是带有时尚元素的文化创意相关产业。

### （三）时尚与创意产业范围

时尚与创意产业由于既包含时尚产业又涵盖创意产业，其范围应该是两者的集合。狭义的时尚产业仅仅指对人体进行装饰和美化的行业，这也是时尚产业的核心内容。而广义的时尚产业不仅包括对人生活和工作小环境进行的装饰美化，还包括对人生存和发展中相关事物和情状进行的装饰和美化。广义的时尚产业范围如表 1 所示。[①]

---

① 颜莉、高长春：《时尚产业国内外研究述评与展望》，《经济问题探索》2011 年第 8 期，第 54～59 页。

**表 1　时尚产业范围（广义）**

| | 内涵 | 内容 |
|---|---|---|
| 广义时尚产业范围 | 对人体进行装饰和美化 | 时装与服饰（核心）、鞋帽衬衫、箱包伞杖、美容美发，乃至珠宝首饰、眼镜表具等 |
| | 对人在生活和工作中所处的小环境进行装饰美化 | 家纺用品、家饰装潢、家具等 |
| | 对人生存和发展中相关的事物和情状进行装饰和美化 | 手机、MP3/MP4、数码相机、动漫、电玩等 |

资料来源：颜莉、高长春：《时尚产业国内外研究述评与展望》，《经济问题探索》2011 年第 8 期，第 54 ~ 59 页。

也有学者从时尚产业所属行业的角度来确定时尚产业的范围。《中国时尚产业蓝皮书 2008》由中欧国际工商学院《中欧商业评论》时尚产业研究中心于 2008 年发布，该蓝皮书对时尚产业进行了界定，详见表 2。

**表 2　时尚产业的范围（行业角度）**

| 所属行业 | 具体内容 |
|---|---|
| 时尚产品制造业 | 时尚休闲服装鞋帽、皮草皮具、各种饰品、名表、珠宝、香水、护发护肤化妆品、美食和消费类电子产品 |
| 时尚服务业 | 美容美发、健身旅游；流行音乐、影视摄影、动画漫画、时尚书籍杂志、餐馆酒吧等休闲娱乐产业 |

资料来源：《中国时尚产业蓝皮书 2008》。

对于创意产业的涵盖范围，不同国家的界定有所不同，对其进行综合比较后认为，创意产业是以文化为核心内容，为直接满足人们精神需要进行创作、制造、传播、展示文化产品与服务的生产活动，它包含了广告、建筑、艺术及古董市场、工艺、设计、流行设计与时尚、电影与录像、休闲软件与游戏、音乐、表演艺术、出版、计算机软件、广播电视等 13 大类。

根据麦肯锡《2019 全球时尚业态报告》，2019 年将是时尚市场觉醒爆发的一年，中国有取代美国成为全球第一大时尚产业大国的趋势。建交以来，中国与中东欧国家有着长时间的贸易往来，中国与中东欧国家间的贸易无疑会有助于双方时尚创意产业的合作及可持续发展。

## 二　中国与中东欧国家时尚创意产业贸易概况

随着“一带一路”倡议的推进，中国与中东欧国家的合作关系愈来愈密切，而文化贸易作为促进国家间文化传播与渗透的重要贸易方式，在中国与各中东欧国家的合作交流中发挥着巨大的作用。正如日瓦丁·约万诺维奇所说，人文交流有助于推动民族之间、人民之间的直接接触，进而增强经济联系。旅游业、空中交通、互免签证、文化以及智库、非政府组织等合作也有助于推动中东欧国家和中国的直接联系。他认为，“16+1 合作”机制是联通文化和其他领域的纽带。[①] 时尚与创意产业是文化产业中一类小众的分支，在重视的程度上仍旧较为欠缺。但时尚与创意产业又具有极大的特殊性，它不仅融有一国最为前沿的思想与精神，还能够融合当地的传统文化，在传承中创新，在创新中发展，促进交易国的合作共赢。作为占据“一带一路”沿线国家四分之一的中东欧国家，其重要性不言而喻。

### （一）中国与中东欧文化贸易规模较小

自 2012 年宣布开展多领域合作以来，中国同中东欧 16 国就在不断改善、巩固和提升双边关系，不断发展不同领域中的双边和多边合作。目前，中东欧地区的重要利益相关大国主要是美国、俄罗斯、德国和中国。中国海关统计数据显示，2017 年中国与中东欧 16 国进出口贸易总额达 679.8 亿美元，比上年增长 15.9%。其中，中国出口额为 494.9 亿美元，增长 13.1%，进口额为 184.9 亿美元，增长 24%。数据表明，中国与中东欧 16 国双边贸易保持了较好增长势头，双方贸易领域不断拓展，贸易结构不断优化。

① 韩梅：《特稿：“16+1 合作”推动中国与中东欧国家全面合作》，新华网，http://baijiahao.baidu.com/s?id=1604975684774097378&wfr=spider&for=pc，最后访问日期：2019 年 10 月 28 日。

图1为2008~2017年中国与中东欧国家的文化产品贸易数额，可以看到，该数额整体呈现为上升趋势，且中国对中东欧出口远大于进口，2017年比2016年文化产品贸易额增加近45.04%，增长较为显著。

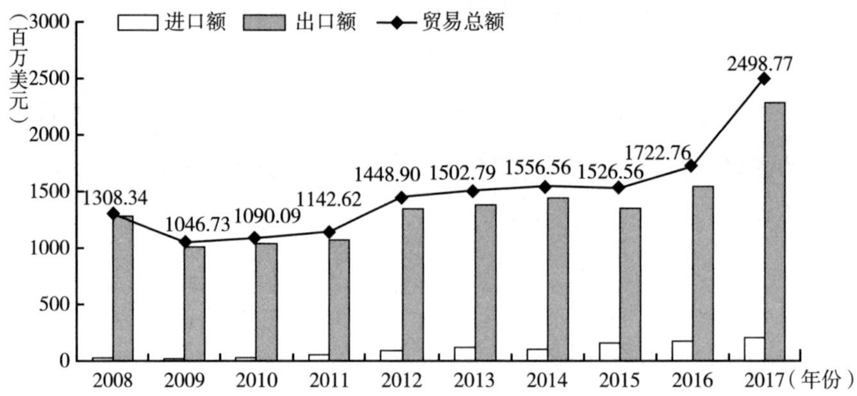


**图1　2008~2017年中国与中东欧国家文化产品贸易情况**

资料来源：根据UN Comtrade整理。

## （二）中国与中东欧时尚创意产业贸易体量较小

图2是根据从UN Comtrade中选取的部分时尚创意产品①的进出口额整理得到。可以看到，2008~2017年中国与中东欧国家的时尚创意产品进出口一直处在一个顺差状态，且基本呈上升态势，出口到中东欧国家的产品要远远多于中东欧向中国出口的产品。

---

① 该数据来源于UN Comtrade，商品编码采用HS2015进行搜索，总大类为工艺美术品，其中包括了雕塑工艺品（HS编码：392640、442010、701890、960110、960190、970300），金属工艺品（HS编码：380621、380629），花画工艺品（HS编码：441400、670210、670290、970110、970190、970200、482390、590700），天然植物纤维编织工艺品（HS编码：460211、460212、460219），抽纱刺绣工艺品（HS编码：581010、581092、581091、581099、621320、630231、630232、630239、630251、630253、630259、630419、630492、630493、630499），地毯、挂毯（HS编码：570210、580500），珠宝首饰及有关物品（HS编码：711311、711319、711320、711610、711620、711790），园林、陈设艺术（转下页注）

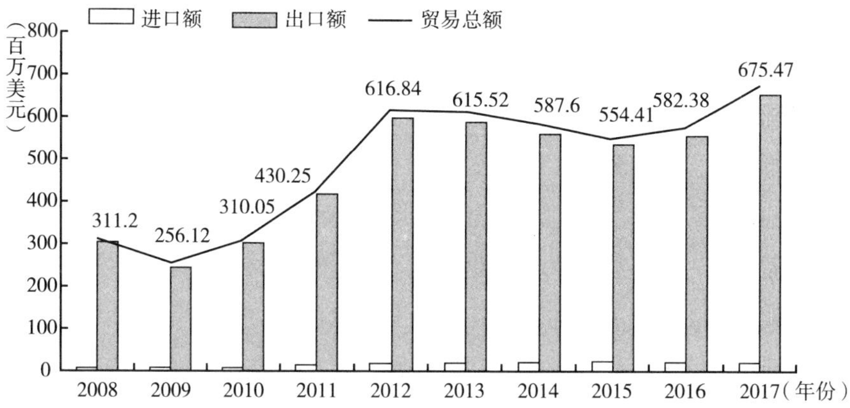


**图 2　2008～2017 年中国与中东欧国家时尚创意产品进出口贸易情况**

资料来源：根据 UN Comtrade 整理。

中东欧国家拥有丰富的时尚创意产业，例如匈牙利的时装、瓷器设计；波兰的时装设计、珠宝首饰；斯洛伐克的民间工艺品和手工制品等，然而这些产业与中国之间的贸易往来依旧面临着一定的障碍与阻力。

1. 沟通渠道较为欠缺

在“一带一路”成了中国与中东欧国家之间沟通的重要桥梁的情境下，双方之间的国际交流与沟通已然有很大的提升，但彼此的沟通渠道仍旧较少，中国对中东欧文化知之甚少，中东欧国家对中国的了解也相当有限。这成了阻碍中国与中东欧国家在时尚创意产业这一极具文化色彩的贸易内容上互通的绊脚石。当前，中国与中东欧国家之间的文化交流主要是通过各国政府举办的演出、比赛、展览、推介会等形式，影响

（接上页注①）陶瓷制品（HS 编码：691310、691390）和蚕丝及丝织物（HS 编码：500200、500400、500500、500600、500710、500720、580190、580220、580230、580300、580410、580429、580639、581100、600240、600290、600410、600490、610719、610729、610819、610829、610839、610990、611090、620319、620319、620329、620339、620419、620429、620439、620449、620459、620590、620610、620719、620729、620799、620819、620829、620899、621139、621149、621410、621510、630229、630239、630419、630499）九大类。

范围较为有限，无法激起人们对他国文化的兴趣，同时，文化内容的缺失与对国外市场的不了解也造成了生产出来的文化产品与文化服务无法满足贸易对象的消费需求。

2. 产业化程度较低，国际化意识欠缺

中东欧国家的时尚创意产业大多采取的是小作坊经营的模式，一些带有传统文化元素的产品更是依靠当地人们传承下来的技艺，暂时还没有形成较大的规模经济。同时由于中东欧各个国家体量较小，难以形成较大的规模优势，因此时尚创意产业只能保持着小规模的发展趋势。此外，由于中东欧大多数国家为发达国家，人们的生活条件虽然已经达到一定的水平，但在满足于当下现状的情况下，生产者缺少将产品国际化的动力，因此导致很多富有创造力的产品仅仅在当地流通，如果不置身其中就不会知道当地还有如此丰富的文化产品。

## （三）中国与中东欧主要进口国的贸易特点

波兰、匈牙利、捷克、斯洛伐克四个国家在1991年苏联解体后，组成了维谢格拉德四国集团（简称“V4 集团”），作为中国“丝绸之路”上的必经之国和与中东欧经济合作的重要国家，其与中国的进出口贸易实现了快速增长。2018年中国与V4集团进出口贸易额占中国与中东欧16国总贸易额的72.4%。因此这里选取了波兰、匈牙利、捷克、斯洛伐克四个国家，对他们的时尚与创意产业及其与中国的贸易情况进行阐述。

1. 时尚产品贸易额增加迅速

表3数据为四个国家部分时尚产品与中国的贸易额，从中可以看到，从2008年到2017年，各国与中国的贸易额均有较大幅度的增长，其中波兰在进出口上体量最大，其原因除了波兰人口在四个国家中占比最大、经济发展较快外，还有其蚕丝及机织物的贸易额较大，波兰人喜欢使用进口纺织品，爱穿进口服装。中国纺织品在波兰非常热销，当地的批发商对中国产品非常青睐。

**表 3 2008～2017 年中国与波兰、匈牙利、捷克、斯洛伐克进出口时尚产品贸易情况**

单位：万美元

| 年份 | 波兰 | | 匈牙利 | | 捷克 | | 斯洛伐克 | |
|---|---|---|---|---|---|---|---|---|
| | 出口 | 进口 | 出口 | 进口 | 出口 | 进口 | 出口 | 进口 |
| 2008 | 9670 | 60 | 1504. 618 | 27. 5206 | 1615. 036 | 84. 6998 | 1798. 934 | 22. 385 |
| 2009 | 8330 | 80. 4 | 1230. 34 | 15. 1753 | 1384. 498 | 31. 4998 | 2182. 7 | 25. 3958 |
| 2010 | 11050 | 86 | 1168. 71 | 46. 9972 | 1676. 394 | 59. 4238 | 2064. 068 | 20. 8648 |
| 2011 | 17320 | 143. 4 | 1097. 144 | 162. 3601 | 2246. 39 | 30. 4368 | 3049. 866 | 45. 8098 |
| 2012 | 27430 | 364. 6 | 910. 5798 | 104. 9936 | 2757. 243 | 20. 928 | 5310. 498 | 105. 8502 |
| 2013 | 23370 | 605. 7 | 1216. 262 | 112. 9888 | 2132. 786 | 37. 8195 | 5052. 926 | 64. 4702 |
| 2014 | 19150 | 556. 5 | 1848. 152 | 155. 9144 | 2870. 231 | 60. 809 | 4490. 81 | 64. 5111 |
| 2015 | 22410 | 264. 5 | 1421. 269 | 144. 514 | 2353. 797 | 56. 6431 | 4819. 008 | 111. 0257 |
| 2016 | 21890 | 435. 3 | 1479. 314 | 136. 5131 | 2258. 618 | 48. 0938 | 5493. 411 | 100. 6714 |
| 2017 | 27000 | 251. 7 | 6227. 436 | 178. 4756 | 2169. 917 | 105. 4384 | 6973. 618 | 58. 5315 |

资料来源：根据 UN Comtrade 整理。

2. 中东欧主要国家产业基础深厚

中东欧地区的文化创意产业有悠久的历史，而匈牙利、波兰、捷克、斯洛伐克又都属于发达国家，拥有较好且足够开放的经济环境，满足了时尚与创意产业发展的条件。

匈牙利在瓷器、钻石加工等方面具有较强优势，拥有两大著名的瓷器设计制造商海蓝德（Herend）和若诺伊（Zsolnay），由于其拥有的高附加值和文化价值，创意设计行业被匈牙利政府视为提高国家竞争力的重要依托。此外，在时装设计行业，匈牙利也拥有较好的发展环境，据匈媒报道，匈牙利时装设计业的目标是创造更多的就业机会，并为匈牙利的可持续发展做出贡献。匈牙利时装业的使命是赶上国际潮流，为匈牙利服装设计行业提供切实的帮助，其主要目标之一是助力轻工业，尤其是服装和纺织工业，以及提高匈牙利时尚界的声誉。

波兰在展览艺术、剧院与音乐机构、珠宝首饰行业、电影艺术、时装设计等时尚与创意产业都有较好的基础与成就。其中，2017 年波兰有 949 家博物馆（包括分支机构），其游客人数达到了 3750 万人，同比增长 3.9%。通过学校组织的游客人数占游客总数的 14.6%。有 1420 万人免费参观博物馆，同比增长 3.6%，2017 年波兰最受欢迎的博物馆是艺术博物馆和历史博物馆，全年总共接待 1710 万游客。2017 年波兰共有 341 家美术馆，总共举办了 4200 场展览，同比减少 4.9%。2017 年波兰有 187 家剧院和音乐机构开展了舞台活动，剧院和音乐机构大厅的座位数有 94700 个，同比增长 3.5%，剧院和音乐机构组织了 65400 场演出和音乐会，同比增加 4.7%。在珠宝首饰行业，波兰琥珀在国际上享誉盛名，它选取纯粹的天然原料，加以新颖独特的设计和精湛的制作工艺，获得世界范围内消费者的青睐，随着中国人成为琥珀消费的主力军，波兰琥珀饰品的设计和制作中也有越来越多的中国元素。在电影艺术领域，波兰有 496 家电影院在运营，与 2016 年基本持平，观众人数为 5690 万人次，同比增加 9.5%；波兰在时尚尤其是时装领域持续发力，拥有超过 5800 家皮革公司，约 3 万家服装公司，波兰制造的服装在欧盟市场占有率为 2.9%，在欧洲位列第八。

斯洛伐克的民间工艺、艺术和手工艺较为知名与突出，其产品包括木雕、织物编织和玻璃绘画。斯洛伐克，特别是其农村地区，有着悠久而流行的传统。民间艺术和手工艺的发展贯穿斯洛伐克历史，其国家领土上丰富的考古发现证明了这一点。这些发现由工具和人工制品组成。随着时间的推移，这些有用的物品变得越来越精致，从而成为如今的民间艺术品。

捷克在时尚及纺织品、产品设计和平面设计行业具有较大潜力。捷克纺织品及服装产品整体贸易收支结构已经从 1993 年的贸易顺差转变为 2017 年的贸易逆差（见图 3），众多新的时尚品牌在捷克逐渐出现，布拉格也逐步成为一个时尚的大都市。此外，捷克的玻璃制品、瓷器和珠宝在世界上非常有名，也具有相当高的质量水平与工艺技巧，拥有许多的

概念商店售卖时尚以及珠宝设计产品，例如 La Gallery Novesta、Kurátor、Hardecore、Czech Labels & Friends、Debut Gallery 、Galerie Kubista 等。而捷克在设计领域里密集的教育机构则是捷克产业发展的一大特征，在捷克有许多的为公众提供时尚及纺织设计等艺术教育的高等学校，捷克大多数优秀的设计师都来自这些学校，最出名的就是布拉格艺术、建筑与设计学院（UMPRUM）。

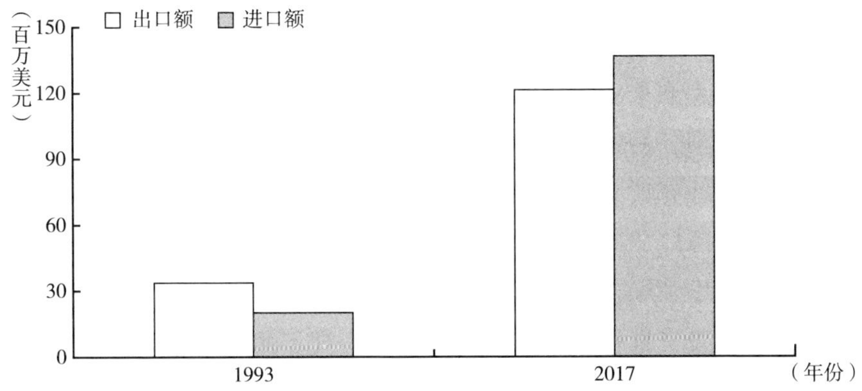


**图 3　1993 年、2017 年捷克纺织品及服装产品对外贸易收支比较**

资料来源：External Trade Database of the Czech Statistical Office。

从上述各国的产业发展情况可以发现，各国的时尚与创意设计产业丰富多彩，文化资源可以基本满足当地人们的市场需求，因此，与中国进行文化贸易将是促进当地经济发展，拓宽产品销售渠道，传播各国文化的有效途径。

3. 各国政策推动与中国时尚与创意产业贸易合作

近年来，匈牙利政府较为重视与中国的贸易与国际交流。匈牙利总理欧尔班·维克托表示：“新兴经济体国家已具备较强的竞争力和话语权，要用新秩序来形容这些变化，需要将目光转向亚洲等新兴经济体国家。”① 在此

① 梼杌：《匈牙利“向东开放”对接中国一带一路》，《中国对外贸易》2019 年第 3 期，第 72 ~ 73 页。

背景下，匈牙利提出了“向东开发”的政策。这一政策的提出恰好与中国的“一带一路”倡议相呼应，这是减少中国与匈牙利两国间贸易壁垒并营造良好贸易环境的重要举措。在这样的政策条件下，中国与匈牙利之间的贸易变得更加便利。在文化产品上，时尚与创意产业中包含了服装、香水、奢侈品等各种产品，与中国的合作将直接促进这些产品的进出口贸易，同时，由于吸引投资能力的增强，高端时尚产品所包含的一些专属服务也将更容易地通过商业存在的形式在匈牙利得到交易。时尚与创意产业所包含的文化服务并未有具体的定义，但是通过时尚的定义也可得知这一类服务业需要具有极大的创新性。因此，“向东开发”通过促进中国与匈牙利之间的交流合作使两国有更多的机会了解彼此的产业与政策，由此在时尚与创意产业中融入相关元素，使双方文化交融、相互理解。

在金融合作领域，波兰与匈牙利两国分别在 2015 年和 2017 年加入亚洲基础设施投资银行，中国与波匈两国实现了本币互换，多家中资银行能够在两国设立分行并从事存、贷款以及人民币清算等业务。人民币业务在匈牙利与波兰市场上的发展推动了双方在进行贸易时的金融便利，使得结算更加便捷清晰，降低了贸易国之间承担汇率波动的风险，延伸到文化贸易领域上，这也在一定程度上为文化贸易便利化带来了促进作用。

2017 年 11 月 27 日，第六次中国中东欧国家领导人会晤在匈牙利布达佩斯举行，在颁布的《中国—中东欧国家合作布达佩斯纲要》中提到，双方将探讨在服务贸易、电子商务、服务外包和数字经济方面展开合作的可能性，电子商务的合作将会加强中国与中东欧 16 国之间的政策沟通与协调，促进互联网合作，也能够以电子商务为依托拓宽文化产品与服务的贸易。此外，纲要还明确支持了《中国—中东欧国家文化合作杭州宣言》，双方在非物质文化遗产、图书、演出、艺术创作等方面都实现了深度交流与务实合作。

## 三　中国与中东欧时尚与创意产业合作未来展望

### （一）加强文化宣传与平台机制建设

虽然自2012年开始中国与中东欧的合作已近7年，但事实上中国对中东欧国家的了解仍旧非常有限。中东欧16国的语言、文化、宗教、民族发展多种多样，经济发展水平和消费水平的差异都为中国了解该地区增加了难度，造成了交易国家之间的信息不对称，为贸易的发展和投资带来了一定的困难。时尚与创意产业作为能够融合多个文化元素的产业，更是蕴含了双方国家形形色色的文化，对当地文化缺乏了解，就很容易失去对文化产品的兴趣。时尚与创意产品的交易除了外观的重要性，还着重体现在它的文化内涵上，只有中国及中东欧国家做好对彼此国家文化的推广与宣传、建立起整合文化信息与元素的平台机制，才能够促进生产要素的流动，实现资源的高效配置，进而打开双方的国内市场。

### （二）细化文化贸易合作规模与层次

中东欧国家间的关系具有一定的复杂性，根据其与欧盟的关系，可将其分为欧盟成员国和非欧盟成员国、欧元区成员国与非欧元区成员国、申根区成员国与非申根区成员国、欧盟潜在候选国与非潜在候选国。而中国与中东欧16国的关系也有较大的差异，包含全面战略伙伴关系（塞尔维亚和波兰）、战略伙伴关系（捷克）、全面友好合作伙伴关系（罗马尼亚）、友好合作关系（匈牙利）、全面合作伙伴关系（克罗地亚）等层级。双边关系中的不同层级和国情差异使得在进行文化贸易时很难采取统一的政策去进行，并且，每个国家在需求上也是有所不同的，虽然创意设计类产品在其贸易中均具有刚性需求，但在进行贸易的时候仍要细分市场，对不同国家采取不同的贸易政策，为中国与中东欧合作创造新的机遇。

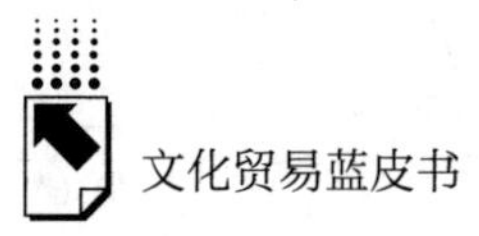


### （三）进一步明确时尚与创意产业内涵

作为新兴产业，各个国家对时尚与创意产业还未有一个明确且统一的定义，因此本报告在数据的搜集与分析阶段面临了很大的困难。而数据的缺失和分类的混乱也就造成了各个国家与中国之间的贸易数据的统计困难，对于当前相关产业的贸易情况也只能根据现有的范围较大的贸易数据进行相关情况推测。若想要促进时尚与创意产业在各国之间的贸易，明确产业分类是必不可少的，这不仅有助于学者对今后贸易情况展开有效调查并提出相关建议，也能够在制订过程中对不同国家的文化产品与服务有更加深刻的了解。

### （四）促进时尚与创意产业和其他产业融合

面对中东欧丰富的文化产品无法出口的现象，各国可以选择境外消费或跨境交付的方式，通过旅游或电子商务等更加便捷的方式对产品与服务进行销售。调查显示，2017 年有 33.57 万中东欧游客赴中国，较前年增长 8.4%，较 2013 年增长 37%；有 137 万中国游客赴中东欧 16 国，较 2013 年增长 221%，年均增幅超过 26%。由全球著名的旅游咨询公司 Forward Keys 和欧洲旅游委员会共同执行的一项调查显示，2018 年 5 ~ 8 月，中国游客赴中东欧国家旅游数量同比增加了 10.3%。9 ~ 12 月的预定数量也较去年同期增长了 9.4%。中国与中东欧之间的旅游产业在逐渐发展壮大，这也逐渐成了带动当地文化产业发展的重要渠道。因此，将时尚与创意产业与旅游相融合将会为产品贸易额带来新的增长点，也会推动旅游特色和城市品牌的建立。

**参考文献**

吴珊：《时尚的经济学分析》，《山西财经大学学报》2008 年第 2 期。

杨明刚：《发展上海时尚产业，培养创意设计人才》，载同济大学设计创意学院《设计学研究·2012》，人民出版社，2012。

颜莉、高长春：《时尚产业国内外研究述评与展望》，《经济问题探索》2011年第8期。

韩梅：《“16+1合作”推动中国与中东欧国家全面合作》，新华网，http://baijiahao.baidu.com/s?id=1604975684774097378&wfr=spider&for=pc，最后访问日期：2019年10月28日。

梼杌：《匈牙利“向东开放”对接中国一带一路》，《中国对外贸易》2019年第3期。

## B.11
# 中国文化产品进口结构演变探究*

刘颖异**

**摘　要：** 近年来，中国的对外文化贸易进入飞速发展的阶段。但过快的增长往往也会暴露很多问题。一方面，虽然中国的文化产品出口额增长十分迅速，但核心文化产品和服务的生产能力依然较低，生产结构并不优化。另一方面，诸如"文化产品出口全球第一"的名号所带来的"文化入侵"和"文化锐实力"等不友好的说法，十分不利于中国的国际形象。由此，与中国目前开始重视进口的经济大背景一致，对文化产品和服务的进口也受到越来越多的关注。本文以文化产品为标的，通过对进口文化产品地理结构以及进口产品类型结构的比较与梳理，发现我国文化产品进口对象国的范围主要集中在日、韩、德、美四国，近年来此范围在逐渐向东南亚地区等国家扩大，文化产品进口市场细分特质明显且地域特色文化产品的进口多样化；进口产品的类型主要为文化专用设备，各类文化商品进口结构偏好明显。未来，希望通过政府在各类相关政策上进行的调整，进一步优化文化产品的进口。

---

* 本文的数据主要由作者依据2015年由商务部、中宣部、文化部、新闻出版广电总局、海关总署等部门联合发布的《对外文化贸易统计体系（2015）》中的"我国文化产品进出口统计目录（2015）"，以及联合国商品贸易统计数据库中的数据进行筛选整理而成，是根据中国目前最权威的文化产品进出口框架统计出来的全口径数据。

** 刘颖异，国家文化发展国际战略研究院项目研究助理，北京第二外国语学院交叉学科国际文化贸易硕士研究生。

**关键词：** 文化产品　产品结构　地理结构

## 一　中国文化产品的进口现状

中国文化产品的进出口连续多年保持顺差，但随着中国国内文化市场需求的扩大，中国改革开放的深化，文化产品的进口也在逐步增加，进口数量上升的同时，进口种类也有很大程度的丰富，并且由于“一带一路”倡议以及与多个国家“自贸区”的建立和升级，中国与进口对象国家的合作更紧密、联系更广泛。文化产品进口的扩大和优化，不仅能够满足多样化的市场，也能进一步促进中国文化产业转型升级，且为提供更好的、更高质量的文化服务奠定基础。

从图 1 可见，中国文化产品的进口总额总体呈现波动增长形态。2007 年到 2009 年文化产品的进口，随着中国加入世界贸易组织并履行开放承诺，显示出逐步增加的趋势，这个小波动的峰值超过了 173 亿美元，但是在 2009 年到 2010 年期间由于受 2008 年金融危机的滞后影响，内需降低，进口额急剧下降。但在 2011 年到 2013 年，国际和国内经济逐步恢复，并且中国开始提倡扩大进口，文化产品的进口转而持续增长，在 2013 年达到进口最高，约为 257 亿美元。然而，随着中国经济增长速度变缓，经济进入软着陆的新常态，文化产品的进口额开始坡度下降。由于数据只更新到 2016 年，无法直观看到在此统计框架下文化产品进口的变化趋势，但基于中国深化改革开放的总体政策，目前相对平稳的经济状况，以及“一带一路”倡议下中国与各国开展、落地的文化项目数，与东盟等地区国家自贸协定的建立和升级，对文化开放度的提高等等，可以预测文化产品进口额将在短暂的下降之后有再回暖迹象，并将持续增加。

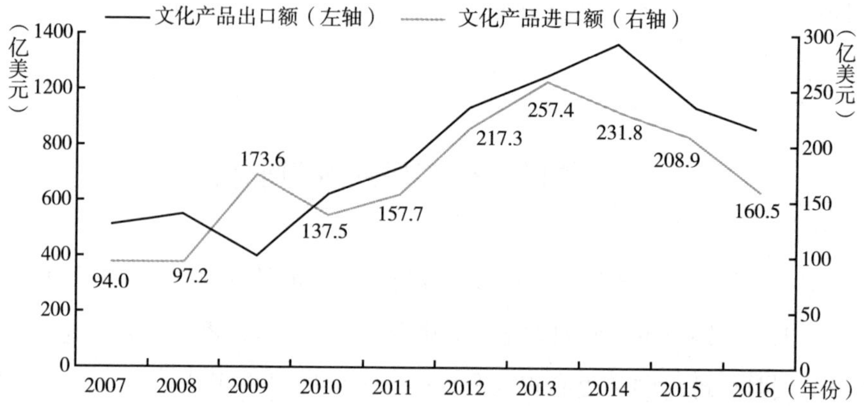


**图1　2007～2016年中国文化产品进出口额**

注：图中数字为中国文化产品进口额。

资料来源：根据联合国商品贸易统计数据库整理而成。

## 二　文化产品进口地理结构特点

中国文化产品进口对象国的范围在逐步扩大，文化“朋友圈”不仅仅局限在欧美等发达国家和中国周边国家，而是在全球市场的资源配置下，更加优化和丰富。从2010年到2016年在中国文化产品进口市场前十五名出现过的国家分布来看，除了美国和欧洲，有更多北美洲、南美洲、非洲、东南亚的国家进入布局版图，这是中国深化改革开放、坚持贸易自由化立场、主动与各国维持合作共赢的经贸关系带来的积极结果，也是国内文化需求丰富化和多样化的外溢效应带来的市场优化。

### （一）主要进口国家稳定，东南亚国家潜力巨大

根据《2016中国文化及相关产业统计年鉴》，日本、韩国、德国、美国一直稳居中国文化产品进口市场前五名（见表1），而中国台湾、中国香港也在一定时期挤进前五名。这是地理距离和文化距离带来的相对优势，也是技术密集型和资金密集型文化产品进口带来的结果。

表 1　2010～2015 年中国文化产品进口市场前五名

| 国家(地区) | 2010 年 | 2011 年 | 2012 年 | 2013 年 | 2014 年 | 2015 年 |
| --- | --- | --- | --- | --- | --- | --- |
| 日本 | 第 1 名 | 第 2 名 | 第 2 名 | 第 2 名 | 第 2 名 | 第 3 名 |
| 德国 | 第 2 名 | 第 3 名 | 第 3 名 | 第 3 名 | 第 3 名 | 第 4 名 |
| 韩国 | 第 3 名 | 第 1 名 | 第 1 名 | 第 1 名 | 第 1 名 | 第 1 名 |
| 美国 | 第 4 名 | 第 4 名 | 第 4 名 | 第 4 名 | 第 4 名 | 第 5 名 |
| 中国台湾 | 第 5 名 | 第 5 名 | 第 5 名 | — | — | — |
| 中国香港 | — | — | — | 第 5 名 | 第 5 名 | — |
| 越南 | — | — | — | — | — | 第 2 名 |

资料来源：根据《2016 中国文化及相关产业统计年鉴》整理而成。

而后十名国家的排名浮动变化较大，越来越多的欧洲、东南亚、中亚、南美洲、非洲国家成为中国文化产品的进口伙伴。其中，以色列、南非、西班牙、巴西、荷兰、越南、缅甸和泰国属于新进入前十五名的国家市场。东南亚是进口市场中非常有潜力的地区。2015 年，新进市场前十五名中有三分之一的国家来自东南亚（见表 2）。东南亚国家在文化产品出口方面不仅具有文化相似优势，而且由于广大的劳动力和丰富的资源，其在价格方面也具有很高的优势。同时，中国和东南亚的紧密经济合作也为文化产品的流通开辟新渠道。其中，中国－东盟自贸区的建立和升级以及“一带一路”倡议更是激励了中国与东南亚国家之间的文化交流和往来，原文化部颁发的《“一带一路”文化发展行动计划（2016～2020 年)》为进一步促进中国与“一带一路”沿线地区的文化贸易提供了发展方向、搭建了交流平台、建立了人文机制、打通了文化产品和服务进出口的通道。

表 2　2010～2015 年中国文化产品进口新进市场前十五名

| 国家 | 2010 年 | 2011 年 | 2012 年 | 2013 年 | 2014 年 | 2015 年 |
| --- | --- | --- | --- | --- | --- | --- |
| 以色列 | 第 15 名 | — | — | — | — | — |
| 南　非 | — | 第 15 名 | 第 15 名 | — | — | — |
| 西班牙 | — | — | — | 第 15 名 | — | — |
| 巴　西 | — | — | — | 第 14 名 | — | — |

续表

| 国家 | 2010 年 | 2011 年 | 2012 年 | 2013 年 | 2014 年 | 2015 年 |
|---|---|---|---|---|---|---|
| 荷　兰 | — | — | — | — | 第 15 名 | — |
| 越　南 | — | — | — | — | — | 第 2 名 |
| 缅　甸 | — | — | — | — | — | 第 7 名 |
| 泰　国 | — | — | — | — | — | 第 14 名 |

资料来源：根据《2016 中国文化及相关产业统计年鉴》整理而成。

## （二）文化产品进口市场细分特征明显

中国文化产品进口的对象国家范围越来越广，但从具体的市场细分来看，进口对象国在不同领域的特征优势不尽相同，技术、文化、地域特点等等形成了特色鲜明的进口分布规律。以下对一些进口数额较大、具有代表性的产品进行细化的进口国别分析。

### 1. 技术密集型文化产品进口集中在日德

总体来说，技术密集型文化产品大多从日本和德国进口，但有向美国、韩国、越南等地转移的趋势。如表 3 所示，从 2007 年到 2016 年，日本和德国几乎成为文化设备的最主要进口国，这与日本和德国发达的制造业密切相关。文化设备是许多文化行业的基础，因此，对于技术密集型文化产品的高质量进口不仅有助于促进文化产业在此基础上的提质，也有利于中国技术密集型文化产品制造行业的学习和改进。而在表 1 中也能发现越南在 2015 ~ 2016 年逐渐凸显。这是因为，越南对制造业的政策支持和改革开放以及独特地理优势和人口红利，让越来越多的精密制造工厂也开始进驻越南，而中国也在文化设备上开始寻求新兴市场作为替代，这在一定程度上缓解了对日本和德国的进口依赖。

**表 3　2007 ~ 2016 年中国文化设备类第一进口市场**

| 类别 | 广播电视节目制作设备 | 胶印机 | 印刷机 | 广播电视接收及发射设备 | 电影制作及放映设备 |
|---|---|---|---|---|---|
| 2007 年 | 日本 | 德国 | 日本 | 日本 | 日本 |
| 2008 年 | 日本 | 德国 | 越南 | 日本 | 日本 |
| 2009 年 | 日本 | 德国 | 日本 | 日本 | 日本 |

续表

| 类别 | 广播电视节目制作设备 | 胶印机 | 印刷机 | 广播电视接收及发射设备 | 电影制作及放映设备 |
|---|---|---|---|---|---|
| 2010 年 | 日本 | 德国 | 日本 | 日本 | 日本 |
| 2011 年 | 日本 | 德国 | 日本 | 日本 | 日本 |
| 2012 年 | 日本 | 德国 | 日本 | 日本 | 日本 |
| 2013 年 | 韩国 | 德国 | 日本 | 日本 | 日本 |
| 2014 年 | 韩国 | 德国 | 日本 | 德国 | 日本 |
| 2015 年 | 越南 | 德国 | 日本 | 德国 | 日本 |
| 2016 年 | 越南 | 德国 | 日本 | 美国 | 日本 |

资料来源：根据联合国商品贸易统计数据库整理而成。

2. 核心层文化产品的进口集中在欧美

在《我国文化产品进出口统计目录（2015）》中，文化产品的核心层指的是图书、期刊、报纸，音像制品及电子出版物，其他出版物。从表 4 可以看出，美国占据了中国核心层文化产品进口前两项所有年份的第一名，而美国、新加坡、日本是其他出版物的最主要进口市场。总体来看，中国核心层文化产品大多来自欧美发达国家和地区，这与文化贸易理论中提到的文化流动的一般路径是由经济发达程度高的国家或地区到较低的国家或地区规律相符合。一方面，美国的文化产品在内容上能够满足国内市场的审美和需求，承载着鲜明美国文化的文化产品受到我国市场的追捧。另一方面，美国的出版业实力雄厚，产品遍及世界市场。美国以其强大的资本运作，通过兼并、收购进行全球的出版布局，以及通过成熟的营销经营模式将出版产品打造成强大的品牌，分销到世界各地。因此，美国在中国的核心文化产品进口地中独占鳌头。而新加坡、日本在其他出版物进口中表现得更好，这很有可能是因为两国在其他印刷品的文化创意上和交通等生产成本上更具优势。

**表 4　2007 ~ 2016 年中国出版类进口市场前三名**

| 类别 | 图书、期刊、报纸 | 音像制品及电子出版物 | 其他出版物 |
|---|---|---|---|
| 2007 年 | 美国 | 美国 | 美国 |
| | 英国 | 加拿大 | 中国香港 |
| | 荷兰 | 日本 | 德国 |

续表

| 类别 | 图书、期刊、报纸 | 音像制品及电子出版物 | 其他出版物 |
|---|---|---|---|
| 2008 年 | 美国 | 美国 | 美国 |
| | 英国 | 英国 | 日本 |
| | 荷兰 | 韩国 | 德国 |
| 2009 年 | 美国 | 美国 | 美国 |
| | 英国 | 法国 | 日本 |
| | 荷兰 | 英国 | 德国 |
| 2010 年 | 美国 | 美国 | 日本 |
| | 英国 | 日本 | 美国 |
| | 德国 | 加拿大 | 亚洲其他地区 |
| 2011 年 | 美国 | 美国 | 日本 |
| | 英国 | 中国香港 | 美国 |
| | 荷兰 | 加拿大 | 德国 |
| 2012 年 | 美国 | 美国 | 新加坡 |
| | 英国 | 日本 | 德国 |
| | 德国 | 加拿大 | 美国 |
| 2013 年 | 美国 | 美国 | 新加坡 |
| | 英国 | 加拿大 | 美国 |
| | 德国 | 法国 | 日本 |
| 2014 年 | 美国 | 美国 | 新加坡 |
| | 英国 | 加拿大 | 日本 |
| | 德国 | 中国香港 | 亚洲其他地区 |
| 2015 年 | 美国 | 美国 | 新加坡 |
| | 英国 | 加拿大 | 德国 |
| | 德国 | 英国 | 美国 |
| 2016 年 | 美国 | 美国 | 新加坡 |
| | 英国 | 英国 | 美国 |
| | 德国 | 法国 | 日本 |

资料来源：根据联合国商品贸易统计数据库整理而成。

3. 地域特色文化产品的进口多样化

在进口的文化产品中，有一部分产品十分具有地方特色，是国家和地区独特文化的商业价值体现和转化。例如珠宝首饰类和收藏品进口源主要分布在欧洲，工艺美术品主要来自东南亚、中东等地。

以表5为例，珠宝首饰类进口产品大多来自法国、瑞士、意大利等国家。这些国家的珠宝世界闻名，设计顶尖，品牌众多，珠宝历史由来已久，他们的创意和设计已经成为这些国家文化的标志，并将其融合进黄金、钻石等首饰中，成为别具一格的高品质文化产品。而像表6所示的工艺美术品也同样具有很强的地域特色。如地毯、挂毯类中的开来姆、苏麦克、卡拉马尼及类似的手织地毯等就多来自印度、伊朗、土耳其；金属雕塑等手工艺品多来自尼泊尔、印度等；纤维编织品多来自越南、印度尼西亚等；花画工艺品中的纸扇等多来自日本、韩国等。这些极富地区文化特色的文化产品具有很强的国家代表性，并在中国文化产品市场上拥有对应的消费需求。收藏品作为文化产品中比较特别的一项，富有极高的文化价值，却很容易在统计和分析时被忽略。表7中收藏品进口国家排名选用的是超过一百年古物的进口数据，欧洲国家在收藏品进口中占主要地位，一方面这与欧洲国家拥有丰富的历史文化资源有紧密的关系，珍贵而美好的文化物质和非物质遗产，浓厚的历史文化底蕴和人文教育氛围，加之对文化保护的高度重视和对文物修复的专业研究，为收藏品的诞生、发掘、保护营造了良好的环境。另一方面，这也与欧洲成熟的收藏品拍卖市场体系有关，历史悠久而全球闻名的苏富比、佳士得、罗斯柴尔德、英国大公国际等拍卖公司都是源自欧洲的拍卖公司。

**表5　2007～2016年中国珠宝首饰类进口市场前三名**

| 年份 | 珠宝首饰类前三名 | 年份 | 珠宝首饰类前三名 |
|---|---|---|---|
| 2007 | 瑞士 | 2009 | 瑞士 |
| | 中国香港 | | 中国香港 |
| | 法国 | | 法国 |
| 2008 | 中国香港 | 2010 | 意大利 |
| | 瑞士 | | 瑞士 |
| | 法国 | | 法国 |

续表

| 年份 | 珠宝首饰类前三名 | 年份 | 珠宝首饰类前三名 |
|---|---|---|---|
| 2011 | 法国 | 2014 | 中国香港 |
| | 意大利 | | 意大利 |
| | 瑞士 | | 法国 |
| 2012 | 法国 | 2015 | 意大利 |
| | 意大利 | | 法国 |
| | 美国 | | 中国香港 |
| 2013 | 法国 | 2016 | 法国 |
| | 意大利 | | 意大利 |
| | 瑞士 | | 瑞士 |

资料来源：根据联合国商品贸易统计数据库整理而成。

**表6　2012～2016年中国工艺美术品类进口市场前三名**

| 年份 | 天然植物纤维编织工艺品前三名 | 地毯、挂毯前三名 | 瓷塑像及其他装饰用瓷制品前三名 | 金属工艺品前三名 | 雕塑工艺品前三名 | 花画工艺品前三名 |
|---|---|---|---|---|---|---|
| 2012 | 印度尼西亚 | 印度 | 西班牙 | 尼泊尔 | 日本 | 日本 |
| | 越南 | 伊朗 | 德国 | 印度 | 亚洲其他地区 | 亚洲其他地区 |
| | 朝鲜 | 土耳其 | 法国 | 意大利 | 韩国 | 韩国 |
| 2013 | 印度尼西亚 | 印度 | 西班牙 | 尼泊尔 | 美国 | 日本 |
| | 越南 | 伊朗 | 亚洲其他地区 | 法国 | 亚洲其他地区 | 亚洲其他地区 |
| | 朝鲜 | 意大利 | 法国 | 印度 | 日本 | 韩国 |
| 2014 | 越南 | 印度 | 亚洲其他地区 | 尼泊尔 | 亚洲其他地区 | 日本 |
| | 印度尼西亚 | 伊朗 | 西班牙 | 印度 | 德国 | 美国 |
| | 朝鲜 | 尼泊尔 | 德国 | 法国 | 日本 | 韩国 |
| 2015 | 越南 | 印度 | 亚洲其他地区 | 尼泊尔 | 美国 | 日本 |
| | 印度尼西亚 | 伊朗 | 德国 | 印度 | 德国 | 美国 |
| | 朝鲜 | 尼泊尔 | 西班牙 | 法国 | 韩国 | 韩国 |
| 2016 | 越南 | 印度 | 亚洲其他地区 | 尼泊尔 | 美国 | 日本 |
| | 印度尼西亚 | 伊朗 | 意大利 | 印度 | 亚洲其他地区 | 美国 |
| | 朝鲜 | 意大利 | 德国 | 法国 | 日本 | 韩国 |

资料来源：根据联合国商品贸易统计数据库整理而成。

表 7 2007～2016 年中国收藏品类进口市场前三名

| 年份 | 收藏品类前三名 | 年份 | 收藏品类前三名 |
|---|---|---|---|
| 2007 | 法国 | 2012 | 法国 |
| | 荷兰 | | 英国 |
| | 比利时 | | 荷兰 |
| 2008 | 法国 | 2013 | 中国香港 |
| | 奥地利 | | 美国 |
| | 英国 | | 法国 |
| 2009 | 英国 | 2014 | 瑞士 |
| | 奥地利 | | 法国 |
| | 美国 | | 意大利 |
| 2010 | 瑞典 | 2015 | 意大利 |
| | 比利时 | | 英国 |
| | 英国 | | 法国 |
| 2011 | 美国 | 2016 | 意大利 |
| | 法国 | | 英国 |
| | 英国 | | 美国 |

资料来源：根据联合国商品贸易统计数据库整理而成。

## 三 中国文化产品进口商品结构特点

### （一）文化产品进口商品总体结构不均衡且波动大

在所有进口文化商品中，文化设备占文化产品总进口额的份额一直较大（见图 2），其在文化产品进口额中占比超过一半，最大份额值达到 82.68%（2009 年），因此对总进口额有非常直接和巨大的影响，这也就解释了为什么文化设备进口额和文化产品总进口额具有非常相似的波动式增长趋势线（见图 3）。文化设备在 2008 年到 2011 年间巨大的波动，极大可能与金融危机和中国开始大力支持文化产业有关系。金融危机给全球各国的经济造成了不可估量的影响，其中包括中国主要的文化设备进口国——日本。日本经济在 2008 年遭受重创，重创导致其出口价格下跌，这使其文化设备出口具有非常好的价格优势，而同时，中国政府提出要积极应对经济新常态，进行产

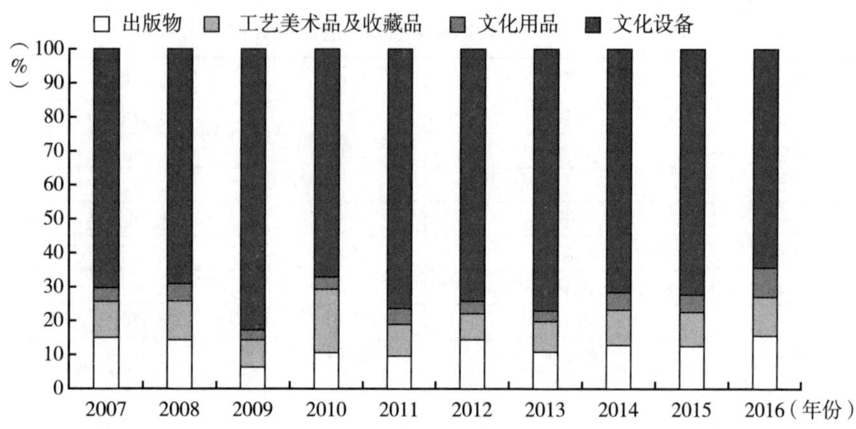


**图 2　2007～2016 年文化产品进口额各部分占比变化**

资料来源：根据联合国商品贸易统计数据库整理而成。

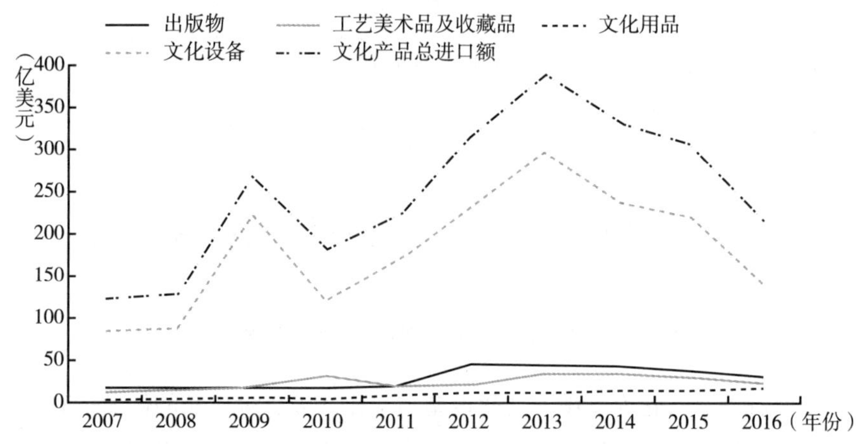


**图 3　2007～2016 年中国文化产品进口额商品结构**

资料来源：根据联合国商品贸易统计数据库整理而成。

业结构的优化升级，进而非常重视文化产业的振兴和发展，并进行大规模的文化体制改革，由此在 2009 年颁布了多项支持文化“走出去”、文化产业发展的金融、保险、市场利好政策，而文化设备是文化产业发展的基础，巨大的进口增长额由此而来。但由于国内的市场也同样受到金融危机的冲击，内需急剧减少，文化产品和服务的供给远大于市场需求，因此导致过热的文化产业势头急转直下，但随着经济的恢复，进口商理性的回归，文化设备的进口也逐步波动回归。而出版物、工艺美术品及收藏品、文化用品三类，与文化设备相比体量太小，所以采用增长率来衡量其变化幅度。如图4所示，文化用品和工艺美术品及收藏品的增长率规律有些此消彼长的意味，出版物的进口增长率在2012年有一个极大的飞跃之后，很长一段时间内保持平稳的发展。

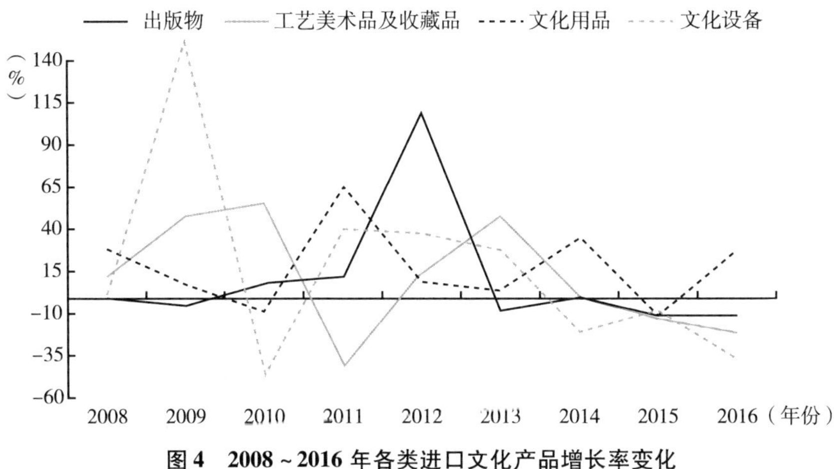


**图4　2008～2016年各类进口文化产品增长率变化**

资料来源：根据联合国商品贸易统计数据库整理而成。

## （二）各类文化商品进口结构偏好明显

1. 核心层以音像制品及电子出版物进口为主

在文化产品核心层中，也就是出版物的分类中，音像制品及电子出版物占相当大的一部分，在2012年进口额超过38亿美元，所占份额超过80%（见图5）。其中，磁带和光盘为其项下最大的两类产品，磁带的进口额一直稳定在10亿～16亿美元，而光盘虽然份额第一，但一直处于下降的态势（见图6），这种下降的趋势与中国近年来采取的对音像出版物进口限制和管理的政策有很大的关系。而其他的如，唱片、胶片的进口相对份额非常小，进口额一直没有超过5千万美元，这很有可能是国内市场对该类产品的数字化产品消费倾向所致。

图书、期刊、报纸的进口额一直呈现缓慢上升的趋势，主要与政府逐步放开这类产品的进口有关。其中，图书和期刊、报纸两类的进口在 2015 年以前体量差别不大，均持续上升，在 2015 年之后，图书仍然有强劲上升趋势，但期刊、报纸的进口额转而急剧下降。这体现了数字化出版对期刊、报纸的强烈冲击，而图书通过精装版、儿童绘本等优化升级用户体验的方式在数字化市场中找到突破，转而带来进口额的增加。

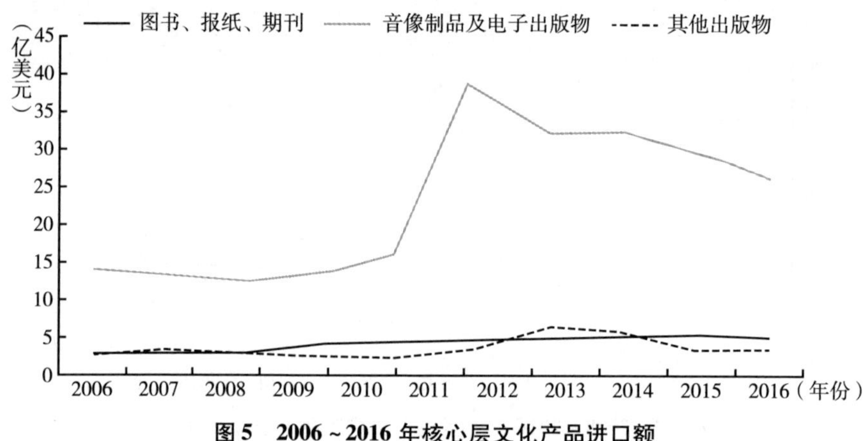


**图 5　2006 ~ 2016 年核心层文化产品进口额**

资料来源：根据联合国商品贸易统计数据库整理而成。

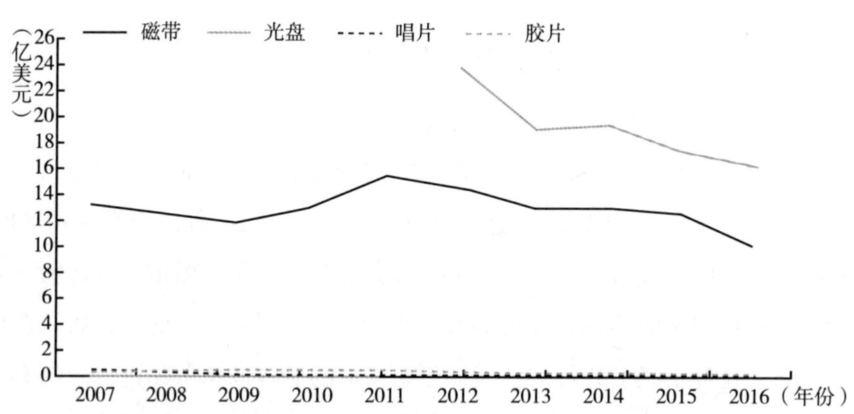


**图 6　2007 ~ 2016 年音像制品及电子出版物各类产品进口额**

资料来源：根据联合国商品贸易统计数据库整理而成。

2. 相关层以广播电视电影专用设备进口为主

相关层文化产品有八个细分类别。其中，文化专用设备包含广播电视电影专用设备、印刷专用设备；文化用品包含文具、玩具、乐器、游艺器材及娱乐用品；工艺美术品及收藏品包含工艺美术品、收藏品（见图7）。

在文化专用设备中，最大的优势产品是广播电视电影专用设备，在2013年其进口额达到27.3亿美元，占比50.6%，其中广播电视节目制作设备和电影制作及放映设备进口额占比非常大。广播电视电影专用设备巨大的进口额，不仅与其体量大、价格高有关系，还与国内电影电视产业的快速发展息息相关。近十年来，中国电影电视产业“急速膨胀”，从粗糙的制作、贫瘠的原创、引进与抄袭到主动的自我创新、注重技术与知识产权的保护，从不温不火的市场到突然间累积爆发的消费冲动，巨大的消费需求和市场缺口，让电影电视产业突飞猛进，这让广播电视电影专用设备也同样有了巨大的国内需求，但国内的设备生产远远难以满足产业设备质量和数量的要求，因而广播电视电影专用设备进口增长迅速。而2016年，高速狂奔的影视热闹戛然而止，资本绑架电影、IP炒作过热、票房严重缩水。这是市场内部自我调节机制的恢复，是观众回归理性的结果。因此，随着电影电视产业发展脚步的放慢，经济泡沫的挤出，结构和内容的优化，可以预测的是广播电视电影专用设备进口下降的趋势应该仍会继续，但会在未来趋于平稳，或有些许回温迹象。

工艺美术品相对于收藏品的进口额大得多，最高达34亿美元，但其项下各类产品进口额波动幅度大，增长时间点也参差不齐。珠宝首饰及有关物品进口额持续增加，在2014年超过蚕丝及机织物成为份额第一，这主要是源于国内消费水平的提升和消费意识的改变，珠宝首饰逐渐成为被追捧的、具有保值意义和审美价值的消费品。而如花画工艺品和雕塑工艺品这样的文化消费品，在某一年中有突然异常的增长波动，这很有可能是由当时市场的风潮或炒作带来的消费偏好引起。

文化用品各类产品的进口额大都在5亿美元及以下波动。其中，乐器和玩具的进口额保持持续增加，这与国内市场音乐产业和玩具产业的蓬勃发展密不可分。一方面现场演出的增多、音乐培训的普及、国民音乐素养的提升让乐器的进口额一直攀升，另一方面更多形式丰富、质量优良的国外玩具进入中国，满足国内儿童玩具市场日益增长的益智、娱乐需求。

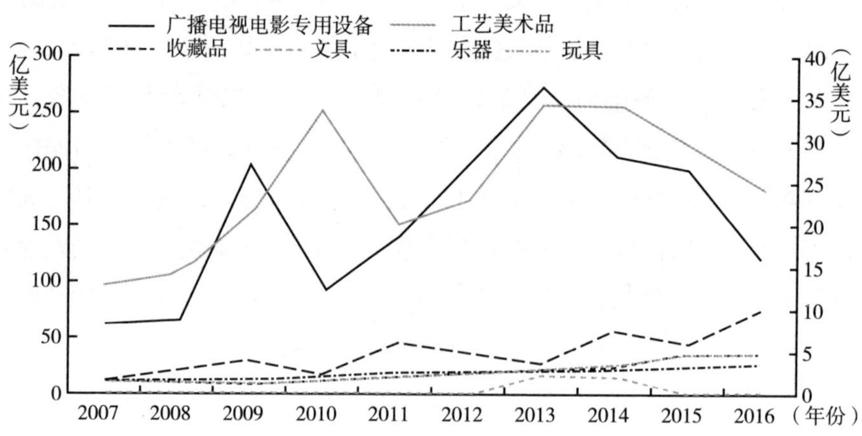


**图7　2007~2016年相关层进口文化产品结构**

注：广播电视电影专用设备以左轴为准，其他以右轴为准。

资料来源：根据联合国商品贸易统计数据库整理而成。

## 四　优化中国文化产品进口结构的建议

由于文化产品区别于其他一般的普通商品，其所包含的文化内容或价值观念，直接关系到一个国家的主权、国家安全以及国家意识形态等较为敏感的领域，所以，各国在贸易自由化的过程中仍然会对其进行具有隐蔽性和刚性的贸易保护，中国也不例外。这一方面是为了保护国内的文化多样性和意识形态安全，另一方面也为了保护中国起步较晚的文化产业的发展，因此，中国文化产品的进口在很大程度上取决于国家的政策。如果要进行文化产品进口的优化，最重要的就是在各类相关的政策上进行调整。

### （一）扩大文化进口来源地，寻求最佳文化资源配置

通过对文化产品进口的地理结构分析，可以看出，近十年来中国进口“朋友圈”逐步扩大，越来越多来自东南亚、中东欧、中亚、非洲、南美洲

国家的文化产品进入中国市场，但数额相对还较小，受到经济文化外交政策影响，波动性也比较大。中国“一带一路”以及像“中非命运共同体”等倡议的提出，为中国的进口市场铺开了一条更宽阔的道路，因此，中国应该把握这些机遇，在经济合作中寻求文化的共鸣，在国际市场上找到更多、更丰富的文化产品和服务来满足国内的文化消费需求，提高文化消费的福利，同时，也能在很大程度上缓解国家之间的贸易摩擦。在进口来源地中，最突出潜力区域有三个：中东欧国家、东南亚国家、非洲国家。

第一，中东欧国家与中国的经贸往来日益密切，自 2008 年金融危机以来，为寻求贸易机会、开拓新兴市场，中东欧国家加快了与中国合作的脚步。中东欧国家经济发展程度、宗教文化各不相同，因此在文化产品和服务的提供上各具特色，例如：捷克的游戏软件开发全球闻名，波兰创意设计独树一帜，罗马尼亚文化制造业发展迅速，等等。扩大对中东欧国家的文化贸易进口，能够为国内市场带来高质量且独具特色的产品和服务，给国内文化消费者和生产商带来更多的选择。但由于在地理距离上，中东欧国家在中国市场不占优势，因而在制定对中东欧国家的文化贸易政策中，不仅要维护政策的稳定性，也要注重对文化基础设施的建设，让中国和中东欧国家之间的文化贸易之路顺畅且便利。

第二，东南亚国家与中国的贸易越来越密切，特别是东盟国家与中国在 2018 年签订了中国东盟自贸协定“升级版”之后，中国和东盟的经贸关系得到进一步提升。中国与东南亚之间有着天然的地理优势，并且文化相近，这使东南亚国家在中国近十年来的文化产品进口中占据的份额越来越大，更多的国家成为一类产品进口的主要对象国。东南亚国家的人口红利和自然资源使其成为中国初级文化产品以及文化设备等的最佳进口市场，价格实惠、质量保证、运输便利。中国应该借助东盟自贸区的不断升级，给予文化产品更多优惠的保障，从而更好地转化国内的文化产业结构，进而促进文化贸易的“走出去”。

第三，在 2018 年中非合作论坛召开之后，“中非命运共同体”和“八大行动”的提出，意味着中国和非洲之间将要展开更多的经济合作和文化交流，其中特别提到中国将扩大对非洲非资源类产品的进口，并加大与非洲的文化交流等等。对非洲的文化进口主要有两个方面。一方面，联合国贸易和发展会议曾提到，在宝石、棉花等自然资源的天然优势下，非洲国家在珠宝和服装设计方面有非常大的潜力，因此中国可以考虑扩大对诸如手工艺品、珠宝金属装饰、服装等的文化产品进口。另一方面，随着古老的音乐等相关文化遗产在非洲复苏，音乐产业成为巨大的宝库，市场等待挖掘。

### （二）发挥文化保税区功能，进口带动文化产业提质增效

文化保税区依托综合保税区的平台，能够给予文化产品和服务一个特殊的国际市场渠道，如享受免进出口许可证待遇，节省部分报关环节，减免各种税收……各种优惠政策极大地降低了进口的价格，进而降低了进口国外文化产品的国内企业的成本。目前，中国的三家文化保税区分布在上海、北京、深圳，其中，最早建立的上海外高桥保税区是全国第一个国家对外文化贸易基地，已经具备较为成熟的发展基础和贸易平台，是全国在文化产品保税实践上的先锋。而北京天竺综合保税区是国内唯一依托空港建立的国家级文化保税区，兼具地理和政治优势。

文化保税区对促进文化专用设备和收藏品进口的意义最大。例如，文化保税仓库能够提供器材租赁服务。在仓库中存放的大型演出、影片拍摄器材可以免税租赁给国内的文化机构和企业，这样不仅避免了昂贵的进口费用，而且不会造成使用过后的搁置浪费，从而在很大程度上降低了国内电影制作商、演出团体等的固定成本。而且随着普通的保税区政策逐步开放到文化领域，优惠力度更强，例如北京天竺综合保税区进口的艺术品可以免税储存以便再次贸易或转口，只有交易完成才需缴税，大大促进了文化收藏品的进口与流通。同时，文化保税区还能进一步加强技术的优化。文化保税区依托国外先进技术和器材的进口，让海外技术团队的引进更畅通，减少各方面的限制。因此，要优化文化进口，文化保税区是着力点，须创新保税区的管理模式，将应用于普通产品的政策更具针对性地适用于文化产品和服务，从而推动艺术收藏品和文化版权进口，国内影视制作和娱乐演出产业等的快速发展。

### （三）提供优质公共文化服务，培育文化消费市场

居民文化需求越高，其对文化进口的正向影响越大，因此优化文化进口重在培养优质的文化市场。对于国民文化消费市场的培养，一方面要加强公共文化服务的建设，提高国民的文化艺术素养，另一方面需要加大文化产品和服务进口开放度，让更多更好的产品和服务涌入中国市场。

随着对“文化自信”的提倡，中国特色社会主义文化的建设如火如荼地在全国城镇和农村推行，公共文化服务作为不可或缺的支撑点是文化建设重要组成部分。公共文化服务在全国的布点，能够保证更多的人更轻松、便利地获得公共文化资源，提高公众的文化艺术素养，使对文化产品的需求优质化、多样化。

其次，要提供更多的文化消费选择，让国内文化消费的品位与国际接轨，逐步有计划地减少进口文化消费品的关税，让文化产品和服务的价格更加亲民，使国民享受更多国际化的、多样化的文化消费，特别是核心层中的图书、报纸、期刊，音像和电子出版物等。增强国民在世界中的文化参与感，培育市场的艺术审美、品味格调，从而促进国内文化市场的成熟和优化，反过来也能提高国内文化产品和服务生产的质量。

## 参考文献

白远、关越：《中国文化创意产品进口低下之原因分析——基于贸易开放度与居民消费的国际比较研究》，《社会科学文摘》2016 年第 6 期。

陈原：《文化保税园有望降低文化进出口成本》，《中外文化交流》2014 年第 9 期。

邓碧玉：《文化消费需求对我国文化产品进口贸易影响研究》，博士学位论文，湘潭大学，2012。

李嘉珊、任爽：《“一带一路”战略背景下海外文化市场有效开拓的贸易路径》，《国际贸易》2016 年第 2 期。

李小牧、李嘉珊：《深改背景下的文化市场建设》，《北京观察》2014 年第 8 期。

李小牧、王海文：《文化保税区：新形势下的实践与理论探索》，《国际贸易》2012

年第 4 期。

梁达：《扩大进口关键是要进一步优化结构》，《商场现代化》2011 年 Z1 期。

刘会巧：《我国进口贸易结构问题研究》，博士学位论文，东北财经大学，2012。

刘晓光、杨连星：《文化贸易存在进口引致出口吗——基于中国文化产品出口二元边际分析》，《经济理论与经济管理》2018 年第 3 期。

罗立彬：《中国文化贸易进口与中国文化走出去：以电影产业为例》，《东岳论丛》2017 年第 5 期。

曲如晓、刘霞：《论文化商品贸易的光环效应——基于中国进口市场的实证研究》，《国际贸易问题》2017 年第 10 期。

王海文：《我国国际文化贸易统计实践探索》，《山西师大学报》（社会科学版）2013 年第 6 期。

杨京英、王金萍：《中国与世界主要国家文化产品进出口统计比较研究》，《统计研究》2007 年第 1 期。

杨连星、张杰：《进口如何影响了文化贸易联系持续期》，《经济与管理研究》2017 年第 8 期。

Disdier A. C., Tai S. H. T., Fontagné L., et al., "Bilateral Trade of Cultural Goods," *Review of World Economics*, 2010, 145 (4).

Hofstede G. H., *Culture's Consequences: Comparing Values, Behaviors, Institutions and Organizations across Nations*, (California: Sage Publications, Thousand Oaks, 2001).

Hoque M. M., Yusop Z., "Impacts of Trade Liberalisation on Aggregate Import in Bangladesh: An ARDL Bounds Test Approach," *Journal of Asian Economics*, 2010, 21 (1).

Wörz J., "Skill Intensity in Foreign Trade and Economic Growth," *Empirica*, 2004, 32 (1).

# B.12 中国陶瓷出口贸易特点及优化策略

李芷缇*

**摘　要：** 陶瓷业是中国的传统产业，陶瓷也是中国出口贸易发展最早的产品类别。如今，中国已成为世界上最大的陶瓷出口国，陶瓷出口为中国的出口收入做出了巨大贡献。中国陶瓷出口贸易自改革开放以来发展迅速，取得了卓越的成绩。然而国内外的诸多因素，如产业集聚优势欠缺、文化内涵不明显、附加值偏低、贸易壁垒等问题严重阻碍了中国陶瓷的出口贸易发展。

**关键词：** 陶瓷　国际贸易　景德镇

陶瓷业作为有着悠久历史的中国传统工业，从东汉起就闻名世界，随着中国国际地位的不断提高，中国陶瓷出口的发展仍在继续深化。自改革开放以来，中国陶瓷出口得到很好的发展，出口的产品在世界上得到了越来越多的认可。近年来，中国陶瓷出口稳步增长。然而，随着陶瓷产能的增加，该行业的竞争压力也在上升。中国陶瓷出口形势日益严峻，一方面，对某些陶瓷的国际需求逐渐下降；另一方面，人口红利的逐渐消失和自然资源的紧缺导致陶瓷生产成本上升，出口的价格优势也逐渐下降。此外，近年来，中国陶瓷在国际市场上遭遇的反倾销和技术性贸易壁垒日益

* 李芷缇，国家文化发展国际战略研究院项目助理，北京第二外国语学院国际商务专业硕士研究生。

严重，使得中国陶瓷出口的外部环境更加恶劣。在金融危机后的时代，发达国家的“去工业化”进程放缓。全球贸易结构发生了巨大的改变，并在某种程度上影响了发展中国家的工业化进程。产能过剩和经济停滞已成为各国经济发展的共同挑战，特别是对传统行业而言，如陶瓷业。目前，中国的陶瓷出口并不乐观，同时陶瓷出口也正处于发展的关键时刻，如果不及时加以优化，制定科学和有效的发展战略，将严重制约中国陶瓷产业的总体发展。

## 一 中国陶瓷出口贸易现状与特点

### （一）中国陶瓷出口贸易的现状

1. 中国陶瓷出口贸易规模

自改革开放以来，中国陶瓷工业发展迅速，仍然是世界上最大的陶瓷生产国和最大的出口国。1997 年中国陶瓷产品出口至 62 个国家和地区，2017 年覆盖率扩大了 200%。自 2010 年以来，中国陶瓷行业出口额同比增速不断放缓，2014 年甚至出现负增长 7.1%。虽然 2015 年上半年的增长率大幅上升，但增长并不稳定，海外市场的分化加剧，近年来的走势依然存在不确定性。

2017 年，中国陶瓷出口量持续下降，其中出口额下降幅度继续高于出口量降幅。国家统计局数据显示，2017 年中国陶瓷产品累计出口额达到 193.1384 亿美元，同比增长 10.5%（见图 1）。根据中国商业研究院发布的《2018～2023 年中国陶瓷产品行业市场前景及投资机会研究报告》的统计数据，2018 年上半年，中国陶瓷产品出口量 1058.1 万吨，同比下降 3.8%。从出口额来看，2018 年上半年中国陶瓷产品出口总额为 99.945 亿美元，比去年同期增长了 15.8%。

2. 中国陶瓷出口贸易产品分类

随着中国在国际建筑陶瓷市场的地位不断上升，出口量逐年增加。其

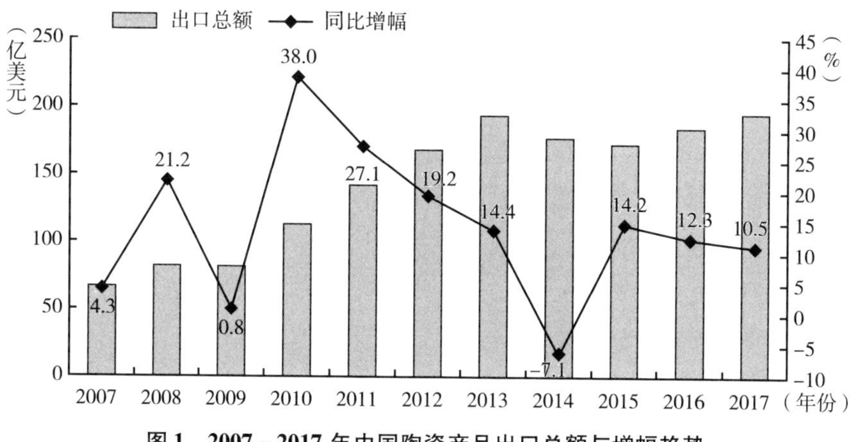


**图1　2007～2017年中国陶瓷产品出口总额与增幅趋势**

资料来源：根据国家统计局数据整理绘制。

中，建筑陶瓷占据最重要的位置，占出口的30%以上；日用陶瓷出口增幅最大，其比例上升到第二位；艺术陶瓷出口呈现强劲增长势头（见表1）。中国陶瓷产品的出口额和出口量逐年上升，这说明中国陶瓷对世界陶瓷工业具有很大的吸引力。

**表1　2016年、2017年中国陶瓷出口的分类**

单位：亿美元，%

| 分类 | 2016年 | | 2017年 | |
|---|---|---|---|---|
| | 金额 | 占比 | 金额 | 占比 |
| 出口总额 | 182.6762 | 100 | 193.1384 | 100 |
| 日用陶瓷 | 40.6 | 22.23 | 53.7 | 27.80 |
| 建筑陶瓷 | 65.7 | 35.97 | 64.2 | 33.24 |
| 卫生陶瓷 | 19.3 | 10.57 | 20.4 | 10.56 |
| 艺术陶瓷 | 11.7 | 6.40 | 18.6 | 9.63 |
| 其他陶瓷 | 45.4 | 24.85 | 36.2 | 18.74 |

资料来源：根据国家统计局数据整理绘制。

从图2可以看出，在出口的所有陶瓷产品中，四大主要陶瓷种类中的建筑陶瓷和日用陶瓷的占比总和超过60%，其中，建筑陶瓷占比最大，为33.24%，日用陶瓷次之，为27.80%；卫生陶瓷占比10.56%，艺术陶瓷占

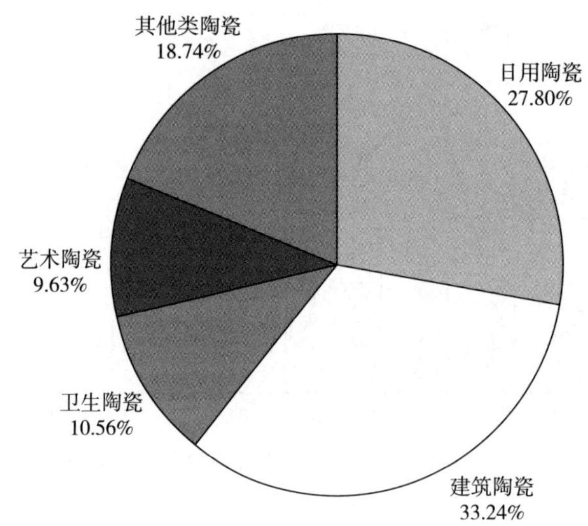


**图 2　2017 年中国出口陶瓷的分类占比**

资料来源：根据国家统计局数据整理绘制。

比为 9.63%。

3. 中国陶瓷出口贸易地理特征

美国一直是中国陶瓷出口量最大的国际市场。现将中国陶瓷出口额排名前 30 的国家按地域进行分类，这些国家从地理位置上来看大致可以分为三大市场，分别是北美洲市场，亚洲市场以及欧洲市场。表 2 是我国陶瓷出口三大国际市场分布及出口额统计数据。

**表 2　2001～2017 年中国陶瓷出口额的国际市场分布情况**

单位：亿美元

| 年份 | 中国对世界陶瓷出口额 | 中国对北美主要国家陶瓷出口额 | 中国对欧洲主要国家陶瓷出口额 | 中国对亚洲主要国家陶瓷出口额 |
|---|---|---|---|---|
| 2001 | 17.75 | 5.45 | 3.43 | 4.03 |
| 2002 | 23.33 | 6.97 | 3.54 | 5.54 |
| 2003 | 29.58 | 7.66 | 4.65 | 7.62 |
| 2004 | 38.90 | 8.91 | 6.29 | 10.62 |
| 2005 | 50.37 | 10.21 | 9.33 | 14.28 |
| 2006 | 62.91 | 13.08 | 11.33 | 18.13 |
| 2007 | 66.44 | 13.25 | 13.29 | 18.33 |

续表

| 年份 | 中国对世界陶瓷出口额 | 中国对北美主要国家陶瓷出口额 | 中国对欧洲主要国家陶瓷出口额 | 中国对亚洲主要国家陶瓷出口额 |
|---|---|---|---|---|
| 2008 | 80. 37 | 14. 67 | 15. 80 | 23. 21 |
| 2009 | 80. 61 | 14. 14 | 14. 19 | 24. 25 |
| 2010 | 111. 00 | 22. 64 | 20. 03 | 31. 27 |
| 2011 | 140. 53 | 30. 46 | 25. 12 | 40. 47 |
| 2012 | 167. 46 | 30. 14 | 24. 88 | 48. 51 |
| 2013 | 191. 63 | 30. 94 | 23. 81 | 60. 07 |
| 2014 | 175. 69 | 29. 51 | 22. 64 | 50. 86 |
| 2015 | 170. 48 | 27. 85 | 22. 15 | 48. 63 |
| 2016 | 182. 68 | 29. 68 | 22. 89 | 56. 76 |
| 2017 | 193. 14 | 31. 26 | 23. 18 | 61. 49 |

资料来源：根据 UN Comtrade 数据库归纳汇总而得。

从表 2 可以看出，中国出口额最高的是亚洲市场，其次是北美市场，最后是欧洲市场。2001 年之前，亚洲市场在三大市场中排名第三。随着中国加入 WTO 和中国—东南自由贸易区的建立，中国陶瓷出口额增长迅速，其中亚洲市场出口额上升速度最快。在 2004 年，亚洲市场出口额超过北美市场和欧洲市场，并且所占世界出口额的比例一直在持续增长，同时北美市场因为有我国陶瓷贸易出口额最大的美国，所以是我国陶瓷出口的第二大市场。

根据海关数据，2017 年中国陶瓷出额口的十大贸易国（地区）分别是美国、菲律宾、越南，韩国、印度尼西亚、泰国、澳大利亚、中国香港、沙特阿拉伯、阿拉伯联合酋长国（见图 3）。其中，美国出口额 3. 71 亿美元，占总额的 8. 38%，同比下降 0. 67%；菲律宾出口额 2. 97 亿美元，占总额 6. 71%，同比下降 11. 59%；越南出口额 2. 8 亿美元，占总额 6. 33%，同比增长 9. 31%。从出口额增长率的角度来看，2017 年中国陶瓷在香港，越南和印度尼西亚是同比正增长，增长率依次是 21. 20%、9. 31% 和 6. 27%。其中，对越南的出口额从上年的第五位上升至第三位，对印度尼西亚的出口从第六位上升到第五位，对沙特阿拉伯、阿拉伯联合酋长国、澳大利亚和菲律宾的出口下降超过 10%，其中沙特阿拉伯的下降幅度最大，同比下降了 55. 49%，出口额占世界的比例从上年的第三位下降到第九位。

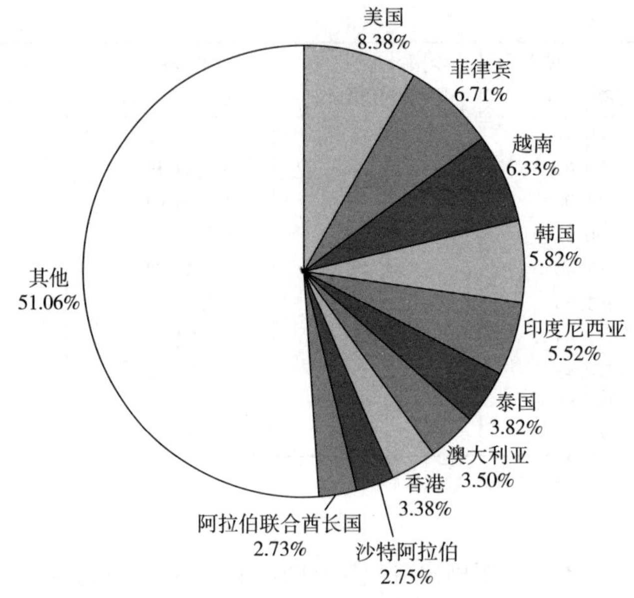


**图 3　2017 年中国陶瓷产品出口贸易国占比**

资料来源：根据中国海关统计数据整理绘制。

## （二）中国陶瓷出口贸易的主要特点

### 1. 中国陶瓷出口贸易集中在中小企业

中国陶瓷出口企业中有九成以上都是中小企业，以建筑类陶瓷为例，该行业有许多小规模生产企业和上下游配套企业，分布范围广泛。加之国家环保监管力度加大，同时近年来出口形势不佳，陶瓷行业竞争日趋激烈。据国家统计局统计，截至 2017 年底，中国建筑陶瓷行业规模以上企业有 1551 家，比去年减少了 61 家。并且，其他类型的陶瓷出口企业数量也相对较少，规模以上企业占比较低。

2017 年，中国陶瓷出口额的 70% 以上来自广东的出口。海关数据显示，2017 年 1 ~ 6 月，广东陶瓷累计出口 15. 82 亿美元，同比下降 16. 87% ，占中国陶瓷出口额的 74. 22% （见图 4），比上年同期高出 11. 43 个百分点。

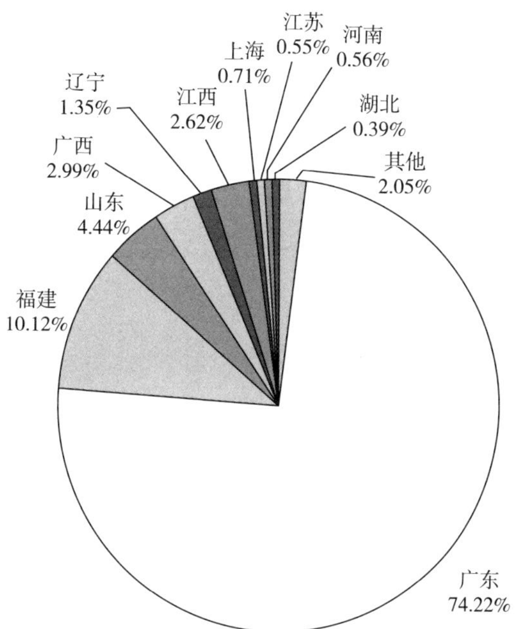


**图 4　2017 年中国陶瓷累计出口额地区占比**

资料来源：根据中国海关统计数据整理绘制。

2. 中国陶瓷出口贸易产品种类集中

1996 年以前，中国的陶瓷出口产品主要是日用陶瓷，占陶瓷产品出口总额的 95%。加入 WTO 后，由于建筑、卫生陶瓷产品的兴起，其产品出口量迅速增长，出口额也随之大大提高。在 2002 年，中国的日用陶瓷、建筑陶瓷和卫生陶瓷分别占陶瓷产品出口总额的 77%，16% 和 7%。近几年，伴随着建筑、卫生陶瓷产业蓬勃发展，2009 年卫生陶瓷产品出口额占陶瓷出口总额的比重大大提高，卫生陶瓷出口额比例由 2002 年的 7% 上升至 2009 年的 9.92%，同时建筑陶瓷出口额比例的增幅尤为显著，从 2002 年的 16% 增长到 2009 年的 42.51%。2017 年，中国陶瓷出口产品类型仍呈现集中特征。从图 7 和图 8 可以看出，2017 年建筑陶瓷出口额占比为 33.24%，2017 低于 2009 年的出口额占比；2017 年日用陶瓷占比为 27.8%，相比 2009 年有明显的减少；卫生陶瓷和艺术陶瓷也有一定程度的变化。

从图5～图8可以看出，中国陶瓷产品出口结构不断优化。陶瓷出口产品

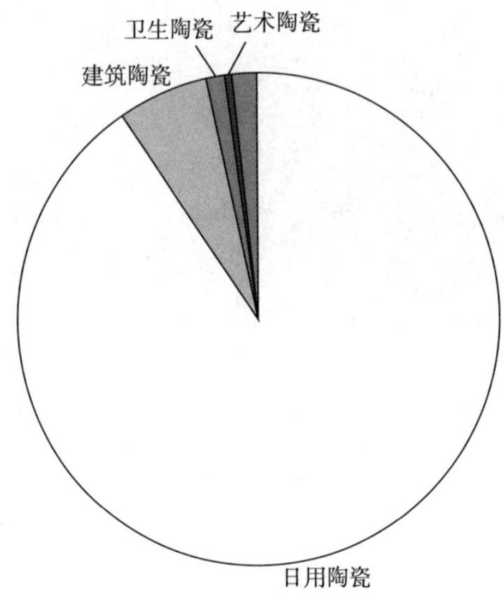


**图5　1996年我国陶瓷产品出口额结构**

资料来源：根据中国海关统计数据整理绘制。

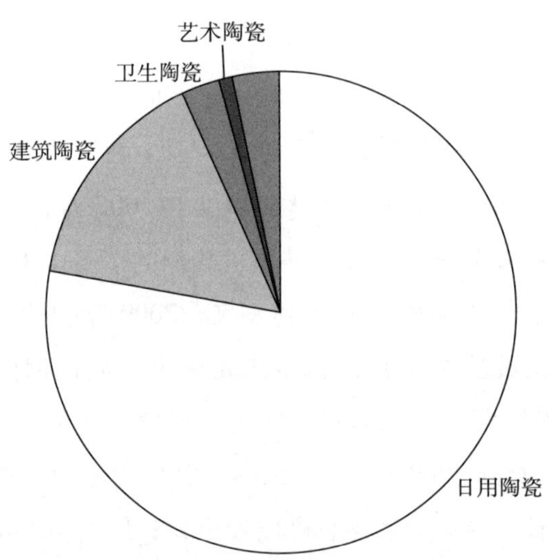


**图6　2002年我国陶瓷产品出口额结构**

资料来源：根据中国海关统计数据整理绘制。

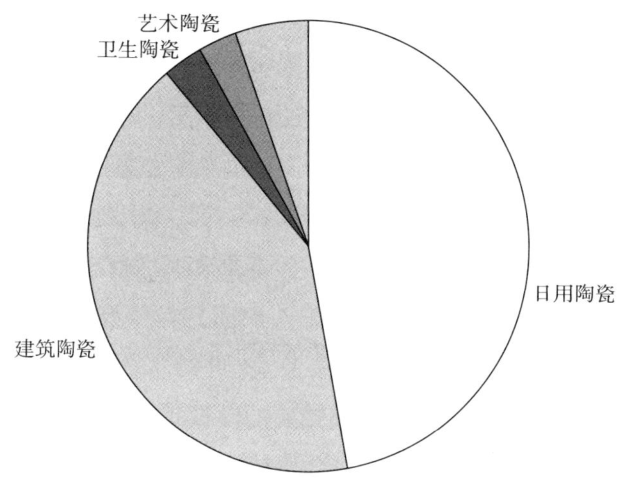


**图 7　2009 年我国陶瓷产品出口额结构**

资料来源：根据中国海关统计数据整理绘制。

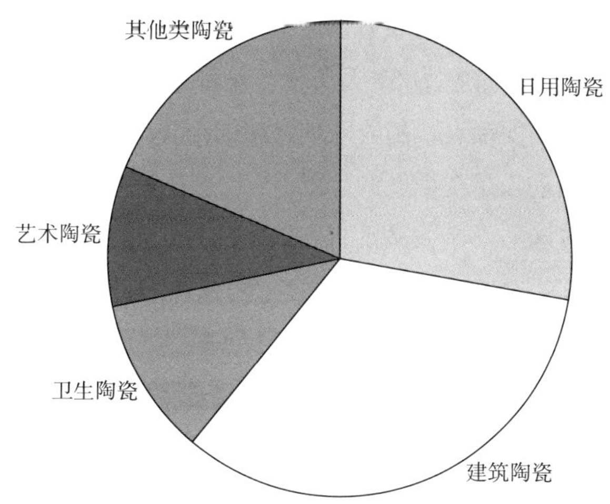


**图 8　2017 年我国陶瓷产品出口额结构**

资料来源：根据中国海关统计数据整理绘制。

种类不断增加，但总的来说，中国的陶瓷出口产品仍然集中在以下四种：日用陶瓷、建筑陶瓷、卫生陶瓷和艺术陶瓷。

3. 中国陶瓷出口贸易方式日渐新颖

与一般商品出口方式有所差异，中国陶瓷出口贸易方式不仅仅局限于单一的以企业为主体的标准化贸易方式，还包括拍卖、定制等特定的出口贸易方式。且随着中国陶瓷出口贸易的不断发展以及陶瓷文化在全球的广泛传播与接受，中国陶瓷出口贸易方式日渐新颖。

拍卖是陶瓷出口最独特的方式之一。直到21世纪，陶瓷拍卖才得到认真对待，之前中国陶瓷经常被列入名为“亚洲艺术”或“东方艺术”的拍卖会中，并且数量稀少，且质量较低。在21世纪，中国陶瓷拍卖在欧洲和北美逐渐受到关注，并逐渐成为欧美拍卖的常设拍品。自2000年以来，欧洲拍卖行开设了中国瓷器特别拍卖会。例如，佳士得（伦敦）将每月的东方手工艺品改为“东方陶瓷和工艺品”，以此来突出“陶瓷”这个词。2006年，中国陶瓷在欧洲艺术品拍卖市场中的地位再度得到提升。2006年，“中国和日本出口艺术”以专场拍卖的形式在佳士得（伦敦）举办，让中国明清外销瓷首次在佳士得亮相。随后，佳士得（伦敦）的“中国陶瓷工艺品”也以中国陶瓷为主，交易额为83万英镑。从那时起，中国瓷器尤其是明清外销瓷器的价格大幅度提高，随着欧洲对中国陶瓷的关注度越来越高，中国瓷器拍卖市场逐渐进入了一个新的阶段。

随着互联网技术的不断发展，陶瓷出口贸易方式的新时代——“互联网+陶瓷”出现了，体现出互联网思维与陶瓷出口营销的结合。在“互联网+陶瓷”交易方式中，互联网平台思维和客户思维是最重要的。“互联网+陶瓷”的平台思维是开放、共享、共赢，这个交易平台允许所有客户和厂商参与，实现厂商与客户之间的零距离。在互联网时代，客户的需求变化越来越快，越来越难以捉摸，单靠厂商自身所拥有的资源、人才以及能力快速满足客户的个性化需求是很困难的。然而，“互联网+陶瓷”这个交易平台，可以以最快的速度收集资源，以满足客户多样化、个性化的需求。因此，“互联网+陶瓷”交易平台模式的本质是创造一个多方共赢、互利的生态系统。平台思维下，并非所有问题都必须由自己解决，而是充分利用其他资源。另一个重要的部分是客户思维：客户思维意味着客户应被视为供应链各个环节的主体，以客户为中心去考虑问题。只有深刻理解客户的需求和痛点，才能获得客户支持，公司才能生存。没有认同，就没有合同。所以，“互联网+陶瓷”贸易方式能够快速实现“按需定制”，用最合理的方式满足客户的需求，客户订单的集合促使制造商定制满足客户需求的产品，客户可以通过“互联网+陶瓷”贸易方式获得个性化产品。同时，强调客户体验：良好的客户体验贯穿每一个细节，鼓励客户参与产品的设计和生产，让客户说出他们想要的东西，在产品设计师的帮助下，将想法变为现实，实现瓷砖的个性化定制，并为客户带来惊喜。

4. 中国陶瓷出口贸易具备文化传播特性

中国陶瓷结合了中外文化的精髓，是科技与文化艺术的结合。陶瓷不仅是一件容器，也是一种文化。它代表着中华民族在陶瓷艺术发展过程中的智慧，同时陶瓷文化也是中华文化的重要组成部分。不同历史时期的陶瓷造型和装饰风格反映了这一时期人们的审美观，也反映了人们创造陶瓷的文化心理和智慧。目前，陶瓷文化与民俗文化和宗教文化相结合，作为 个整体与审美艺术相结合。

中国陶瓷的出口不仅是陶瓷产品本身的出口，也是中国陶瓷文化的传播。第一，陶瓷出口促进了陶瓷制造的模仿技术。在世界陶瓷文化的发展中，意大利是第一个学习中国瓷器制造文化的，其中意大利仿造的青花仙人纹盘与中国景德镇制造的青花瓷相比较，差距是极小的。与此同时，意大利制造出的瓷器也模仿了中国坚固而笨重的造型特征，这种瓷器制作特征在意大利市场非常受欢迎。荷兰釉面陶器模仿景德镇的青花瓷非常有名，并且为了仿造出中国陶瓷的绚丽色彩，荷兰的工匠在制作瓷器期间进行了各种实验，终于在荷兰瓷器上绘制了东方的风景和异国情调的花朵，这一举动推动了欧罗巴装饰艺术的发展。第二，陶瓷出口促进了世界陶瓷艺术的全面创新。中国陶瓷质地坚硬，釉色细腻。它的外观非常漂亮，具有很高的观赏价值，整体体现了明快、美观、严谨、精致的风格。而西方艺术则受到东方艺术的影响，使西方艺术与东方陶瓷艺术相结合，可以体现出高雅、明快、活泼的艺术特色。西方罗可可就融合了东方艺术与西方艺术，实现了在陶瓷艺术上的创新。文化是活跃的，艺术的创新得益于中国陶瓷出口强度和深度的提高。

就整体发展而言，中国陶瓷的出口促进了中国陶瓷文化的传播，推动了西方陶瓷艺术的发展，因此，中国陶瓷出口贸易具备了文化传播的特性。

5. 中国陶瓷出口市场需求多元化

中国陶瓷出口市场的需求与不同国家和地区的文化密切相关。随着中国陶瓷出口市场范围的不断扩大，国际市场需求逐渐多元化，不同国家和地区在进口中国陶瓷上具有不同的需求。例如，在欧洲市场，德国消费者大多喜欢色彩雅致、有小动物形状的原创艺术陶瓷。此外，德国对铅的溶解量有严格的限制，喜欢釉下彩。在法国，消费者喜欢中国出口的陶瓷花瓶，高度在 0.15 米至 0.46 米规格的花瓶销售最好。因为欧洲房间的高度为 2.5 ~2.6 米，所以花瓶不能太高。在法国，模仿欧洲风格人物、动物、花卉和鸟类的瓷器卖得也很好。在英国，除了进口艺术陶瓷外，他们还进口大量的美术陶瓷，这对中国陶瓷出口的种类需求也有一定的创新推动作用。在北美市场中，墨西哥进口中国陶瓷的需求在不断增加，需求最为显著的是陈设瓷、陶瓷花瓶等。加拿大在进口中国陶瓷时要求质优价廉，以淳朴的底色配以鲜艳的花纹，整体淡雅为佳，主要用作可馈赠亲友的礼品。

## 二　中国陶瓷出口贸易存在的问题

### （一）反倾销与技术贸易壁垒问题严重

我国陶瓷产品的出口价格与国外一些国家和地区的陶瓷产品出口价格存在较大差异，很容易引起进口国的反倾销起诉。2001 年，印度对中国瓷砖出口征收 247% 的反倾销税后，墨西哥和埃及于 2002 年对中国陶瓷出口展开反倾销调查。在外国发起的针对中国的 500 起反倾销起诉中，国内的回应率低于 70%，绝对成功率低于 40%，这也充分反映了中国企业在国际反倾销战争中缺乏战斗精神和勇气。在其他国家，WTO 对进口配额和许可证的限制影响了中国陶瓷的出口。例如，美国、欧盟和日本等发达国家和地区依靠自身在生产、管理和技术方面的优势，以技术法规、协议以及认证体系等为主要内容的技术性贸易壁垒，为市场准入设定了极其严格的条件。2008 年、2009 年，厄瓜多尔、菲律宾等国家相继出台了相关法规，限制对建筑陶瓷的进口，建筑陶瓷的进口大大减少，实现了保护国内建筑陶瓷行业的目的。此外，在卫生陶瓷领域，美国、欧盟和加拿大等发达国家都对卫生陶瓷产品进行了相关的认证和合格评定程序，如欧盟 CE 认证、美国 UPC 和 Water Sense 认证，加拿大 CSA 认证，澳大利亚的 Water Mark 和 WELS 认证，英国 WRAS 认证等，这些认证书都是卫生陶瓷进入中高端国际市场的通行证。2013 年 7 月 29 日，巴西宣布对原产于中国的陶瓷餐具反倾销案的初步结果：税率为每公斤 1.34 ~6.66 美元。自 7 月 30 日起，巴西将按上述税率征收临时反倾销税，直至最终决定。这起案件涉及 7000 多万美元，1000 多家中国陶瓷出口商受到影响，不得不考虑退出巴西市场。频繁遭到各国反倾销，大大减少了中国陶瓷的出口。2017 年 5 月 4 日，印度工商部门发布公告，对原产于或者进口自中国的陶瓷餐具和厨房用具做出初步反倾销裁定。建议对中国产品按每公斤 1.04 美元征收临时反倾销税。目前，中国陶瓷行业已经成为因反倾销和技术性贸易措施受损最严重的国家。

### （二）核心陶瓷品牌建设滞后

核心品牌缺失阻碍了陶瓷产业的发展。除了广东新明珠、东鹏、蒙娜丽莎、新中源、鼎众陶瓷等大型陶瓷企业外，绝大多数中小企业都没有自主品牌。因为中小企业缺乏进取精神，缺乏自主品牌意识。在市场竞争靠品牌和质量取胜的时代，中小企业品牌意识的缺乏将使企业失去持续盈利的保障。满足于当前的经营状况，不肩负起打造品牌的责任会对企业的长期发展产生负面影响。品牌的建设需要长时间的投入人力、物力和财力，即使规模较小的企业也应该打造具有产品特色的品牌，才不至于在竞争中被淘汰。此外，

贴牌生产的惯性导致通过展会等获得的订单只有加工权限，没有商标专利。由于生产的规模经济，贴牌生产能对经济发展起到推动作用，但品牌建设被忽视了。精心设计的品牌现已成为国外陶瓷企业进入国内市场以及占领国际市场的主要战略。近几年来，意大利和西班牙保持了较高的出口水平，并在国际市场上形成了自己的国际知名品牌，已得到国际市场的认可。然而，中国陶瓷缺乏著名的国际核心品牌。

### （三）企业主体分散导致出口不成规模

目前，中国有许多陶瓷企业。然而，除了几十家大型知名陶瓷企业外，我国陶瓷出口企业基本上呈现规模小、综合性强的特点。例如，由于缺乏专业的陶瓷黏土、釉料、成型、包装企业，大多数生产陶瓷产品的公司都要建立自己的系统并采用“一站式”生产方式。从最初的泥浆成型，到烧成贴花，以及后期的包装销售和售后都由企业自己承担，未形成规模经济。在众多环节施工与投资，会浪费大量资源，影响劳动效率。相关资料显示，反复投资会导致产值损失超过 30 亿元。同时，也有一些公司提供专业的支持服务，大部分公司由于规模小仅能提供低端的产品和初级的服务，配套产业不完善增加了各环节的成本。如各类陶瓷所需的高级包装彩盒、先进的陶瓷机械、窑炉等都需从外地采购。由此造成的损失每年超过 100 亿元。由此可见，我国陶瓷生产企业主体的分散使得出口的效果较差。

### （四）产品附加值有待提升

我国陶瓷产业的特点是产品质量差，规模大但企业不强，比较竞争优势不足，实际市场竞争力差。陶瓷产品产量大，出口量大，但出口价格低，这不但是中国陶瓷产业恶性发展所面临的现状，也是我国陶瓷出口产品中普遍存在的现象。与同类陶瓷产品相比，我国陶瓷产品的出口价格较低，同类陶瓷产品，日本的价格是 80～300 美元，而中国的只有 13～34 美元。中国的平均外汇收入仅为 0.2 美元，远低于世界平均外汇收入的 0.87 美元，仅仅为英国和日本的七分之一，法国的三分之一。在 2004 年，中国陶瓷产量和出口量位居世界第一，但其单价远低于国外的产品。有的企业产品设计水平差，整体配套水平低，釉面质量差，规整度差，导致产品质量等级低，只能进入低端市场，这就决定了产品附加值低；由于品牌建设滞后，知名度和美誉度低，从而导致市场占有率低。总体而言，中国陶瓷出口贸易面临的重要问题之一还是产品附加值有待进一步提升。

### （五）出口陶瓷文化价值缺失

中国陶瓷厂商在产品设计上缺乏创新，习惯性的模仿导致很难走出“经验型”和“引入型”的怪圈，缺乏对国际市场的了解、没有明确的目标，更忽视了挖掘文化背后的附加值与商机。产品研发与创新的缺乏使产品难以升级换代，难以创造出吸人眼球的产品。

国际知名陶瓷企业十分重视产品的文化价值。他们通常先设计，然后再生产。设计理念前卫专业，基于不同市场的社会背景，融入本国文化和极具代表性的元素，突破行业和空间限制、依据技术创新及时更新陶瓷产品的制造工艺，制造的产品极具原创性，有很大的市场潜力，能够引领行业潮流。

## 三　中国陶瓷出口贸易优化策略

### （一）实施出口标准化，规避国际技术贸易壁垒

国际标准是各国进行国际贸易时的标尺，采用国际统一的标准有助于本国产品价值被国际公认。这是我国陶瓷企业“走出去”，在国际竞争中发挥比较优势的基础。我国产品走向世界的进程中，相关管理人员应熟悉贸易准则，学习反倾销准则的制定，密切关注国际反倾销局势，以优质、符合国际标准与国家要求的产品打破各国贸易限制。此外，我国陶瓷企业应注重培养经济法律相关的人才，学会应对国际诉讼，敢于应对国际诉讼。中国陶瓷工业协会还应与有关政府部门密切配合，开展反倾销和反补贴税工作，建立行业损害预警机制。充分利用 WTO 争端解决机制，维护中国陶

瓷企业利益。

应对技术性贸易壁垒的最佳武器是技术突破、技术创新和技术进步。努力改进已有几百年历史的传统陶瓷工艺，以满足国际市场对陶瓷产品的具体要求。只有这样，才能从根本上解决技术性贸易壁垒对我国陶瓷出口的影响，扩大我国陶瓷出口，重塑我国陶瓷强国的地位。

### （二）加快实施品牌战略，提升陶瓷出口核心竞争力

首先，当地政府应当依托当地电台、报纸等媒介积极发挥引导和宣传作用，推广品牌建设的成功经验，鼓励符合标准的企业申报品牌，并辅助其维护知识产权，做好境外申请和注册工作。组织大型的展览会加强对当地优势品牌的宣传，提升品牌的国际影响力。

其次，应更新企业的品牌意识和观念，培养企业全球化的视野，树立竞争意识。依托产品质量辅助研发创新成果，为品牌的创立打好坚实的基础。有调查显示，人们对品牌的直接反应在于质量。以质量的优劣和个性化的产品解决同质化的问题，有助于利润的提升。

最后，应当加强品牌推广。广大陶瓷企业应积极参加国内外大型陶瓷博览会，以此宣传中国陶瓷产品和文化，提高中国陶瓷产品的知名度；借鉴国外知名陶瓷企业的推广经验，通过在当地举办展览吸引投资，使当地的陶瓷展成为独一无二的陶瓷展。同时，注重传统媒体与互联网并用，加大产品在国际市场的推广力度，完善国际销售渠道。台湾的法国蓝瓷就是一个典型的例子。台湾的法蓝瓷是世界著名的高端日用陶瓷品牌，经历了贴牌、设计、自有品牌三个阶段。它的成功不仅仅在于产品的特性，更重要的是它的品牌推广到位。法蓝瓷在全球建立了6000多个销售网点和服务网点。除了许多自建的销售网点，还有许多它受邀参展的国际精品展馆，这大大提升了法蓝瓷的品牌等级。此外，为了给客户一种认同感和归属感，公司成立了会员俱乐部，并发行了自己品牌的月刊，大力宣传公司的企业文化和品牌。陶瓷企业要想做出自己的品牌就必须学习这些成功的经验，从品牌渠道打造陶瓷出口核心竞争力。

### （三）加大资源整合力度，增强陶瓷产业集群优势

一是实施内部资源整合，发展陶瓷产业集群，突显规模优势。企业集团化和规模化往往能够提升企业的抗风险能力，国内陶瓷企业要想在国际市场上占领一席之地，需要具备这种能力。因此，最根本的是要从产业整合开始。鉴于中国陶瓷企业的形势，不但要通过强大的联盟，优势互补，还要通过兼并、收购、贴牌、联盟等来加快重组和整合的进程，形成一批拥有相对优势的企业。

二是应当实行产业整体规划与管理，打造陶瓷产业的集群优势。国内陶瓷企业应当借鉴成功企业的管理经验，建立陶瓷产业集群，合理利用资源，实施区域贸易一体化。在这种模式下，民族产业将发挥统一协调的作用，实现整体效益。这不但有利于合理配置资源，还间接提高了中国陶瓷企业的国际竞争力。

### （四）加强产品技术创新，提升产品技术含量与附加值

投资占比中，中国陶瓷的研发、生产和销售环节比例大致为1∶8∶1，意大利为4∶2∶4。国际上大型跨国陶瓷企业技术创新能力较强，实行“研究一代，储备一代，应用一代”的开发战略，而中国部分中小企业在研发储备和应用上皆存在问题。事实说明，重生产、轻研发的传统生产模式阻碍了陶瓷产品质量的提高。基于此，我国企业应该注重核心技术的创新，增加企业研发投入，促进企业与科研院所的合作，将研究成果转化为生产力。积极融入国际市场，学习外来先进技术，引进生产设备，跟进国际先进技术动向，开发引领国际潮流的陶瓷产品。

更具艺术性、技术含量更高的产品具有更高的附加值。技术虽然可以被引进、模仿和超越，但随着模仿能力的增强、非理性因素加大，人们往往忽视了短期内完成技术模仿以及产品克隆的诸多隐患，自主创新能力的缺失会使思维方式和行为方式受限，这是造成我国陶瓷产品趋同、缺乏竞争力的原因。陶瓷作为技术和文化相结合的产物，除了人类日常生活需要，还满足了

瓷器爱好者的精神需求，人们对陶瓷产品的装饰、色彩搭配等的追求更为“苛刻”，陶瓷技术的进步能不断提升产品质量，满足人们对陶瓷艺术品的更高要求。

### （五）提升艺术设计水平，丰富陶瓷艺术文化内涵

中国出口的陶瓷产品在文化价值上的缺失是导致其出口竞争力薄弱的重要原因，因此，必须提升我国陶瓷的艺术设计水平，丰富陶瓷艺术文化内涵，这样才能凸显出中国陶瓷的独特艺术文化魅力。陶瓷产品的艺术设计作为优化出口结构、提高产品竞争力的重要环节，离不开技艺精湛的大师，因此培养陶瓷艺术设计人才迫在眉睫。陶瓷企业及行业相关研究院等应加大对人才的投资，完善人才吸引机制，给予其更为优惠的待遇，解决其后顾之忧并为其工作创立优化的便利条件。创立艺术设计大赛等可以提高设计师的知名度，也有助于提高相关企业及其产品的影响力。在设计产品的过程中应着重突出地方特色，凸显文化艺术特色，增强产品自身的吸引力，为产品出口提供质量上的保障。

除了国内艺术创新、创造之外，中国陶瓷出口产品的设计还应当以国际市场需求中的文化艺术审美为依据。根据不同国家和地区的文化与艺术审美，设计出符合各进口国审美的、具有艺术气息的中国陶瓷。例如，美国市场对陶瓷产品的需求主要集中在画面美观、无过度装饰、线条简单的产品上，其中最受欢迎的是茶具和咖啡壶。欧洲市场上最畅销的中国陶瓷与美国市场上最畅销的中国陶瓷有很大的不同。德国消费者偏爱优雅的彩色艺术瓷；法国人更喜欢欧洲设计的瓷器；西班牙人喜欢具有东方特色的瓷器，如阁楼、龙凤饰花瓶等。中国陶瓷在英国市场上有很好的声誉，当地消费者喜欢中国瓷器产品美丽的造型和具有东方民族魅力的图案。因此，中国的艺术陶瓷在英国市场潜力巨大。中东地区大多数人信仰伊斯兰教，教规涉及生活的方方面面，应特别注意在产品出口时尊重当地人的风俗习惯，迎合中东人喜欢花鸟、汤罐的爱好。中东人喜欢由 60～90 种餐具组成的大型餐具成套产品，除沙拉碗外，还需要汤锅、肉汁锅、主菜盘等。为了打开中东的高端

市场，中国陶瓷必须深入了解当地的民情，学习当地的文化，在陶瓷产品的设计中融入这些元素。除此之外，中国对新加坡的陶瓷出口主要是销售到家庭，对墨西哥市场出口的陶瓷产品主要是陈设瓷和花瓶。

## 参考文献

王世群：《我国陶瓷出口贸易态势及优化策略》，《对外经贸实务》2017 年第 11 期。

庄苗苗：《中国陶瓷产品出口贸易面临的问题和对策研究》，《全国商情》2016 年第 19 期。

戴姣：《我国陶瓷产品出口应对贸易壁垒策略探析》，《湖南商学院学报》2015 年第 4 期。

谢长青：《我国陶瓷产品出口面临的主要障碍及优化路径》，《对外经贸实务》2016 年第 1 期。

霍倩倩：《我国陶瓷出口屡遭反倾销的原因及对策》，《商丘职业技术学院学报》2016 年第 4 期。

贠婉婷：《我国陶瓷产品出口竞争力及影响因素研究》，硕士学位论文，江西财经大学，2018。

苏丽婷：《“一带一路”战略背景下陶瓷出口产业转型升级路径选择》，《吉林省经济管理干部学院学报》2016 年第 4 期。

康永、李蓉梅：《陶瓷行业未来发展方位变革及发展趋势》，《陶瓷》2018 年第 5 期。

韩静：《我国陶瓷文化艺术品出口“一带一路”沿线国家的问题与策略》，《对外经贸实务》2018 年第 5 期。

韩静：《我国陶瓷文化艺术品贸易特征及竞争力分析》，《中国陶瓷工业》2018 年第 2 期。

者贵昌、韩丽星：《中国陶瓷出口贸易波动因素分析——基于 CMS 模型的分析视角》，《国际经贸探索》2016 年第 9 期。

李晨旭：《我国陶瓷产业应对国外反倾销的策略研究》，《中国管理信息化》2016 年第 15 期。

Kenneth G. Kelly, “Compositional Analysis of French Colonial Ceramics: Implications for Understanding Trade and Exchange,” *Journal of Caribbean Archaeology*, 2008.

# 国际借鉴篇

**International Reference Topics**

## B.13

# 德国游戏对外贸易分析与借鉴

张筱聆*

**摘　要：** 德国是世界最重要的游戏市场之一，目前游戏市场规模位居全球第五，欧洲第一，并拥有世界顶级游戏展会——德国科隆国际游戏展。对德国来说，游戏已不仅是一种娱乐媒体、一种文化产品及文化资产，还是其他产业部门创新的重要推动力以及数字化的关键媒介，是文化产业的重要组成部分，更是一种国家文化与品牌。在德国，游戏的全民化、国际性的游戏展会、雄厚的产业基础、等级分明的监察制度以及颇具突破性的财政支持，推动了德国游戏产业及贸易高质量发展。而我国作为游戏产业大国，则应充分借鉴其经验，以助力我国游戏产业与贸易更好更快的发展。

* 张筱聆，国家文化发展国际战略研究院项目研究助理，北京第二外国语学院交叉学科国际文化贸易（英语语言文学）硕士研究生。

**关键词：** 游戏市场　电子竞技　科隆国际游戏展

## 一　德国游戏市场发展现状

德国游戏产业经历了很长一段时期的成长成熟，孕育了许多国际名企，对外市场规模不断扩大。《2018 德国游戏产业指南》数据统计显示，2017 年德国游戏市场总收入约为 33 亿欧元，德国游戏市场总收入首次突破 30 亿欧元，同比增长 15%。其中，游戏机等硬件设备销售在 2017 年增势尤为强劲，同比增长 26%，累计收入达 9.38 亿欧元。2017 年，移动游戏产生的收入在德国上升至 4.97 亿欧元，同比增长约 22%，超过了整体市场的增长速度（15%）。应用内购买是增长的关键，内购收入增长近 23%，达到 4.81 亿欧元。2018 年上半年，德国游戏市场收入总计 15.18 亿欧元，同比增长了 17%，游戏机及相关硬件设备市场收入达到 6.83 亿欧元，同比增长了 40%。

### （一）区位优势凸显

德国游戏产业在德国的每个城市都占据着重要地位，但经济发达的大城市聚合度尤为明显，汉堡和柏林近几年成为繁荣游戏产业的重要城市，其他聚集区还包括慕尼黑、法兰克福、莱茵河地区、科隆及杜塞尔多夫等多个经济中心，这些地区是众多游戏开发商及发行商的总部所在地，掌握全国各大经济领域发展的优质资源和产业信息，为德国游戏产业的发展提供了得天独厚的区位优势。

汉堡是欧洲物流最重要的枢纽之一，市内有汉堡机场和众多轨道交通，同时拥有德国最大的港口——汉堡港。汉堡主要发展高科技经济，同时作为媒体中心拥有发达的文化产业。汉堡是德国最大的游戏公司 InnoGames、Goodgame Studios 及 Bigpoint 的所在地，三个公司皆从事免费的网页及移动游戏业务。其他一些国际公司在这里也有分公司，比如 Square Enix、Capcom 及华纳兄弟等，这些让汉堡成了德国最重要的游戏产业地之一，极大地促进了德国游戏产业的发展。

柏林是德国的首都，也是世界级的城市，是德国的文化、政治、传媒及科学中心。柏林的经济发展主要基于服务业，它拥有多种多样的创造性产业、传媒集团，也是众多会议举办地。柏林在过去几年经济地位也在不断提升，已经成为比如 Wooga（成立于 2009 年）、GameDuell（成立于 2003 年）及 Yager（成立于 1999 年）等大型网络游戏公司的首选之地。除此以外，柏林也是众多大学及跨国公司的所在地，例如腾讯、Gamevil、King、Epic Games 及 Wargaming 移动公司，皆在柏林设立了办事处，一些游戏国际性会议也定期在柏林举行，最著名的是 Quo Vadis 开发者大会，现在也是柏林游戏周的创新创意中心。

除了以上两大城市，科隆游戏经济的建设也为游戏贸易的发展做出巨大贡献。贸易展览会、媒体行业以及科隆城市建设，使整个科隆游戏行业成功地成为一个整体。展会的举办不仅提供媒体报道的内容，还直接促进了游戏行业的成功。例如，每年举行的德国科隆国际游戏展（Gamescom），使科隆成为世界上最大的游戏互动游乐中心。数字营销展览会议（Dmexco）直接塑造和预测科隆数字营销的未来，引起国际共鸣并提升整个游戏产业的吸引力。

## （二）市场潜力巨大

游戏消费市场玩家保持平稳增长。德国游戏产业协会数据表明，2018 年，在德国几乎一半以上的人玩游戏，约有 3430 万的游戏玩家，其中 47% 为女性玩家，53% 为男性玩家。同时，在玩家年龄分布上，德国游戏玩家平均年龄在不断增加，2017 年游戏玩家平均年龄为 35. 5 岁，到了 2018 年玩家的平均年龄已经到了 36. 1 岁。其中 50 岁以上的游戏玩家出现较为明显的增长，2017 年 50 岁以上的游戏玩家有 870 万，到了 2018 年则达到了 950 万，同比增长约 9%，该年龄段的玩家占据了游戏玩家总人数的 29%。

游戏就业市场持续向好。德国不仅是众多诗人及思想家的故乡，同时也是重要的游戏市场，这不仅因为与欧洲其他国家相比，德国拥有最大的销售潜力，此外，就生产而言，《德国游戏产业指南》最新数据显示，在 2018 年约有 524 家公司专注于电子游戏的开发与发行，其中有 368 家是从事游戏开发的工作室，38 家专注于发行，118 家同时从事游戏的开发与发行。共雇佣了 1705 名员工，但从整个游戏行业来看，加上转专业的零售人员、记者、科研人员及与游戏产业相关的权威机构的员工，从业人数可以达到 28764 人。

同时，由于游戏产业及相关企业对员工专业性的要求日益提高，许多工作室和公司都会提供内部的培训，例如在杜塞尔多夫设立总部的育碧软件工作室 Blue Byte。此外，除了私人培训，相关高校也提供游戏相关专业学习，游戏行业的创新特质与技术潜力也逐渐得到了其他行业的认可，目前有 50 多所公立大学针对计算机科学、游戏设计、艺术、3D 动画及虚拟现实领域进行人才的定向培养。此外，还有一些私立大学也为初级开发人员提供教育课程，这些私立大学会向学生收取学费、提供奖学金，公立大学可以免费入学，所有对游戏感兴趣的学生都应关注他们能获得什么样的学位，以及与公司能有什么样的合作，这样才能在行业内立足。

以科隆应用科技大学为例，其建立了名为“Spielraum”的研究所，它向家长和教育工作者介绍计算机和视频游戏，并使他们能够指导儿童和青少年进行适当的屏幕游戏。科隆游戏实验室（CGL）也是科隆应用科技大学的一部分，它研究和开发互动内容并为游戏行业培训专业人员。除数字游戏外，该研究所的主要研究内容还包括互动电视以及相关的数字艺术、教育和娱乐。其中，它的硕士课程——“游戏开发与研究”的研究目标是以实践为导向，面向培养未来作者以及数字游戏和其他非线性视听媒体设计者。该计划通过培训，使学生有资格获得相关职位，例如游戏设计师或交互式媒体的概念作者。

### （三）电子竞技异军突起

德国电子竞技历史悠久，拥有许多国际知名的电竞战队。SK Gaming 战队成立于 1997 年，收购了当时著名的瑞典战队——反恐精英战队 NiP，两支战队强强联合，组成了电竞战队 SK. swe，后来这支战队表现不俗，赢得了许多世界级比赛，比如世界反恐精英大赛的冠军。良好的战绩表现使得这

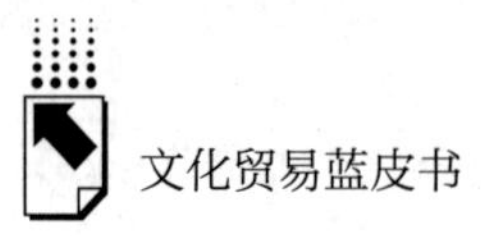



支电竞战队成了职业电子竞技联盟（CPL）中的一支劲旅。2003 年 2 月 1 日，SK 电竞战队率先与旗下电竞队员签订合同；次年五月，他们再次成功操作有偿转会电子竞技玩家，均为电竞行业首创。Mousesports（MOUZ）战队 2002 年成立于柏林，是欧洲专业游戏组织，队伍发展到 2006 年，Mousesports 已经是欧洲最强大的游戏组织之一，还曾击败美国战队夺得职业电子竞技联盟的冠军，从成立开始这支战队就一直处于世界电竞的巅峰。

如今，电子竞技正迅速成为德国社会的一种大众现象，大约三分之二（65%，4500 万）的德国人听说过电子竞技，2017 年这一比例仅为约二分之一（55%）。听说过并熟知电子竞技的人数占比也从 2017 年的 29% 到 2018 年上升至 37%，增加了 600 万人次。相关调查显示，电子竞技如果成为奥运会的比赛项目，那么奥运会很有可能赢得年轻选手的青睐，在 16 ~ 24 岁的人群中，63% 的人认为，电子竞技可以提升年轻观众对奥运会的兴趣。电子竞技为德国提供了很多的机会，不仅仅是专业的电竞团队及国际赛事，如今在德国每天有数以百万计的电竞爱好者在网络上进行练习与比赛，这也再一次说明了为什么德国联邦政府如此承认并重视电竞俱乐部的公共利益，而这种认可还有利于电竞在俱乐部等重要领域找准自身的定位。

德国电竞市场不再是一个利基市场，电竞在德国的成功不仅体现在其受欢迎程度上，还体现在其营业额上，到 2020 年德国电竞市场营业额将达到 1.3 亿欧元，预计占据全球电竞市场份额的 10%。德国游戏产业协会相关消费者调查显示，有 28% 的人愿意观看电竞赛事，电竞在媒体中的强势存在也会让多方受益，电竞也在获得越来越多的受众与赞助商，通过电子竞技，电视广播公司可以吸引到那些很难用纯铜模式吸引的目标群体，同时，当拥有电子竞技专业技能的观众增多时，流媒体平台也会获得新用户。就如同传统体育项目一样，电子竞技越职业化，就越会产生自身的俱乐部及协会体系，由于近几年电子竞技的迅猛发展，德国亟须成立电竞专业管理机构。德国电子竞技协会（ESBD）于 2017 年 11 月 27 日正式对外宣布了它的成立，包括专业和业余队伍在内的 21 支电子竞技战队从此在世界电竞舞台上大放异彩。甚至吸引了 ESL（世界知名电竞赛事主办方）也加入其中，该协会代表着广大游戏开发商、发行商，电子竞技推广商，游戏教育机构及游戏服务提供商的利益，其成立目的就是使电子竞技获得体育运动的认可。2018年2月，德国正式承认了电子竞技是一项体育运动，德国奥林匹克体育协会和部分政府管理机构也越来越重视电子竞技在德国的地位。

## （四）政策扶持加“严把关”

1. 政府加大财政支持

德国游戏融资将在2019年迈出历史性的一步，2018年11月8日，德国议会预算委员会在联邦交通和数字基础设施部预算中拨款5000万欧元，用于引入游戏基金，以支持德国电脑及电子游戏的生产与开发，这也是德国游戏产业投资首次上升到国家高度。该游戏基金将由德国联邦政府交通和数字基础设施部监管，并得到德国联合政府多方支持，财政委员会认为，游戏产业是创意驱动型产业，无论是在经济层面还是在艺术层面都具有重大的意义。在国家财政的支持下，德国游戏产业将面临巨大的发展机遇，如英、法、加等国家一样。从近些年游戏产业的发展来看，英国、法国及加拿大的游戏产业有了国家的扶持，成本比德国低了约30%。德国高质量游戏作品的相对缺失，导致了德国游戏产品销量的下降，具体表现在德国每100欧元的游戏消费中，只有6欧元是花费在本国游戏上的。德国邦联政府此次设立的游戏基金，是德国游戏产业发展的重大突破点。

2. 严格的游戏分级及监控制度

德国是少数几个不依靠“泛欧游戏信息分级”的欧盟国家之一，德国对于游戏的监管主要依靠德国软件分级系统（Unterhaltungssoftware Selbstkontrolle，USK），它是德国境内的软件分级系统（主要针对电子游戏产品），具有相应的法律效力。任何视频游戏都须经过USK的评级才能在德国境内出售，不遵守USK评级结果，而将游戏销售或发布给不适龄游戏玩家的游戏商家将受到相应的法律制裁。根据游戏的内容，USK将游戏分为五个等级，每个等级对应一个年龄组，该年龄组以下的玩家将被限制或禁止使用该游戏。通过USK分级制度，游戏产品可以被“拒绝评级”。被拒绝评级的游戏将交由专门鉴定影视、游戏产品是否会危害青少年的组织——BPjM（Bundesprüfstelle für jugendgefährdende Medien）进行鉴定。BPjM 有权将游戏添加到“可出售”名单，未被加入名单的游戏不得进行任何广告宣传或向未成年人进行展示。同时，USK 在成立之初便形成了一项规定：不允许电子游戏中出现任何和纳粹时代有关的视觉信息。这基本上阻止了一切游戏涉及二战相关题材和纳粹元素。但 2018 年 8 月，德国政府放宽了对游戏对纳粹标志和形象使用的限制，这标志着政府对娱乐媒体态度的一大转变。

其次，德国政府也会依据现实情况对游戏内容进行严格监控。2016 年 7 月 22 日慕尼黑枪击案发生之后，德国内政部长提交了封禁所有“暴力游戏”的议案，该议案被德国联邦最高法院通过。在此之后，所有射击类游戏，会尽可能快地从市面上消失。Valve 游戏公司也立刻将所有射击游戏从德国 Steam 游戏平台上下架并删除，通过限制 IP，玩家及用户不能再次购买射击类游戏。微软也对 Win10 系统进行全面升级使之具备暴力游戏检测功能，通过控制数据使其无法运行，多方位全面把控游戏内容。同样的事情发生在 2018 年 2 月，据《德国世界报》（*Die Welt*）报道，汉堡大学研究结果表明，越来越多的电子游戏含有赌博元素，通过对许多游戏作品商业模式和销量的分析，发现游戏市场的绝大部分收入来自一小部分玩家，这属于“赌博市场的典型特征”，因此德国青少年保护委员会对此建议出台相关的监管政策进行针对性的监察与管控。

## 二　德国游戏国际化发展优势

### （一）本土开发与国际引入并进

在德国，有三大本土游戏公司：Gameforge、InnoGames 和 Goodgame Studios。Gameforge 成立于 2003 年，2006 年引入了欧洲最成功的大型多人在线网游——*Metin2*，游戏的成功带动了玩家人数的增长以及公司自身的不断成长。目前，Gameforge 每天有超过 4. 5 亿的注册用户在线，用户可以体验来自 75 个国家的 20 多款游戏。Innogames 于 2007 年在汉堡成立，旗下游戏《部落战争》注册玩家超过 6000 万，如今，公司专注于免费的浏览器和收集游戏，拥有超过 2 亿玩家，运营 7 款游戏产品。Goodgame Studios 是一家领先的软件公司，专注于开发和发布免费游戏，为全球超过 3 亿玩家提供免费的手机和浏览器游戏。玩家可以通过电脑网页，也可以通过智能手机或平板电脑上的应用程序进行使用，可以体验策略、模拟和角色扮演等多种模式，并能与数以百万计的其他世界各地的玩家在游戏社区进行交流。

2016 年，随着这三大游戏公司驱动 1590 万德国人玩在线网页游戏，在线网页游戏成为德国游戏市场不可或缺的一部分。从 2014 年到 2016 年，网页游戏玩家数量明显下降，但其收入仍然从 2014 年的 1. 39 亿欧元提升至 2016 年的 1. 73 亿欧元。但是，随着移动游戏的日益兴起，本土开发公司在转型的过程中均遭遇了困境，不能适应时代发展的需求，以至于在移动游戏领域，德国开发商的游戏产品很难位居畅销榜前列。从 AppAnnie 的榜单可看出，在畅销榜前 100 的游戏中，来自德国开发商的游戏不足 10 款，并且大多排名都在 50 名之后。德国游戏产业协会指出，虽然 2017 年德国游戏市场收入又创新高，但德国本土所开发游戏的市场占有率却在进一步下滑。在 2016 年，德国本土开发商市场份额占比为 6. 4%，到了 2017 年德国本土自研的游戏收入份额下降到 5. 4%。除去游戏硬件类等的市场收入，德国本土开发的游戏收入仅约为 1. 19 亿欧元。一些国际性的公司，如育碧、腾讯等后起勃发，皆在德国设有分部，并呈现蓄力待发、迅猛发展的态势。

### （二）良好的投资环境——以游族网络收购 Bigpoint 为例

德国有着良好的投资环境，是外国投资者的商业热点，目前，8 万多家外国公司在德国设立总部，员工总数约达 370 万，德国联邦外贸与投资署在其报告中指出，2017 年德国直接投资项目总数达到 1910 项，自 2010 年以来，德国直接投资股票增长了 20% 以上，2015 年其价值超过 4660 亿欧元。德国境内外国投资主要集中在商业和金融服务领域，其次是软件和信息以及通信技术行业，游戏产业投资环境良好，吸引了众多有实力的国外游戏生产商入境投资与交易。

Bigpoint 曾是立足德国、领先欧洲的游戏开发商、内容提供商和运营商，2002 年成立于德国汉堡。截至 2015 年 12 月，Bigpoint 有收入产生的游戏约 60 款，目前旗下游戏发行已覆盖 200 多个国家，提供 25 种语言版本，连接 1500 个国际性的社交平台。① Bigpoint 旗下游戏均免费提供给用户，其收入来自用户的游戏内消费（购买虚拟道具）。Bigpoint GmbH 是一家德国视频游戏开发商。该公司开发基于浏览器的独立游戏以及社交网络游戏。Bigpoint 还运营着一个游戏门户网站，该网站制作了许多基于浏览器的大型多人在线角色扮演游戏，截至 2011 年 6 月拥有超过 2 亿注册用户，截至 2013 年 10 月，注册用户达 337104419 人。除了德国汉堡的总部，Bigpoint 还在柏林、旧金山、马耳他和圣保罗设有办事处。截至 2015 年 12 月，Bigpoint 共有约 60 款游戏产生营业收入，其中电脑网络游戏 57 款，手机游戏 3 款。旗下页游《黑暗轨迹》（*Dark Orbit*）注册用户达 8255 万人，《海战英豪》（*Sea Fight*）注册用户达 4255 万人次，《龙歌 OL》（*Drakensang Online*）注册用户达 3277 万人。Bigpoint 还拥有丰富的 IP 资源，开发制作了《太空堡垒：卡拉狄加》等多个 IP 游戏，积累了深厚的 IP 开发与运营底蕴，推出了以世界顶级 IP《冰与火之歌：权力的游戏》为原型的页游产品。② 2016 年 3 月 22 日，游族网络发布公告称，以全资子公司 YOUSU GmbH 为投资主体签署了《股权购买协议》。根据协议，YOUSU GmbH 购买 Bigpoint 的股东 Bigpoint Investments GmbH 持有的所有股权，拟投资金额不超过 8000 万欧元。游族网络全资收购 Bigpoint，是基于其研运一体化特色、强劲的研发实力、培育多年的游戏发行平台以及丰富的 IP 资源和开发运营经验。此次收购，不仅助力游族网络对德国乃至欧洲游戏市场的开拓，也带动了德国游戏产业的国际化发展。

---

① 《游族网络 8000 万欧元收购欧洲知名游戏商 Bigpoint》，环球网，https://game.huanqiu.com/article/9CaKrnJUJTD，最后访问日期：2019 年 10 月 28 日。

② 《游族网络 8000 万欧元收购欧洲知名游戏商 Bigpoint》，环球网，https://game.huanqiu.com/article/9CaKrnJUJTD，最后访问日期：2019 年 10 月 28 日。

### （三）国际化平台成重要引擎

1. 德国游戏产业协会——游戏市场风向标

德国拥有众多平台助力德国游戏产业的国际化发展，德国游戏产业协会就是德国游戏产业平台的代表。德国游戏产业协会成员包括开发者、发行商和许多其他游戏行业参与者，如电子竞技公司、机构和服务提供商。该协会是德国科隆国际游戏展的协办单位，是德国软件分级系统（USK）和数字游戏文化基金会的股东，也是德国电子游戏奖的赞助商，是媒体、政治和社会机构的专业合作伙伴，关注有关游戏市场发展、游戏文化和游戏媒体的问题。德国游戏产业协会每年也会发布《德国游戏产业指南》，实时了解德国游戏产业发展情况。同时，让德国成为最佳的游戏场地是德国游戏产业协会的使命，德国游戏产业协会将德国游戏各方面有机结合，推动德国游戏产业形成了一个研发、生产、销售、监管、电竞多方联动的有机整体。

2. 德国科隆国际游戏展——世界级游戏盛会

德国科隆国际游戏展由创办于 2002 年的原莱比锡游戏展（Games Convention）演变发展而来，它做到了将行业、玩家和社区三者紧密联结在一起。它是欧洲规模最大、地位最高、专业程度最强的综合性、互动式软硬件设备展览，也是欧洲游戏产业的决策发源地，与日本东京电玩展和美国 E3 游戏展并称世界三大互动娱乐展会。依靠其专业化品质和日益成熟的配套服务，该展会不但为来自全世界的观众带来了附加值极高的观展体验，而且进一步巩固了其作为欧洲电子产业顶级商务平台的地位。

2018 年，德国科隆国际游戏展共有来自 54 个国家 1037 家参展商参展，观众数达 37 万人，其中有来自 106 个国家的 31200 名专业观众，超过 5134 名来自世界各地的记者参与展会，来自 25 个国家的 28 个国家展团，面向全球开展商务活动。2009 ~ 2018 年十年期间，德国科隆国际游戏展规模不断扩大，展会面积不断扩大，由 2009 年的 12 万平方米扩展到了 2018 年的 20.1 万平方米，参展商数量也随之快速增长，其中国外参展商数量及占比稳步提升，2011 年开始，国外参展商数量超越德国国内参展商，且 2015 ~ 2018 年占比皆超过

65%，国际化程度日益提升（见图1）。十年举办期间，观众数量实现增加，尤其是专业观众数量明显增长，专业化程度不断提升（见图2）。

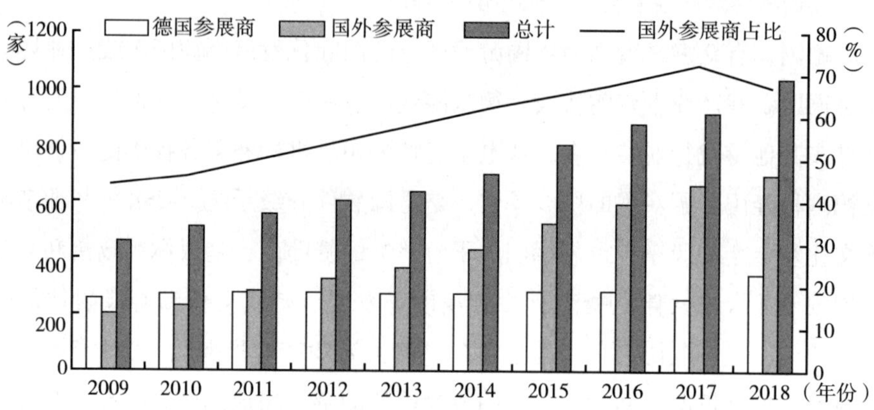


**图1　2009～2018年德国科隆国际游戏展参展商数量统计**

资料来源：《Gamescom 2018展后报告》。

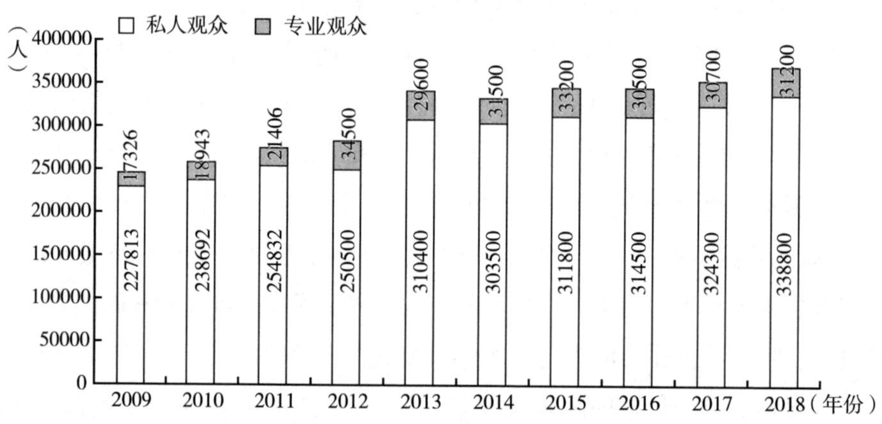


**图2　2009～2018年德国科隆国际游戏展观众数量统计**

资料来源：《Gamescom 2018展后报告》。

德国科隆国际游戏展不仅仅是一个博览会，它包含了娱乐、Fanshop、家人和朋友、商务、户外多个功能区域，包含欧洲最大的游戏开发商会议Devcom、为行业创造Zcentral对话平台的Gamescom大会、为来自体育、媒体和电子体育行业参与者举办的电子体育大会 SpoBis 游戏与媒介商会和为角色扮演玩家特别准备的 Gamescom 角色扮演村落等丰富多彩的活动，充分满足多样化人群的多元需求。除此以外，还有 Gamescome 城市节，15 万游客会在科隆市中心共同庆祝这个游戏的盛会。

2018 年德国科隆国际游戏展展后满意度调查显示，99% 的参展商对参与此次展览感到基本满意，97% 的参展商对观众数量及参展目标实现情况表示满意。97% 的专业观众对此次展览表示大致满意，并有 90% 的专业观众愿意推荐商业合作伙伴去参展，同时 94% 的专业观众计划在 2019 年继续前往德国参展，96% 以上的私人观众对活动安排、参展商品及展会感到满意，并有 49% 的私人观众有意愿购买产品。高的满意度有利于展会良好口碑的建立，吸引更多境内外消费者前来参展，带动游戏产品贸易的提升，从而促进德国游戏市场的可持续发展。

## 三　对中国游戏产业发展的思考与借鉴

### （一）重视自主研发，树立精品化理念

游戏产品属于文化产品，其传达的内在价值观念是其精神内核，也是游戏产品最重要的销售点，坚守精品化路线，打造自身游戏品牌，树立特色化品牌形象是中国游戏产品“走出去”的关键。全球用户对游戏产品的审美要求越来越高，以往的快销式低端游戏产品无法满足用户日益严苛的需求。因此，游戏厂商的转型升级已经成为发展的必由之路。游戏企业需要在消费观念上进行升级，去精准分析海外用户的消费行为和模式，对游戏内容、品质进行全方位的升级。

### （二）重视游戏展会平台建设，汇集国际资源

目前，世界排名前三的游戏展分别是：美国 E3 游戏展、德国科隆国际游戏展、日本东京电玩展。其中，“E3”是世界电子游戏界最大的年度商业

化展览，而目前中国现有的最大游戏展是中国国际数码互动娱乐展览会。其规模与商业化程度仍有待加强，国际化程度与中国第一大游戏产业国的发展现实不相匹配，因此，需要加强平台建设，以吸引更多海外开发商及投资商，促进我国游戏产品及其文化内涵的有效传播。需要不断加强我国国内电子娱乐产品从业管理，利用政府这只“有形的手”，去规范和完善电子和网络出版物市场，对于非法复制行为必须用法律的手段严厉打击，进一步支持和鼓励正版产品生产销售。同时利用展会这一重要媒介，推动中国游戏产业国际化、特色化发展。

### （三）重视游戏正向价值，加强政策引导

随着游戏市场主体的不断发展，游戏产业规模及其收入还会不断扩大。游戏产业作为文化贸易产业重要的一部分，已有半个世纪的历史，其发展可谓是突飞猛进。全球游戏产业总体收入从 2012 年至 2017 年，从 700 亿美元增长至了 1008 亿美元，五年间增长了 44% 。

其次，由于消费需求的升级，之前单纯的娱乐需求，发展成了之后的高级消费体验，具备了医疗、教育以及情感价值，这让游戏产品种类在原有游戏的基础上不断增多，不仅仅是单一种类的游戏，混合型的游戏也在逐渐发展。混合型游戏即同一游戏框架下可以有多种玩法，从而混合两种或多种游戏的特征，例如射击类游戏与角色扮演类游戏的融合。与此同时，一些新型类别的游戏也在产生，例如音乐节奏类、技术战略类等等。不仅如此，游戏的模式也在变化，由单机逐渐向多人在线不断发展，互动性、开放性在持续增强。总体看来，游戏产业是朝着一种多元化的方向在发展。

同时，游戏产品附加值也不断提升。首先，游戏产品呈现方式在不断丰富，由最初游戏市场起步时的游戏机到后来的电子以及电脑游戏，再到近几年的手机、专业游戏设备等，其实都是一种游戏产品自身所附带的价值。其次，在游戏内容上，很多游戏自带所属的 IP，所带 IP 可以引发小说、漫画甚至影视等多种文化产业的共同发展。据相关统计，游戏 IP 是目前商业价值最高的一种 IP 类型，有的代表性 IP 价值已经达到数百亿元的级别，这种

价值的增加也是源自游戏产品内涵的不断丰富。

当今社会，游戏质量、游戏所包含的社会意义及其价值不断受到关注，游戏的地位在不断提升。因此，游戏研发与营销必须重视游戏产品正向价值，加强政策引导，从而满足消费者正向需求，推动中国游戏产业高质量发展。

## 参考文献


《游族网络 8000 万欧元收购欧洲知名游戏商 Bigpoint》，环球网，https：//game. huanqiu. com/article/9CaKrnJUJTD，最后访问日期：2019 年 10 月 28 日。

张浩岩、王艺霖：《互联网时代下网络游戏产业中的著作权保护》，《企业科技与发展》2019 年第 8 期。

陈光宇：《浅析游戏行业市场运营机制的发展趋势》，《传播力研究》2019 年第 22 期。

蔡楚君：《游戏交互式的展示体验——以米兰世博会德国主题馆为例》，《设计》2017 年第 1 期。

文佳：《中国网络游戏贸易发展问题研究》，硕士学位论文，黑龙江大学，2014。

马文、张祥静：《“出牌吧！”——德国的游戏与玩具》，《上海工艺美术》1996 年第 2 期。

# B.14

# 世界贸易组织争端解决机制对美国版权贸易发展的影响

米　佳*

**摘　要：** 本文以世界贸易组织的贸易争端解决机制和美国版权贸易发展之间的关系为主要研究目标，通过对世界贸易组织成立以来，美国参与的所有版权贸易争端案件进行梳理和总结，分析了争端解决机制对美国版权贸易产生的影响。立足于美国在世界贸易组织争端解决机制中的角色分析，通过成本-收益理论进一步探讨了美国版权贸易争端案件对美国版权贸易产生的影响，发现美国版权贸易争端案件的胜诉可以打破被诉国的贸易保护壁垒，迫使被诉国修改本国法律法规，继而进一步促进美国版权产品的出口，扩大美国版权产业的出口利益。本文通过对中美出版物和视听娱乐产品贸易权和分销服务争端案的案例分析，进一步证实了世界贸易组织争端解决机制是美国打开中国文化市场的有效途径，对美国版权贸易的发展有很大的积极作用；通过分析美国如何利用世界贸易组织争端解决机制发展其版权贸易，有利于作为竞争对手和学习方的中国，进一步了解世界贸易组织争端解决机制的运作，进而增强中国未来参与和应对版权贸易争端的能力。

**关键词：** 世界贸易组织　版权贸易　服务贸易

---

* 米佳，国家文化发展国际战略研究院项目研究助理，北京第二外国语学院交叉学科国际文化贸易（英语语言文学）硕士研究生。

在国际贸易领域，国际贸易双方因贸易活动而引发的争议通常被称为国际贸易争端。国际贸易争端主要发生在大型国际经济组织之间以及国家和地区之间。伴随着国际组织的不断发展，贸易争端解决机制也随之建立。世界贸易组织（WTO）作为全球性的国际组织，应协调世界经济与贸易秩序，同时处理 WTO 成员之间的国际贸易争端。WTO 以促进顺畅、自由、公平的贸易流动为目标，其核心职能之一就是处理国际贸易争端，WTO 已经建立了有效的国际争端解决机制，该机制具有自己的原则、制度和程序，是有效执行 WTO 各项协定的基本保障。WTO 统计数据显示，美国、日本和巴西是 WTO 争端解决机制的主要用户，在解决贸易争端方面积累了相当多的经验。特别是美国作为世界上最大的经济体，不仅是 WTO 的规则建立者，同时也是 WTO 争端解决机制最重要的参与者之一。截至 2018 年 12 月，根据 WTO 官方数据统计，美国共参与了 WTO 体系下的 420 起国际贸易争端，其中 123 起美国作为起诉方，151 起为被告方，146 起作为第三方，其参与率在所有 WTO 成员中排名第一。

此外，作为国际贸易不可分割的一部分，国际文化贸易已成为全球服务贸易竞争的重点领域之一。文化产业在发达国家国民经济产出中也占据越来越多的份额，正在成为其支柱产业之一。国际文化贸易争端是 WTO 国际贸易争端的重要组成部分，但迄今为止对 WTO 文化贸易争端的研究较少。同时，随着经济、文化和科技的发展，知识产权在国际文化贸易中受到越来越多国家的重视，也由此导致文化贸易摩擦的增加。对于美国而言，其版权贸易作为美国文化产业的重要组成部分，在美国经济发展中扮演着举足轻重的角色。美国在 WTO 文化贸易争端中的参与率在所有 WTO 成员方中居于首位，其所有文化贸易争端都与其版权贸易相关。截至 2018 年 12 月，美国共参与了 11 起与版权贸易有关的争议案件，这 11 起案件中，美国是申诉人的案件有 10 起，美国是被告人的案件只有 1 起。但是，目前关于 WTO 争端解决机制与美国版权贸易争端之间关系的研究甚少。

本文主要研究了 WTO 争端解决机制对美国版权贸易发展的影响。WTO 争端解决机制是其体系不可或缺的一部分，到目前为止，国内外许多学者从不同角度，特别是从法律角度对 WTO 贸易争端进行了大量研究。本文旨在探讨 WTO 争端解决机制对文化贸易领域的影响，并以美国版权贸易为研究对象，分析美国如何利用 WTO 争端解决机制来保护和发展其版权产业。

## 一　WTO 争端解决机制

争端解决机制是 WTO 多边贸易体制的核心支柱，也是 WTO 对全球经济稳定的独特贡献。加入 WTO 的成员须同意，如果他们认为其他成员违反了贸易规则，他们将采用多边争端解决机制而不是单方面行动。WTO 争端解决机制在过去 20 年中已成为世界上最具活力、最有效和最成功的国际争端解决机制之一。WTO 争端解决机制有其自身的原则、制度和程序，是有效实施各项协议、维护世界贸易体系安全和使其正常运作的基本机制和基本保障。

### （一）WTO 争端解决机制的形成

WTO 争端解决机制是在关贸总协定 40 年的实践基础上建立起来的，然后通过重新谈判从而制定的。WTO 争端解决机制的法律依据是 1986 ~ 1994 年关贸总协定乌拉圭回合多边贸易谈判通过的《关于解决争端的规则与程序的谅解》（DSU）。DSU 由 27 个条款和 4 个附件组成，其主要内容是 WTO 争端解决机制的适用范围、理事机构、一般原则、基本程序和特殊程序。它规定了适用于乌拉圭回合各种协议和 WTO 争端解决机制可能产生争端的统一规则。WTO 的 DSU 合理地吸收了一系列已被证明在争端解决中有效的制度。另一方面，在总结经验教训的基础上，对原有机制的各种不足进行了大胆的改进和创新，同时，进一步扩大了争端解决机制的适用范围，完善了程序。乌拉圭回合的各种协议适用于 WTO 争端解决机制，包括关贸总协定、贸易和服务总协定（GATS）以及与贸易有关的知识产权协议（TRIPS 协议）。除了保留关贸总协定制度的一些核心要素外，新的 WTO 争端解决机制还设立了上诉程序、赔偿和交叉报复措施，以加强该制度的作用并增强其约束力。因此，DSU 已成为 WTO 的强制机制，并建立了相应的争端解决机构（DSB）。

## （二）WTO 争端解决机制的原则

WTO 争端解决机制的基本原则是 WTO 成员方应遵循的一般指导原则，DSU 确定了争端解决机制的最基本原则。

第一，反向协商一致原则，协商一致意味着当所有成员同意通过决议时，决议可以通过。如果一方反对，即使其他方同意，也不能通过该决议。反向协商一致原则意味着只有当所有成员国反对通过一项决议时才能否决该决议，即只要一方同意，该决议就可以通过。反向协商一致原则保证了 WTO 争端解决机制实施的公平性、快速性和有效性，这一原则的确立对实施 WTO 争端解决机制起到了重要作用。

第二，强制性原则。如果 WTO 成员方之间存在贸易争端，他们必须通过 WTO 争端解决机制处理争议，不能采取单方面措施，以防止强国欺负弱国。该原则排除了一些国家通过自己的法律或第三方法律法规过度保护自己的利益。同时，WTO 争端解决机制规定了争议解决程序，成员之间的贸易争议必须按程序顺序解决。WTO 争端解决机制还为争议提供了解决方案，要求违反协议的一方撤销不符合 WTO 协议的措施，从而提高机制的有效性、约束力和威慑力。

第三，诚信原则。根据 DSU 第 3 条第 10 款，当出现争议时，所有成员将竭力参与这些程序并努力解决争议，DSB 应根据国际公法的习惯解释规则，真诚地解释条约的现有规定。在 WTO 争端解决程序中，诚信原则已在一定程度上得到应用。善意推定、善意解释条约、诚信履行义务、善意行使权利构成诚信原则的主要内容，同时上诉机构还一再肯定了 WTO 争端解决中诚信原则的地位，并承认善意原则在若干案件中的相关性。

第四，权利和义务平衡原则。该原则指出，WTO 争端解决机制的目标是保证双方在贸易过程中的权利和义务的实现。根据 WTO 适用的协议和争

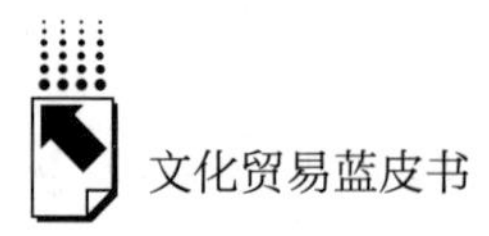



端解决规定，包括仲裁裁决，所有和解均应符合这些适用的协议，不得增加或剥夺任何成员的利益。同时，它不得妨碍实现任何这些适用的协议。在WTO成员之间的贸易争端中，胜诉方不能通过赢得案件来增加自己的权利，而败诉方不应因为失败而增加自己的义务。

第五，发展中国家的优惠原则。与WTO的大多数协议一样，WTO争端解决机制包含与发展中国家有关的若干条款。为了帮助发展中国家发展贸易，WTO争端解决机制规定，涉及发展中国家的所有贸易争端都有特殊规定，这些规定主要是为了给发展中国家更多的优惠待遇。这是WTO考虑到发展中国家的经济发展水平和经济利益而给予的差异和更有利的待遇。

### （三）WTO争端解决机制的程序

WTO争端解决的基本程序主要包括四个阶段。第一阶段是磋商，第二阶段是专家组程序，第三阶段是上诉程序，第四阶段是执行程序。在这四个阶段中，前三个阶段明确规定了截止日期。

当其中一个WTO成员方认为另一个成员国违反了WTO的规定时，前者可以启动WTO争端解决机制。WTO争端解决必须由申诉人以书面形式提出，协商的目的是为双方提供满意的解决方案。磋商阶段表明，WTO在解决贸易争端方面更倾向于谈判而不是诉讼。事实上，WTO成员之间的相当一部分贸易争端都是通过协商解决的。如果WTO成员之间在协商过程中没有达成协议，则申诉人将要求在DSB会议上设立专家组。但是WTO专家组的专家需要征得争议双方的同意，如果双方无法达成协议，世贸组织总干事将指定专家组的专家。专家组将决定申诉方是否违反WTO规则，除非所有WTO成员都遭到反对或其中一方提出上诉，否则该小组的裁决将成为DSB的裁决。如果一方正式通知DSB它将提出上诉，则争议解决将进入上诉程序，上诉的范围仅限于专家组报告中涉及的法律问题以及专家组的法律解释，上诉机构有60天时间处理上诉并通过报告。在任何情况下，这段时间可以延长但不超过90天。在DSB通过专家组或上诉机构的报告后，双方应实施该报告。WTO争端解决机制还制定了报复和交叉报复程序。如果被告方未能在合理的时间内执行 DSB 建议，或者当事人未就赔偿问题达成协议，则申诉人可以向 DSB 申请批准特许权或其他报复行为。

## 二 美国版权贸易与版权贸易争端

版权作为一项合法权利，是知识产权的重要组成部分，是创作者因其文学或者艺术作品而享有的权利。在国际上，英国、法国和美国等国家通常称其为版权，有些国家称之为文学财产，中国称之为著作权。版权的对象其实非常广泛，包括艺术、文学、技术、科学和生产管理等知识创造活动的几乎所有成就。版权具有专有性，未经权利人同意，任何个人或组织均不得使用，除非法律强制要求。版权还具有双重属性，包括个人权利和财产权。一方面，版权作品是人类智慧的结晶，包含了个人权利的内容；另一方面，版权作品是一种精神财产，可以满足人们精神世界的需要，产生经济效益。此外，版权还有法定时限，在限定时间内，创作者亨有版权垄断权。

版权产业是指具有版权属性的作品或产品的生产和管理，依据相关法律对其进行保护并促进其发展。它涉及文学、艺术和科学作品以及信息产业的创作、复制和传播。美国将版权产业视为国民经济中的一个独立产业。根据美国国际知识产权联盟，版权产业被分为以下四类：核心、部分、发行和版权相关。核心版权产业包括旨在创作、制作、分发或展示版权材料的行业，这些行业涵盖书籍、报纸和期刊，以及电影、电视制作、录制音乐、广播等。部分版权产业包括面料、珠宝、家具、玩具和游戏等，其中只有部分和部分产品受版权保护。发行产业包括向企业和消费者分发版权和非版权保护材料的行业，如运输服务、批发和零售贸易。版权相关产业包括 CD 播放器、电视机、录像机、个人计算机和使用相关产品的制造商、批发商和零售商。其中，关于美国版权产业的研究主要集中在核心版权产业的统计和研究上。随着知识经济的发展，版权产业和版权贸易在世界经济发展中越来越突出。版权贸易既是一种贸易活动，也是实施版权保护的手段。一方面，它通过正常贸易保护自己的权利，另一方面，它通过这种保护促进版权贸易的发展，从而促进版权产业的发展。

## （一）美国版权贸易

据世界知识产权组织数据，美国作为版权产业发达的国家，在国际版权贸易中名列前茅。美国非常重视其版权产业的发展，版权产业的发展极大地促进了其版权国际贸易的快速发展，版权贸易也是版权产业持续稳定发展的重要保证。版权贸易已成为美国经济发展的支柱产业之一，其对 GDP、出口等的贡献都是巨大的（见表 1、表 2、表 3）。

**表 1　2014～2017 年美国核心版权产业情况**

单位：十亿美元，%

| 年份 | 2014 | 2015 | 2016 | 2017 |
|---|---|---|---|---|
| 核心版权产业 | 1145. 4 | 1227. 8 | 1279. 0 | 1328. 3 |
| GDP | 17427. 6 | 18120. 7 | 18624. 5 | 19390. 6 |
| 核心版权产业占 GDP 比重 | 6. 57 | 6. 78 | 6. 87 | 6. 85 |

资料来源：Stephen E. Siwek，*Copyright Industries in the U. S. Economy*：*The 2018 Report*，（IIPA，Washington D. C.，2018），p. 6。

**表 2　2014～2017 年美国版权产业情况**

单位：十亿美元，%

| 年份 | 2014 | 2015 | 2016 | 2017 |
|---|---|---|---|---|
| 版权产业 | 1972. 4 | 2092. 6 | 2162. 7 | 2247. 4 |
| GDP | 17427. 6 | 18120. 7 | 18624. 5 | 19390. 6 |
| 版权产业占 GDP 比重 | 11. 32 | 11. 55 | 11. 61 | 11. 59 |

资料来源：Stephen E. Siwek，*Copyright Industries in the U. S. Economy*：*The 2018 Report*，（IIPA，Washington D. C.，2018），p. 6。

**表 3　2014～2017 年美国核心版权产业、版权产业和 GDP 实际增长率**

单位：%

| 年份 | 2014～2015 | 2015～2016 | 2016～2017 | 2014～2017 年均增长率 |
|---|---|---|---|---|
| 核心版权产业 | 7. 20 | 4. 51 | 4. 00 | 5. 23 |
| 版权产业 | 5. 37 | 3. 64 | 3. 78 | 4. 26 |
| GDP | 2. 86 | 1. 49 | 2. 27 | 2. 21 |

资料来源：Stephen E. Siwek，*Copyright Industries in the U. S. Economy*：*The 2018 Report*，（IIPA，Washington D. C.，2018），p. 9。

如表2所示，从2014年到2017年，美国版权产业和美国经济一直呈现积极的发展态势，其中版权产业创造的贸易量在美国经济的发展中发挥了重要作用。美国的版权贸易发达，拥有世界上最大的贸易量，美国版权行业对美国经济发展的贡献是巨大的，这也充分说明了版权行业在美国经济发展中的重要性。

同时，考虑到美国版权产业的国际化水平，其出口量无疑是一个重要指标。从美国版权产业对外贸易的角度来看，近年来美国的版权出口量一直保持着快速增长的趋势。

美国人口普查局发布的报告包括电影产业和录音产业在内的一些版权行业，然而，根据美国国际知识产权联盟的数据，美国人口普查局公布的出口统计数据远低于非政府来源的海外市场销售数据。因此，本文主要基于美国国际知识产权联盟报告发布的数据，其2018年报告提供了2014年至2017年四个选定的核心版权行业的海外销售和出口估算，包括录音制品，电影、电视、录像，软件发行，报纸、图书、期刊等。这些年来，这一部分核心版权产业的海外销售总额保持了较高的增长态势（见表4、表5）。

**表4　2014～2017年部分核心版权产业出口额**

单位：十亿美元

| 年份 | 2014 | 2015 | 2016 | 2017 |
| --- | --- | --- | --- | --- |
| 部分核心版权产业（电影、电视、录像，录音制品，报纸、图书、期刊，软件发行） | 164.35 | 176.97 | 184.01 | 191.23 |

资料来源：Stephen E. Siwek，*Copyright Industries in the U. S. Economy*：*The 2018 Report*，（IIPA，Washington D. C.，2018），p. 15。

**表5　2014～2017年部分核心版权产业出口额年增长率**

单位：%

| 年份 | 2014～2015 | 2015～2016 | 2016～2017 |
| --- | --- | --- | --- |
| 增长率 | 7.68 | 3.98 | 3.92 |

资料来源：Stephen E. Siwek，*Copyright Industries in the U. S. Economy*：*The 2018 Report*，（IIPA，Washington D. C.，2018），p. 15。

由表4可以明显看出，2014年至2017年，部分核心版权产业出口额总体提升，版权产业对美国出口增长发挥着积极的作用，美国版权产业可以说是美国经济增长的关键引擎之一。美国版权贸易出口的不断增长已成为美国经济的一大亮点，并为美国经济的增长做出了巨大贡献。与此同时，美国版权贸易的不断扩大，也进一步提升了美国在全球经济中的国际文化贸易竞争力。

## （二）美国版权贸易争端

随着世界贸易自由化的迅速发展，国际贸易争端也越来越多。国际文化贸易纠纷虽然只占国际贸易纠纷的一小部分，但其影响不容忽视。美国作为WTO国际文化贸易争端的主要参与者，共参与了11起国际文化贸易争端案件。根据WTO官方网站对美国国际贸易争端的分类，如表6、表7所示，在11个案例中，美国为申诉方的案件为10起，只有1起美国为被诉方。

**表6　美国文化贸易争端（美国为申诉方）**

| 年份 | 案件 | 目前状态 |
|---|---|---|
| 1996 | DS28:日本——有关录音制品的措施 | 于1997年1月24日解决 |
| 1996 | DS31:加拿大——有关期刊的措施 | 加拿大于1998年10月30日撤销有争议的措施 |
| 1996 | DS43:土耳其——外国电影收入的税收 | 于1997年7月14日解决 |
| 1996 | DS44:日本——有关消费者摄影胶卷和纸张的措施 | 1998年4月22日DSB采取了专家组报告 |
| 1997 | DS82:爱尔兰——影响著作权和邻接权授予的措施 | 于2000年11月6日解决 |
| 1998 | DS115:欧洲共同体——影响著作权和邻接权授予的措施 | 于2000年11月6日解决 |
| 1998 | DS124:欧洲共同体——电影、电视节目知识产权的执行 | 于2001年3月20日解决 |
| 1998 | DS125:希腊——电影、电视节目知识产权的执行 | 于2001年3月20日解决 |

续表

| 年份 | 案件 | 目前状态 |
|---|---|---|
| 2007 | DS362:中国——影响知识产权保护和执行的措施 | 被诉方于 2010 年 3 月 19 日报告其实施情况 |
| 2007 | DS363:中国——影响某些出版物和视听娱乐产品的贸易权和分销服务的措施 | 被诉方于 2012 年 5 月 24 日报告其实施情况 |

资料来源：WTO 官方网站，https：//www. wto. org/english/tratop_ e/dispu_ e/dispu_ by_ country_ e. htm，最后访问日期：2019 年 10 月 28 日。

**表 7　美国文化贸易争端（美国作为被诉方）**

| 年份 | 案件 | 目前状态 |
|---|---|---|
| 1999 | DS160:美国——美国版权法 110(5) | 于 2002 年 1 月 7 日获得授权进行报复(包括 22.6 仲裁) |

资料来源：WTO 官方网站，https：//www. wto. org/english/tratop_ e/dispu_ e/dispu_ by_ country_ e. htm，最后访问日期：2019 年 10 月 28 日。

从表 6、表 7 可以看出，美国所有的国际文化贸易争端都涉及美国的版权产业。因此，上述 11 起贸易争端案件均可被视为美国的版权贸易争端。通过对这 11 起版权贸易争端案件的分析，可以看出，大部分争端都是由美国提起的，并且几乎都得到了解决。只有由欧共体作为申诉方的 DS160 案件，双方仅仅达成了一项临时协定，而该案件仍然没有彻底圆满结束。

国际贸易争端的产生主要是源于国际贸易的激烈竞争，当双方经济形势不佳时，贸易保护主义就会抬头。此外，在世界经济多极化的趋势下，国际贸易各方之间的竞争日益激烈。随着发展中国家在第三世界崛起，这也加剧了国际贸易市场份额的竞争。美国在 WTO 争端解决机制下发起的版权贸易争端，基本上源于美国对版权产业的贸易保护主义。美国的根本目的是保护其版权产品出口的海外利益，甚至进一步打破其他国家的贸易保护壁垒，进而打开海外市场。通过上述 11 起版权贸易争端案件可以看出，美国作为世界上最大的经济体，在版权领域从未输过一场官司，并且在回应欧共体的起诉时，美国并没有积极采取措施来修改自己的政策。这也充分体现了美国在国际版权贸易争端中的主导地位。

## 三　WTO争端解决机制对美国版权贸易的影响

### （一）美国在WTO争端解决机制中扮演的角色

作为多边贸易体制的创造者和领导者之一，美国一直致力于推动多边贸易自由化。然而，美国建立多边贸易体制的努力归根结底是基于维护美国霸权和自身国家利益的私利动机，这也决定了美国对WTO争端解决机制的态度始终是基于自身的利益和价值判断。

建立国际贸易组织（ITO）的想法是在1944年7月举行的布雷顿森林会议上提出的，当时的目的是建立一个国际贸易组织，同时设立世界银行和国际货币基金组织。1947年签署的《哈瓦那宪章》同意建立国际贸易组织，但是由于许多国家在谈判中的贸易保护立场，以及美国参议院的反对，ITO没有成立。同年，美国发起了《关税与贸易总协定》（GATT），虽然作为促进贸易自由化的临时协议，GATT在法律地位和组织结构上不是一个国际组织，但它仍然完成了美国赋予它的使命。在1947年至1993年期间，关贸总协定主办了八轮多边关税和贸易谈判。1995年1月，世界贸易组织终于成立。在乌拉圭回合的八轮谈判中，以美国为首的国家坚持建立知识产权保护机制，最终达成了《与贸易有关的知识产权协定》（TRIPS）。显然TRIPS的实施更有利于美国这个版权行业高度发达的国家。

同时，作为自由市场经济的代表，美国认为美国的市场比当今世界其他国家更加开放和透明，这也是美国指责其他国家不遵守多边贸易体制的依据。但是，美国的开放市场并不是为了尊重多边贸易制度而建立的；它的成立是为了服务于美国的国家利益。从贸易历史和争端案件可以看出，只要违反了美国的利益或未满足美国政治的需要，美国并不在意破坏多边贸易体系的权威，即使这样的权威是由美国参与构建的。贸易保护主义从未从美国的贸易政策中消失。美国一直拒绝放弃“301条款”等单边制裁，从美国的角度来看，其他国家应该遵守WTO协议，而美国在情况不利于自身利益时，却使用"301 条款"来实现其目的。"301 条款"为维护美国的国际贸易利益发挥了非常重要的作用。根据"301 条款"，美国可通过调查、磋商、谈判和报复性措施对其贸易伙伴进行威胁和压制，这是与 WTO 协议相冲突的。WTO 争端解决机制作为多边贸易机制的支柱，是 WTO 不可或缺的组成部分，WTO 争端解决机制成立以来，在解决国际争端方面取得了巨大成就。WTO 贸易争端解决机制对美国的主要价值是促进其他国家的贸易自由化和市场开放，实现美国的经济利益。多年来，美国积极寻求世界领袖的地位。特别是在对外贸易方面，美国一直试图保持其主导地位。

### （二）成本与收益分析

参与 WTO 贸易争端解决机制的成本和收益对一个国家的决策有很大的影响。在大多数情况下，WTO 贸易政策是领导人决定是否启动贸易争端解决机制的重要依据。除此之外，经济因素对 WTO 成员方是否启动 WTO 贸易争端解决机制也起着重要作用，因为发起国际贸易争端的最根本目的是为了获得更大的经济利益。

从理论上讲，只要 WTO 成员方认为其他成员方的贸易政策措施损害了他们的国际贸易利益，他们就可以向世贸组织提出申诉，然后启动争端解决程序。然而实际上，启动 WTO 争端解决机制存在许多潜在障碍，比如费用可能太高，有时甚至超过投诉国的预期利益。

成本过高通常有以下几个原因。首先，由于乌拉圭回合谈判的结果，WTO 建立了完整的国际货物贸易法律体系，并将其管辖范围扩大到国际服务贸易和知识产权，因此，WTO 协议的内容大大增加，参与 WTO 争端解决机制的成本也随之增加。其次，为了协调各方利益，在规定的时间内完成谈判，WTO 的法律规定包含了大量复杂或模棱两可的内容，需要引入国际公法、习惯法进行解释和澄清，从而相对增加了 WTO 争端解决机制的启动成本。第三，在 WTO 争端解决机制的程序中，将产生大量来自专家组和上诉机构的报告，这些报告通常长达数百页。虽然 WTO 争端解决机制规定了严格的时间限制，以减少诉讼各方面的延误，但在实践中往往没有完全实现，因此，漫长

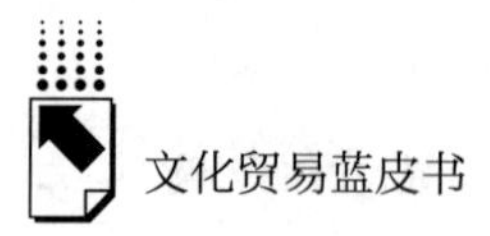


的争端解决时间进一步增加了 WTO 成员利用 WTO 争端解决机制的成本。第四，WTO 争端解决机制的诉讼成本也非常高，WTO 贸易争端解决机制是一种司法争端解决程序，因此向 WTO 申诉需要一个高素质的专业团队，熟悉 WTO 的所有协议和案件，并负责案件的分析和跟踪案件的发展趋势。

启动 WTO 贸易争端解决机制的成本是 WTO 成员方评估争端经济价值，进而决定是否启动争端或参与国际贸易争端的主要因素之一，而获得更多的国际利益是 WTO 成员方参与国际贸易争端的根本目标。

首先，在 WTO 贸易争端解决机制下胜诉，可以为申诉国带来更大的市场准入。WTO 成员方启动 WTO 争端解决机制的主要目的是敦促被诉方改变其贸易保护政策，开放市场，然后促进申诉方的商品或服务进入市场。通过在 WTO 贸易争端解决机制下的成功申诉，申诉方迫使被诉方取消贸易壁垒，改变贸易保护政策，从而扩大出口利益。因此，在 WTO 贸易争端解决机制下胜诉，既可以改善出口国的国际贸易条件，也可以增加其国家福利。

其次，作为 WTO 贸易争端案件的胜诉国，可以提高其在未来 WTO 贸易争端解决机制中的谈判地位。一个国家可以战略性地利用其在以往 WTO 贸易争端案件中积累的经验和技能，在磋商过程中威慑另一方。因此，另一方可以做出更大的让步，争端可以得到更早的解决。目前，与已完结的 WTO 争端解决案件相比，越来越多的国际贸易争端案件在磋商阶段就得到解决。

综上所述，WTO 贸易争端案件的胜诉所带来的利益可以极大地促进国家对外贸易竞争力，即对外贸易持续增长和盈利能力的提高。因此，WTO 贸易争端也越来越受到 WTO 成员方的重视。

美国作为世界经济超级大国，其参与 WTO 贸易争端解决机制的利益往往远远大于成本。首先，美国建立了世界上独一无二的国际贸易管理和司法机构应对 WTO 事务，如美国贸易代表办公室、美国商务部、美国国际贸易委员会和美国国际贸易法院。第二，在 11 起版权贸易争端案件中，美国打赢了 10 起案件，成功维护了自身利益。而在美国为被诉方的案件中，双方仅仅达成了一项临时协议。因此，虽然 WTO 贸易争端解决程序的时间比较长，解决程序比较复杂，诉讼的各个方面往往存在拖延，但与时间成本相比，美国获得了更多的利益。第三，美国是 WTO 贸易争端解决机制的主要参与者，美国可以利用其积累的经验和技能来处理未来的争端案件。虽然 WTO 贸易争端解决机制的诉讼成本相当高，但美国作为一个诉讼制度成熟、法律队伍专业的国家，能够在控制成本的同时实现预期收益。毫无疑问，美国律师资源丰富，在美国国内也有一些顶尖的 WTO 律师，他们有能力处理 WTO 事务。

以 DS363 案件为例，在中美影响某些出版物和视听娱乐产品的贸易权和分销服务措施案中，美国起诉中国的部分法律措施违反 WTO 协定。本案涉及中国文化市场管理相关法律约 10 条，这一案件的败诉在很大程度上促进了中国文化市场的开放，增加了美国对中国文化产品和服务的出口，同时减少了美国对中国的贸易逆差。

据中国国家版权局统计，2007 年至 2014 年中国的版权进口结构和数量都有了较为明显的变化。2010 年左右，中国由于 DS363 案件的败诉，开始实施 DSB 的建议，修改本国文化法律法规。由表 8 可以看出，2010 年录音制品、录像、电影等版权进口数量均出现了显著增长，较为直观地展现了 DS363 案件败诉对中国文化贸易的影响。这一案件确实促进了外国对中国的版权出口，对美国版权贸易发展无疑具有非常重要的意义。此案极大地改变了中美版权贸易的格局，也证明了 WTO 争端解决机制对美国版权贸易发展的重要性。

**表 8　2007 ~ 2014 年中国版权进口数量**

单位：种

| 年份 | 2007 | 2008 | 2009 | 2010 | 2011 | 2012 | 2013 | 2014 |
|---|---|---|---|---|---|---|---|---|
| 图书 | 10255 | 15776 | 12914 | 13724 | 14708 | 16115 | 16625 | 15542 |
| 录音制品 | 270 | 251 | 262 | 439 | 278 | 475 | 378 | 208 |
| 录像 | 106 | 153 | 124 | 356 | 421 | 503 | 538 | 451 |
| 电子出版物 | 130 | 117 | 86 | 49 | 185 | 100 | 72 | 120 |
| 电影 | 1 | 0 | 2 | 284 | 37 | 12 | 0 | 8 |
| 总量 | 10762 | 16297 | 13388 | 14852 | 15629 | 17205 | 17613 | 16329 |

资料来源：国家版权局网站，http://www.ncac.gov.cn/chinacopyright/channels/11228.html，最后访问日期：2019 年 10 月 28 日。

在版权贸易领域，美国作为贸易大国，每年向国外出口大量的版权产品。当美国版权产品的出口利益受损时，WTO 争端解决机制成为美国维护出口利益、拓展海外市场的有力武器。通过对美国版权贸易争端的成本收益分析，虽然参与 WTO 贸易争端解决机制需要一定的成本，但对于美国来说，利益远远大于成本。与美国版权贸易争端案件的利益相比，在 WTO 贸易争端解决机制下提起争端的成本是值得的。通过 DS363 案件，中国文化市场的进一步开放有效地促进了美国版权产品对中国的出口，也可以看出，争端案件的胜诉确实对美国版权贸易的发展产生了积极的影响。

## 四　对中国的建议

在国际文化贸易领域，发达国家尤其是美国，有着悠久的历史和成熟的法律体系，在 WTO 贸易争端解决方面也积累了丰富的经验。与此同时，美国还建立了世界上独一无二的国际贸易管理和司法机构，在某种程度上，WTO 贸易争端解决机制已经成为美国拓展海外市场的有力武器。与美国相比，中国应对国际文化贸易争端还有很长的路要走。

版权贸易正处于快速发展的阶段，国际间的摩擦也在不断增加，未来的国际版权贸易争端必然会越来越多，而中国的版权产业还处于初级阶段，美国对中国发起 DS363 案件的意图十分明显，美国正试图打破贸易壁垒，扩大中国的文化市场。中国必须警惕美国版权贸易的扩张，同时也要学会利用 WTO 争端解决机制来保护自己的国际权益。

WTO 争端解决机制是维护 WTO 成员方合法权益的有效途径。研究美国如何参与 WTO 争端解决机制对中国有非常重大的意义。中国无论是作为竞争对手，还是学习方，应该发现我们的不足，吸取别国经验，从而提高我们未来处理 WTO 争端的能力。在国际贸易争端领域，中国应对国际贸易争端的机制还有待完善，中国在争议发生后的应对措施也待进一步完善和发展。为应对未来的版权贸易纠纷，建立规范的 WTO 争端处理机制是十分必要的。美国是 WTO 规则的主要制定者和争端解决机制的主要参与者，已经建立了较为成熟的贸易争端运作机制。美国可以有效利用 WTO 争端解决机制为自己谋取利益，从这个意义上说，美国有很多值得中国学习的地方。

## 参考文献


大卫·李嘉图：《政治经济学及赋税原理》，光明日报出版社，2009。

都毫：《中国参与 WTO 争端解决机制所面临的问题与战略性对策》，《世界贸易组织动态与研究》2011 年第 2 期。

洪九来：《浅析中美图书版权贸易不平衡中的美方制约因素》，《中国出版》2010 年第 20 期。

黄安平：《中美出版物和视听娱乐产品争议案评析》，《武大国际法评论》2010 第 2 期。

黄卫平、丁凯：《国际贸易：理论与政策》，中国人民大学出版社，2014。

李春顶、赵美英：《国际贸易争端解决机制的选择及有效性：理论与中国抉择》，《财贸经济》2011 年第 5 期。

刘鹏飞：《国际文化贸易争端解决机制研究——以〈保护和促进文化表现形式的多样性公约〉为视角》，《北方法学》2009 年第 3 期。

Shyamkrishna Balganesh, "Copyright Infringement Markets," *Columbia Law Review* 113 (2013).

Judith H. Bello, Alan F. Holmer, "U. S. Trade Law and Policy Series No. 24: Dispute Resolution in the New World Trade Organization: Concerns and Net Benefits," *The International Lawyer* 28 (1994).

John D. Blum, Ann Damsgaard, Paul R. Sullivan, "Cost-Benefit Analysis," *Proceedings of the Academy of Political Science* 33. 4 (1980).

Chad P. Bown, "The Economics of Trade Disputes, the GATT's Article XXIII, and the WTO's Dispute Settlement Understanding," *Economics and Politics* 14. 3 (2010).

Chad P. Bown, "On the Economic Success of GATT/WTO Dispute Settlement," *Review of Economic and Statistics* 86. 3 (2004).

Chad P. Bown, Joost Pauwelyn, "The Law, Economics and Politics of Retaliation in WTO Dispute Settlement," *Cambridge International Trade and Economic Law* (2010).

John Broome, "Cost-Benefit Analysis and Population," *The Journal of Legal Studies* 29. 52 (2000).

Marc L. Bush, Eric Reinhardt, "Three's a Crowd: Third Parties and WTO Dispute

Settlement," *World Politics* 58. 3 (2006).

Chang Pao-Li, "The Evolution and Utilization of the GATT/WTO Dispute Settlement Mechanism," *SMU Economics & Statistics Working Paper* 13 (*2002*).

Manfred Elsig, "Legalization in Context: The Design of the WTO's Dispute Settlement System," *British Journal of Politics & International Relations* 19. 1 (2017).

Ralph E. Gomory, William J. Baumol, *Global Trade and Conflicting National Interests* (Cambridge, Mass: Massachusetts Institute of Technology Press, 2000).

Earl L. Grinols, Roberto Perrelli, "The WTO Impact on International Trade Disputes: An Event History Analysis," *The Review of Economics and Statistics* 88. 4 (2006).

S. D. Hunt, R. M. Morgan, "The Comparative Advantage Theory of Competition," *The Journal of Marketing* 59 (1995).

Keisuke Iida, "Is WTO Dispute Settlement Effective?," *Global Governance* 10. 2 (2004).

# 实践创新篇

**Practice and Innovation Topics**

## B.15
## “暴走”品牌海外发展战略分析

陈　茜*

**摘　要：** “一带一路”倡议的提出对我国文化产业“走出去”、文化产业资源整合、文化产业区域协作加强等方面都起到了很强的推动作用。随着中国“互联网＋”行动的大规模推行，中国企业能够借助互联网的传播优势将自己的商业模式带出国门。“暴走”品牌凭借超前的发展眼光和创意头脑，在占领国内商业高地的同时，审时度势，提前布局海外市场，通过低成本创作、小范围推广测试评估、用户“大数据”参与、短周期测试结果反馈、高效率深度开发以及IP变现反哺下一作品等策略，从人文、科技、生产流程及管理方式四个方面发展出一条新的全球化市场发展战略，打造出真正的“文化自

* 陈茜，《铁军》杂志社西安工作站站长。

信”产品。

**关键词：** “一带一路” “互联网+” 文化自信 全球化市场

2013年，习近平总书记提出了建设“新丝绸之路经济带”和“21世纪海上丝绸之路”的合作倡议，这既为中国深化改革开放、加强和亚欧非及世界各国互利合作提供了战略依据，也为中国的优秀企业走向世界提供了一个重要契机和指导策略。自2015年李克强总理在政府工作报告中提出了“互联网+”行动计划后，各行各业开始利用互联网平台，以自己的行业特点为契机践行这项行动，创造出新的资源生态，其中文化产业因其特有的创意属性，成为成效最为显著的“互联网+”产业之一。在“一带一路”倡议和“互联网+”行动大潮的共同驱动下，“暴走”作为中国首批创业的互联网创意企业之一，率先成为“互联网+文化”“走出去”的重点企业。

## 一 暴走品牌的诞生和发展

“暴走”品牌诞生于2008年，由西安摩摩信息技术公司开发运营，在互联网社区产品、互联网游戏产品、动漫设计制作、影视视频制作、广告设计推广、艺人演出经纪、文化艺术交流、动漫周边开发等领域均有不同程度的知名度和影响力。品牌长期致力于为中国互联网用户提供“互联网+文化”的文化娱乐创意内容，用户多为14~30岁新生代互联网主流群体，总品牌拥有过亿用户量，其视频产品累计总播放量达到百亿次。

### （一）品牌及产品概况

“暴走”初级形态为“暴走漫画”网站（www. baozoumanhua. com）。暴走漫画起初是一种漫画绘画风格，它将人的面部表情进行夸张化设计，制作成诸多表情图，并嵌入网站中的“暴走漫画制作器”（flash软件）

图库内，数量约上千张。暴走漫画表情具有线条粗犷、情绪表现力强等特点，起初的表情设计为黑白线条表情，之后加入部分彩色表情设计，令人印象深刻，符合当下年轻人聊天时的表情使用习惯，得到了快速传播。2010 年起，网站免费提供暴走漫画图库和制作器使用的开放式服务，网友可以通过使用该制作器工具，将自己或身边人的故事制作成漫画并分享出去，产品很快实现了快速制作和快速传播的效果，为互联网新生代 UGC 产品奠定了基础。

网站将网友制成的暴走漫画成稿提交后台，经审核后，将有趣的优秀作品提交前台精选，在 2011 年形成了一波制作和分享“暴漫”的热潮。此后，团队利用新浪微博快速传播的能力将流量迅速转化至网站，形成每月近四十万篇投稿的规模；同期品牌提前抓住移动互联网的兴起，快速研发上线了同名 App 产品，在 2013 年实现了 5000 万的装机总量，这为暴走 IP 形成生态影响力奠定了基础。2013 年初，品牌继续开发互联网视频项目，开发了《暴走漫画》动画系列，次月上线了《暴走人事件》真人脱口秀节目，开创了互联网 PGC 节目制作和 PGC 节目软性植入营收模式的先河，继而在次年继续开发出各种暴走系列的垂直节目，如《暴走看啥片儿》（影视类）、《暴走玩啥游戏》（游戏类）、《暴走吧！BILI》（直播泛娱乐类）等，也培养出王尼玛、王尼美、张全蛋等互联网用户耳熟能详的网红艺人，将暴走 IP 价值带到了新的高峰，同时促成了其他的 IP 生态产业的形成。

暴走在拓展国内业务的同时，于 2015 年起开始筹备海外制作业务，将首部 3D 动画大电影《未来机器城》（*Next Gen*）的海外版权于 2018 年 5 月售与全球流媒体巨头 Netflix，该片于同年 9 月 7 日在海外 190 多个国家上映。据不完全统计，该版权金额突破国内动画版权海外售价最高纪录。被誉为“儿童奥斯卡”的 2018 Kidscreen Awards 授予其“最佳动画片”“最佳设计”两个奖项，该片并荣获美国音效剪辑者协会颁发的“金卷轴奖”以及被誉为“动画界奥斯卡”的第 46 届动画安妮奖（The 46th Annie Awards）“动画长片类最佳角色设计”“动画长片类最佳视觉效果”“动画长片类最佳配音”三项提名。

### （二）互联网对暴走品牌的阶段性影响

互联网红利指的是因互联网用户不断增多，企业可以用较小成本快速获得流量。这类红利主要分为两拨：PC 时代和移动时代。如果把 1968 年阿帕网的诞生作为互联网起点，那么直到 2007 年第一代苹果产品诞生的这一段时间，都可以被算为 PC 时代的红利时期。但随着智能手机这个“新物种”的诞生与普及，其便携性、丰富性逐渐打败了传统 PC 端，移动互联网红利逐渐显现（见图 1）。

暴走团队自 2008 年以“互联网 + 技术”创业至 2018 年“互联网 + 文化”收割，互联网行业在此期间也在经历着翻天覆地的变革。不同的时代在不同的节点有着这个时代红利模式的里程碑，暴走对每个里程碑的把握在于使其为这个品牌带来源源不断的动能。

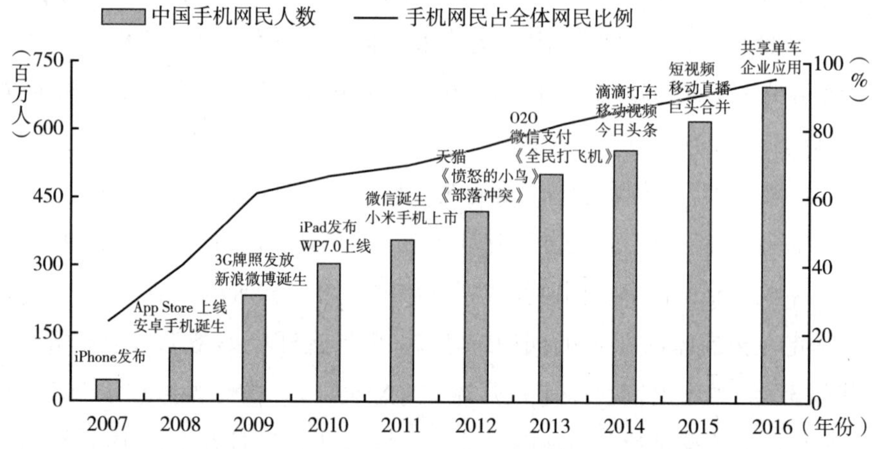


**图 1　2007～2016 年中国手机网民人数及其占比**

资料来源：国金证券研究所。

#### 1. 2007～2008年互联网搜索流量红利期

时代特点：百度与 Hao123 深度合作。2008 年 7 月，百度的主页出现了 Hao123 浏览器的链接，这标志着搜索浏览器收录引发流量爆发的时代到来；

苹果商店上线、安卓手机诞生，标志着互联网移动技术时代即将到来。

暴走里程碑标志：暴走启动“互联网+技术”创业，开发官网及漫画制作器，开启了互联网UGC参与的新模式，实现产品架构为运营和推广做出铺垫。

2. 2009~2011年自媒体创业红利期

时代特点：社会进入Web2.0的微博时代，自媒体的出现促进了文化传播方式的变革。中国互联网信息中心（CNNIC）发布的《中国互联网发展状况统计报告》称：截至2011年12月底，中国网民规模达到5.13亿人，其中微博账户数量超过3.2亿。“人人都有麦克风，人人都是自媒体”成为这个时代互联网活动的标志。

暴走里程碑标志：建立多品牌微博账号，开启微博与网站流量互相转化的运营模式（微博嵌入官网链接引流官网；官网用户漫画制作投稿分享至微博），“@暴走漫画”成为新浪微博媒体影响力Top1。

3. 2012~2014年移动流量红利期

时代特点：中国手机网民平均上网时间从每周20.5小时上升到26.1小时，4G网络为随时随地上网带来了方便，进一步提高了移动上网的性价比，[①]也为移动游戏发展带来了巨大的发展空间，将互联网产业带入一个新的格局。

暴走里程碑标志：重新开发并上线了“暴走漫画”App；策划开发了《暴走漫画》动画系列、《暴走大事件》等互联网短视频节目，开创了互联网PGC内容新模式并实现变现。

4. 2015~2016年网络内容付费红利期

时代特点：2015年付费用户数量爆发性增长，付费用户规模达到2884.1万人，同比增长264.1%（见图2）。[②]同时应用创新、内容创新此起

① 国金证券股份有限公司：《互联网大变局：移动流量红利耗尽之后的“新常态”与“新思维”》，http://www.199it.com/archives/628441.html，最后访问日期：2019年10月28日。

② 《2016~2022年中国在线视频行业市场现状分析及发展趋势研究报告》，中国产业信息网，https://www.chyxx.com/research/201607/430405.html，最后访问日期：2019年10月28日。

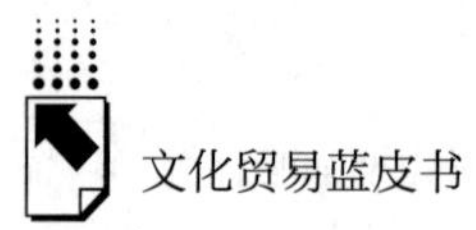


彼伏，各大视频平台开始大规模开发自制剧和网剧，同时对 PGC 网络视频节目的版权采购和变现模式更加重视。

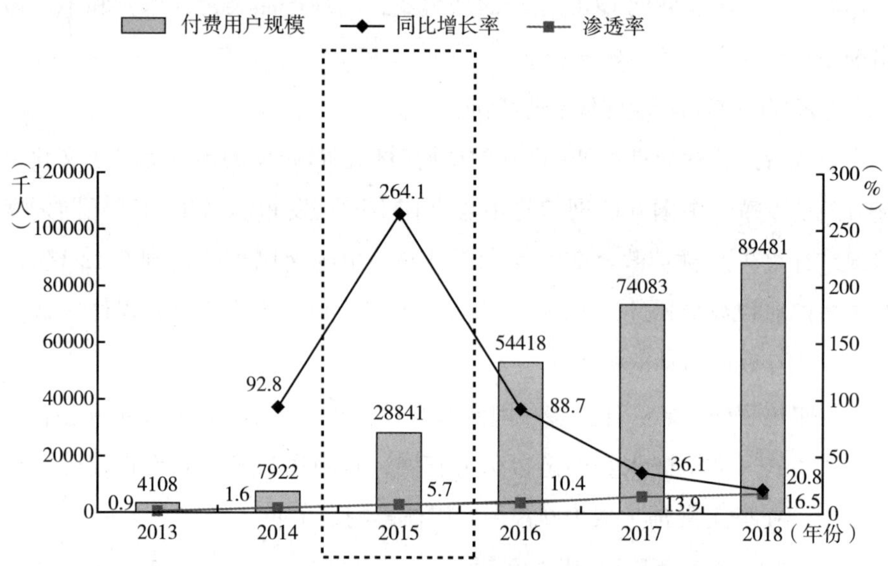


**图 2　2013～2018 年中国在线视频付费用户规模**

资料来源：产研智库。

暴走里程碑标志：《暴走大事件》《暴走看啥片儿》《暴走玩啥游戏》等互联网短视频节目正式开启付费观看及广告招商，通过互联网创意内容，暴走实现了规模及内容变现。

5. 2017～2018年 MCN 整合内容流量红利期

时代特点：短视频典范产品“抖音”在 2017 年中赞助了现象级的网络综艺《中国有嘻哈》，两者受众的高度契合和该网综的影响力成为抖音用户量增加的有力推手，让抖音在 2017 年实现流量暴增，抖音对各互联网内容平台产品的冲击使得自媒体各平台产品对优质内容的需求呈现几何级增长，用户时间很大程度被短视频娱乐产品占据。

暴走里程碑标志：一方面，抖音虽然呈现出巨大的流量红利，但产品基于 UGC 内容的高度精品化和对 UGC 内容丰厚的扶植政策使已成功孵化并自带流量的大型 IP 品牌 PGC 不易通过抖音平台实现品牌再造或升级；另一方面，其他内容平台为争夺用户时间对大量优质内容的获取更为迫切。在此期间，暴走并非一味地通过在抖音平台制作高成本内容去大规模获取流量，而是重视各合作平台全面发展，实现各个内容平台自媒体内容一键分发，并将暴走 MCN 机构建立完成。

自此，“暴走”品牌各产品线成功把握各时代红利特点并完成产业升级，把暴走的每个独立产品串联为一个完整的 IP 品牌并实现整体协作。2018 年中国出台的许多重大国策，使得 2018 年不仅仅是短视频产业崛起之年，也是“推动传统文化全面复兴”之年，国家博物馆在国际博物馆日携手六大博物馆，在抖音发布了一条《第一届文物戏精大会》，让中国传统文化和博物馆文化开口发声，该条抖音刷屏朋友圈；不仅如此，故宫文创在 2018 年销售额达到十多亿元人民币，成绩更是喜人。这一切都令人对中国文化产业前景十分看好，不禁猜测 2019 年是否将成为中国文化产业出海的开局之年，如何把握 2019 年的文化产业市场化红利成为“互联网 + 文化”企业应当重点思考的问题。

## 二 文化产业“走出去”的意义

### （一）中国文化政策导向性意义

“一带一路”倡议是我国推进对外贸易和文化交流发展、强化国际区域合作的重要举措，不仅蕴含了巨大的经贸发展空间，更为沿线各国文化交流提供了充足的动能，也让中华民族的优秀传统文化插上腾飞的翅膀，提升和展示了中国以文化繁盛和精神文明为重要内容的综合国力。[①]

文化是民族的血脉，是人民的精神家园。文化自信是更基本、更深层、更持久的力量。中华文化独一无二的理念、智慧、气度、神韵，增添了中国

① 丁立磊：《“一带一路”为传统文化“走出去”铺路搭桥》，《人民论坛》2017 年第 18 期。

人民和中华民族内心深处的自信和自豪。2017 年中共中央办公厅、国务院办公厅印发了《关于实施中华优秀传统文化传承发展工程的意见》(以下简称《意见》),并发出通知,要求各地区、各部门结合实际认真贯彻落实。《意见》提出:到 2025 年,中华优秀传统文化传承发展体系基本形成,研究阐发、教育普及、保护传承、创新发展、传播交流等方面协同推进并取得重要成果,具有中国特色、中国风格、中国气派的文化产品更加丰富,文化自觉和文化自信显著增强,国家文化软实力的根基更为坚实,中华文化的国际影响力明显提升。①

改革开放以来,我国经济取得飞速发展,同世界各国间的联系也日益密切,伴随而来的则是中华文化"走出去"的现实需求。然而多年来,我国文化产业仍旧处于弱势、低端发展状态,文化输出能力不足,打造"文化强国"的目标任重道远。"一带一路"倡议中就蕴含了传统文化"走出去"的使命诉求,中国借助"一带一路"倡议全面推进中华民族传统文化"走出去"也显得尤其必要和迫切。习近平总书记在十八大会议中多次强调了"文化自信"的文化观,表达了对中国文化、思想价值体系的认同与尊崇。中国文化"走出去",一定要以强大的综合国力为后盾和支撑,让文化软实力借助经济硬实力发出更美的音色和更广的音域。②

### (二)中外文化娱乐市场性意义

2016 年至 2017 年,中国国内正经历前所未有的"大视频"(大型网剧、网综)互联网化改革,即头部精品内容播放已经由"先台后网"和"网台联动"逐渐演化成"先网后台"(见图 3)。面对用户网络端的特征是网络端内容更符合用户观赏需求,直接对用户反馈做出迅速反应,对比面对商家模式以销售版权、招商广告为目的,"先网后台"意味着优质内容的流向、商业模式的转变和影视剧内容类型的更新。

---

① 《2018 新年重大国策,推动传统文化全面复兴!》,新国学网站,https://www.sohu.com/a/220069840_631315,最后访问日期:2019 年 10 月 28 日。

② 丁立磊:《"一带一路"为传统文化"走出去"铺路搭桥》,《人民论坛》2017 年第 18 期。

**图 3　2016～2017 年影视剧播放模式对比**

资料来源：艺恩网、东北证券。

2018 年对于优质内容的国际形势也是机遇与挑战并存的一年，作为与爱奇艺签订了许可协议的全球流媒体，Netflix 在 2018 年 5 月 24 日股价上涨至每股 346. 75 美元，市值达到 1526 亿美元，以 9 亿美元的优势超过迪士尼。国际新增用户人数为 546 万人，相比上年同期的 353 万人，增幅为 55%。[①]

① 《Netflix 市值一度超过迪士尼，成为全球最具价值媒体巨头》，百度百家号“三文娱”，http：//baijiahao. baidu. com/s？ id = 1601458967490847636&wfr = spider&for = pc，最后访问日期：2019 年 10 月 28 日。

### （三）暴走产品出海的必然性

一国文化之所以能在世界范围内大行其道，最根本的原因在于其背后强大综合国力的支撑。如美国，其文化之所以能在世界范围内传播甚至被很多国家接受，就是因为在这种文化之下产生了美国这样的一个超级强国，这对他国有着足够的吸引力。相反，如果综合国力衰弱、经济军事权力动荡，那么其国家文化也必然会受到质疑。① 暴走作为新生代互联网文化创意品牌代表，应当积极响应国家号召，将中国的创意文化带向全球是其义不容辞的责任。

无论是国内还是国外，优质文化产品对于发行渠道的优先选择都在向互联网转移，而互联网视频平台对于优质内容的重视程度也在通过版权交易价格的提高得到体现，最终在用户习惯方面的反映则是平台的用户量、用户黏性，尤其是订阅用户和付费行为方面的日益增长。选择在 2018 年出海并将 Netflix 这样一个流媒体巨头作为暴走在海外影视发行的首要合作伙伴是及时且正确的决定。

中国的文化资源丰富，互联网机制在为中国文化产业提供着越来越有效率的价值发现平台，文化资源与文化产业的发展，已经成为当代经济发展的重要组成部分，并且是最活跃、最具有竞争力的部分，最终形成巨大产能。在未来的发展之路中，传统文化向全球化市场不断靠拢必将成为不可逆转的新趋势，文化消费也已经成为文化传播的主要路径。作为市场化导向的企业，暴走不仅应当将自有 IP 发挥最大潜能，更应当作为文化产业出海之代表，与优质的国内传统文化 IP 强强联合，联手深度挖掘优质传统文化 IP 价值，打造出更多世界级优质文化 IP 品牌。

## 三　“暴走”品牌海外发展战略分析

由暴走中国团队策划和编剧、由曾执导过多部好莱坞动画大片的两位美

① 丁立磊：《“一带一路”为传统文化“走出去”铺路搭桥》，《人民论坛》2017 年第 18 期。

国导演担纲、由加拿大美术团队制作的3D动画大电影《未来机器城》是暴走团队开拓海外业务的首次尝试。

影片以当下我国民众关注的科技、人工智能领域为背景，围绕女主人公小麦与智能机器人7723的“人机”之情、小麦与父母的亲情、小麦与同学的友情等情感展开，讲述了女孩小麦和7723之间的温情故事。从小失去了父亲的小麦是一个叛逆少女，母亲忙着逃避伤痛无法给她关爱，学校同学的霸凌让她的行为更偏激，而机器人7723的出现改变了她。这对小伙伴在此后的生活中历经悲喜成为挚友，此时心怀毁灭人类之梦的庞老板追踪到了7723的下落。7723为了保护小麦必须格式化回归杀人机器的初始状态才能激发足够强大的战斗力，然而那些印刻着小麦名字的温情片段却在它的生命中留下不可磨灭的痕迹。带着这些印记，7723战胜了坏人、救出了小麦、并重新回到温柔状态。

该片能在全球化文娱行业竞争压力下生存并在国际范围内得到认可，源于团队在以下多个方面做出的创新。

## （一）人文创新

从《大圣归来》到《大鱼海棠》，近年来成功的国漫佳作都证明国产动漫要想雄起，不能走模仿美日动漫的发展道路，只有通过突出东方特色或东方元素去讲好中国故事，才会得到观众的认可与追捧。我国汉唐时期文化输出能力很强，其根源是汉唐两朝综合国力的强大支撑，[①] 故“文化自信”也常被固有思维认为等同于“传统文化自信”或“东方元素自信”，这种观点是比较狭隘的，并不是只有古风当道的素材和题材才是中国的，中国故事的内涵应该更深远。

1. 结合中国社会问题创作

对《未来机器城》中的人物形象，团队均未以典型的种族、国度来设计肤色、毛发或着装，对主角小麦最初进行的角色构想就不同于传统动画影

① 丁立磊：《“一带一路”为传统文化“走出去”铺路搭桥》，《人民论坛》2017年第18期。

片中对主人公懂事可爱的设定，她一头紫色短发，洒脱不羁，与家人的关系也“剑拔弩张”，更不是一个灰姑娘蜕变成“迪士尼小公主”的形象，这样的一个少女不仅不取悦于大众审美，也不是传统意义上的“乖孩子”，小麦显得另类而难以管教。

日常生活中，子女教育问题、青少年抑郁症、校园暴力的现象颇为常见，而因此受扰的许多孩子都存在缺乏家人关爱的问题。剧组在平日做互联网视频节目时，常会接到此类事件的举报邮件和电话，在与当事人沟通后，团队认为孩子最需要的不是最新款的电子设备，也不是好看的衣服，而是家人的陪伴和关怀。团队在做电影的时候努力放大了这方面问题，在价值观描述引导中并未过多提及对孩子“自立自强”方面的教育，而是着力渲染中国式孩子与母亲之间的情感沟通，一方面在孩子的心中产生了共鸣并体现出社会对孩子的理解，另一方面提醒着校方和家长们，孩子们真正需要的是什么，以及如何看待“另类”孩子的教育问题。

2. 结合中式情感表达方式创作

对于情感的表达，中西方有着明显的差异，尤其对于爱的表达方面，西方影片从来不吝啬用语言去表达，“I love you.”之属流于口头而直接的对白更是日常的表达方式。

东方的电影美学深受传统文化影响，不同于欧美，中国人倾向于用行动或含蓄的方式去表达情感。在电影中，导演在第一版剧本中设计了几十句以上小麦对7723说“我爱你”的台词，尽管直白而深情，但对于情绪层次感丰富的中国人来说却显得单薄而搪塞。在不断磨合剧本的过程中，“我爱你”被一句句删除直至完全消失，甚至连拥抱都很少，取而代之的是剧本对行为的刻画和对含蓄行为细节的描绘，最终实现情感表达的方式达到中国式内敛，向世界展现了中国人对于亲情、友情的独特思考。

3. 结合中国大都市特色建筑风格的场景设计创作

中国和美国的城市建设非常迥异，在描绘未来时代的中国和美国的问题上，影片场景设计非常重要。为了能够呈现不同于迪士尼电影的“未来”

建筑场景，影片中的城市设计风格除了各式各样的中国招牌和凌乱的电线之外，也借鉴了北上广等中国超一线城市的建设布局。第一版设计在海外美术设计团队参观中国之前开发，起初的设计比较低矮，都是小栋的楼，类似童话世界，即便设计非常奇特，却始终没有达到制作团队对中国式“未来”城市风貌设计的预期。

在发现导演和美术团队此前并未造访过中国后，为了解决对中国式“未来”建筑设计方案的猜想问题，中国团队组织导演和美术指导前来中国访问和参观。在首次访问中国的导演此前的思维内，高楼大厦的世界当属美国曼哈顿，但曼哈顿密密麻麻的高楼不像中国城市建筑那般高低错落。美国城市的高楼设计相对规整，而中国较发达城市特有的建筑是有高有低，有老旧也有新颖，最有特点的建筑是现代的高速路和高架桥在楼宇中穿梭。导演安格温（凯文·R. 亚当斯）当场感叹：“这才是未来！你们中国人简直就是住在《银翼杀手》的世界里!”

导演团队对中国的首次访问，尤其“夜游珠江”的访问行程，为了解中国现代城市设计特点并在设计中融入中国现实元素奠定了基础，此后在影片动画场景设计里分别融入了“小蛮腰”、天河 CBD（尤其是广州国际金融中心及天河体育场）以及所访城市的立交桥高速路等建筑风貌原型，体现了现代化的中国人文特点。

## （二）技术创新

虽然好莱坞有优秀的技术和人才，但归根结底这个故事要传递中国人的价值观和情感。“师夷长技以制夷”，中国人必须学会运用他们的长处，赢得他们的尊重，才能用世界听得懂的语言讲述自己的故事。人文创新能够以最和谐的方式传达到世界各地，离不开动画制作方面的优势和创新。“Made in China.”在全球任何一款商品中都被认为是融价格低和品质优为一体的标签，那么在文化产品中也应当如此。

自 1998 年 Maya 软件问世，3D 动画影片的制作领域就被这款功能强大的软件完全占据了，Maya 软件就被当作 3D 动画片制作的国际惯例软件去使用了。并且无论是正版软件的价格，还是软件人才的成本，都几乎形成了行业标准，因此3D动画影片在海外市场中的开发模式与成本都是高度成熟的，也正因为如此，如何才能开发一部既能最大程度降低成本、又能达到国际制作水准的3D动画影片便成了一件极具挑战性的事。

《未来机器城》是世界上第一部完全用开源软件Blender制作并广泛发行的3D动画电影。放弃Maya软件而使用一款相对小众的软件来制作整套动画对于很多习惯使用Maya软件的人来说，这也许是更具挑战性的事情。但Blender的众多优势又让动画制作人们兴奋不已，它是一款专业且免费、可提供一套完整创作流程解决方案并内置上百款强大插件的三维动画创作套件。一旦上手，后续的制作将以快捷键操作，高效而便捷，此软件支持很多操作系统，且效果并不比Maya等3D软件差，大幅地降低了独立动画电影制作的软件成本。

以这样的技术创新态度，暴走用低于市场规则的预算完成了一流预算水准的作品，完成了以国际水准“讲好中国故事，传播中国声音”的艰巨任务。

### （三）生产流程创新

对于任何企业或团队来说，首次开展新业务必定有风险，更不用说没有任何经验和资源就首次开展海外业务。暴走能够实现最低成本开展海外业务，保障项目风险降到最低并取得一定成就，是基于一些可评估风险的生产流程和特定优势。

1. 低成本创作，小范围推广测试评估

暴走IP开发至今已有十年，经过不断优化已成为一个品牌而非具体形象，互联网用户对于暴走IP的认知和表情包应用已成为一种视觉习惯，并且该IP已进入成熟期，设计创作成本低廉。在暴走漫画官网的漫画数据库内已积累大量含有用户参与（点赞、评论、转发）数据的剧本雏形，雏形剧本可用于深度挖掘价值。《未来机器城》的IP雏形即是由2012年暴走漫画官网创作的、反响最为强烈的漫画《7723》系列的剧本改编而成。

2. 用户“大数据”参与，短周期测试结果反馈

互联网社区媒体传播热度是紧跟社会热点的，在创作和传播速度方面稍有“怠慢”就会由于热点降温而使传播效果急剧变差，从而失去互联网传播的价值。暴走自媒体矩阵及互联网社区产品均为自营，对热点内容的传播效率几乎完全由暴走团队自己掌控。

运营和发行团队在热点内容二次发酵方面快速做出系统化传播，并由品牌长期积累的亿级用户加持反馈，可以在短时间内评估某创意内容的市场反应，并确认是否应当进一步增加后期的创意投入及提高传播频率。典型案例是网红艺人张全蛋的 IP 孵化。

3. 高效率深度开发

在结合热点吸引流量的前提下进行低成本创作（如漫画、微视频）并将其迅速传播后，如用户反馈很好，短期内即可进一步 IP 孵化或将其投资开发成系列视频内容进行全平台发行；若继续出现若干次用户自发性几何级传播，便有机会进入深度开发或孵化环节。深度开发包括深度文学创作和合作 IP 开发，或加入海外团队联合进行商业出海，进一步打造影视作品及线下产业，扩大 IP 价值。图 4 虚框内为海外创作、发行团队及合作商加入联合制作宣发。

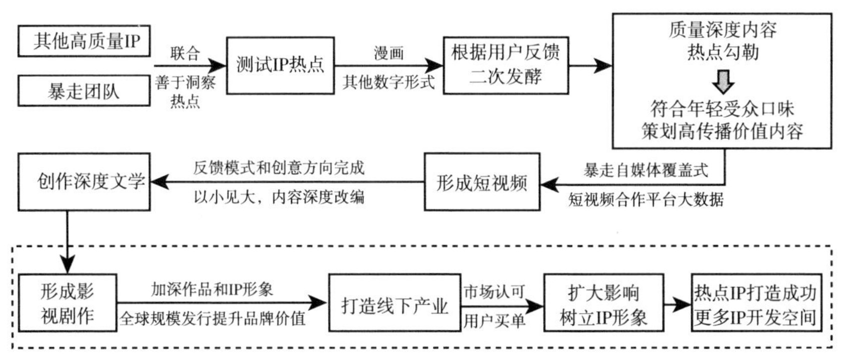


**图 4　影视 IP 聚合创造**

4. IP 变现反哺下一作品

通过以上一系列的初步创作、小范围的测试、进一步的优化、再创作、再优化、发行、深度创作和挖掘，变现后的 IP 将把收益用于下一潜力作品的一系列开发工作。借助此科学发展模式实现市场化的 IP 生产和再造，虽道阻且长，但却将最难以实现的、文创产业可复制的变现模式变为可能。

## （四）管理方式创新

国内文创类企业在需拓展海外业务时，常会因节省成本而使用国内团队在国内进行线上长期接洽，或外派国内团队前往海外长期或短期驻扎工作，因此进行的工作对接常存在以下两方面弊端，成本大幅上升。一方面进行海外项目接洽、运营及推广时与海外客户存在时差，在商务人员需要其他业务部门配合的情况下，经常出现需要次日获得反馈的情况，而次日又会存在商务人员白天休息无法及时反馈的情况，一般问题的解决可能存在至少 24 小时空档，最终造成效率不高、显得执行力或竞争力较弱等问题；另一方面，国内商务人员没有长期海外实际生活的经历，除去语言的地道程度、商务资源联系的密切度以及沟通的实效性之外，其对海外平台运营手段及合作模式、幽默感的控制和社交圈的空白也都存在不同程度的不尽如人意之处。

暴走海外团队均在海外搭建，除在加拿大设置制作团队外，同时还一步步集结到其他优秀团队，建立了美国海外发行中心与英国欧洲业务运营中心。团队同时聘用海外人员与中国海外毕业和长期生活在外的中国人作为负责人；外籍员工优先学习中外文化差异，国内外独立运营，大幅缓解因存在时差而导致的对接空档以及国内商务人员因缺乏地道的海外经验而错过最佳业务时机等问题。

上述创新所带来的成本、效率管理及风险控制之优势，开启了中国文创企业 IP 价值深度挖掘与海外文娱领域相互合作的大门，不仅适用于暴走自有项目、新晋项目，也能为其他优质 IP 品牌深度挖掘提供有力参考。

## 参考文献

国金证券股份有限公司:《互联网大变局:移动流量红利耗尽之后的“新常态”与“新思维”》,http://www.199it.com/archives/628441.html,最后访问日期:2019 年 10 月 28 日。

《2016~2022 年中国在线视频行业市场现状分析及发展趋势研究报告》,中国产业信息网,https://www.chyxx.com/research/201607/430405.html,最后访问日期:2019 年 10 月 28 日。

《2018 新年重大国策,推动传统文化全面复兴!》,新国学网站,https://www.sohu.com/a/220069840_631315,最后访问日期:2019 年 10 月 28 日。

《Netflix 市值一度超过迪士尼,成为全球最具价值媒体巨头》,百度号百家号“三文娱”,http://baijiahao.baidu.com/s?id=1601458967490847636&wfr=spider&for=pc,最后访问日期:2019 年 10 月 28 日。

丁立磊:《“一带一路”为传统文化“走出去”铺路搭桥》,《人民论坛》2017 年第 18 期。

# B.16
# 中国电子竞技发展探究

完美世界股份有限公司

**摘　要：**　作为一门新兴的体育运动，电子竞技在中国经历了萌芽、早期成长以及高速发展三个阶段。当前中国电竞呈现出发展快速、用户规模庞大、赛事规模可观等特点，未来电竞具有商业化、联盟化、区域化的发展趋势。同时，中国电竞也面临着缺乏研究、第三方赛事平台稀缺、教育培训体系不够完善等问题，文章还以完美世界为案例总结出电竞发展的中国经验、中国方案，即建立健全赛事体系、完善教育培训机制、彰显电竞文化软实力。本文认为，依托于中国市场的电竞正日益蓬勃，中国电竞正逐渐从世界电子竞技的追随者向着主导者和引领者的角色转换，作为新兴产业，电子竞技面临的问题也应在发展中逐步得以解决，彰显电竞文化、发挥正向价值，这才是中国电竞未来的使命。

**关键词：**　电竞发展史　电竞正向价值　电竞教育

## 一　中国电竞产业发展沿革

从全球范围来看，1986 年，美国广播公司电视直播了两个孩子比试任天堂游戏的过程，这被视为世界电竞的开始。随后，《星际争霸》《反恐精英》（*CS*：*GO*）《魔兽争霸》等电竞大作陆续登上国际舞台。

作为新兴的体育运动，中国电竞经历了萌芽、早期成长及高速发展三个阶段。

## （一）萌芽阶段

2001 年，马天元（MTY）和韦奇迪（Deep）在韩国首尔举行的 WCG 世界总决赛《星际争霸》2V2 项目夺冠，为中国电竞夺取了第一个世界冠军。

2003 年，电子竞技成为中国体育总局承认的第 99 个正式体育项目。

2004 年，第一届中国电子竞技运动会（简称 CEG）正式举行。

2005 年，李晓峰（Sky）在新加坡举行的 WCG 世界总决赛夺得《魔兽争霸 3》冠军，成为中国电竞第一个 WCG 单人项目世界冠军。

2005 年 12 月，wNv 战队在 WEG 第三赛季夺得中国第一个 CS 世界冠军。

2007 年，亚洲室内运动会增加电子竞技为正式比赛项目。

2008 年，国家体育总局整合现有的体育项目，将电子竞技重新定义为第 78 号体育运动。

在萌芽阶段，中国电竞选手已经开始在世界舞台上崭露头角并屡获冠军，同时电子竞技也被中国官方认定为体育运动项目。

## （二）早期成长阶段

2011 年，CCTV－5《体育人间》播放电子竞技特别节目。

2012 年，中国 IG 战队在第二届 DOTA2 国际邀请赛上夺冠。

同年，WE 战队在 IPL5 获得中国第一个 LOL 世界冠军。

2013 年，国家体育总局成立一支由 17 人组成的电子竞技国家队，出战第四届亚洲室内和武道运动会。

2014 年，来自中国的 Newbee 战队在第四届 DOTA2 国际邀请赛（TI4）中拿到总决赛冠军。

2015 年 1 月 6 日，完美世界主办的首届 DOTA2 亚洲邀请赛（DAC）在

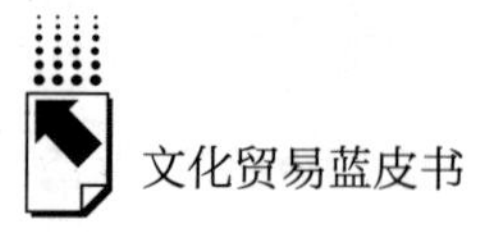


上海举行，首届 DAC 的总奖金创造了中国本土举办的电竞赛事奖金的纪录。

2016 年，中国 Wings 战队夺得 2016 年 DOTA2 国际邀请赛冠军（TI6），延续了中国战队在 DOTA2 上的佳绩。

2016 年 9 月 2 日，教育部公布了 2016 年高等院校 13 个增补专业，“电子竞技运动与管理”被正式列入其中。

随着电竞行业的高速发展，鉴于人才匮乏的短板，中国高等院校新设了电竞相关专业，教育培训可以为电竞行业注入新鲜血液。

### （三）高速发展阶段

2017 年，国际奥委会第六届峰会最终同意将电竞视为一项“运动”。电子竞技也加入了 2017 年亚洲室内武术运动会、2018 年雅加达亚运会和 2022 年杭州亚运会，并且将在 2022 年杭州亚运会上成为亚运会正式比赛项目。

2017 年 4 月 4 日，完美世界主办的第二届 DOTA2 亚洲邀请赛落幕，中国战队 IG 夺得冠军。

2017 年 11 月 3 日，英雄联盟 2017 全球总决赛的冠军赛在北京国家体育场举行。

2018 年雅加达第 18 届亚运会将电子竞技纳入表演项目，中国电竞代表团夺得两金一银。

2019 年 1 月 29 日，中国人社部发布公示，通告拟发布 15 个新职业，其中包括电子竞技员、电子竞技运营师 2 项电竞相关职业。

2019 年 3 月 13 日，《体育产业统计分类（2019）》经国家统计局第四次常务会议通过，其中电子竞技被正式归为体育竞赛项目，编码为 020210210。

2019 年 8 月 20 ~ 25 日，2019 年 DOTA2 国际邀请赛（TI9）在中国上海举办。

这一阶段中国电竞发展逐渐进入黄金时代，电子竞技员、电子竞技运营师成为新职业，国内赛事日益规范健全，除了本土赛事之外，TI9 等世界顶级赛事也第一次来到中国。

## 二 中国电竞产业发展现状

### （一）电子竞技的基本概念

根据国家体育总局官方定义，电子竞技是电子游戏比赛达到“竞技”层面的体育项目，是利用电子设备作为运动器械进行的人与人之间的智力对抗运动，可以锻炼和提高参与者的思维能力、反应能力、心眼四肢协调能力和意志力，培养团队精神。

从本质上来说，电竞作为游戏特别的品类，已经不再是简单的游戏了，它是用游戏表现出竞技的娱乐形式。

电竞有其特殊性，这项运动有别于其他竞技体育，它将信息技术也就是“游戏”作为核心的比赛器材。这些特性注定了未来电竞有超越传统体育的可能：

1. 电竞上手较为容易。尤其在移动互联网时代，与传统体育项目相比，电竞的参与门槛较低、群众基础更加广泛。

2. 电竞的娱乐性更强。电竞的强互动性更容易吸引用户尤其是年轻用户的关注。

3. 电竞组织方式更便捷。电子竞技是一个依托互联网行业的运动，与其他竞技体育有赖于器械设备不同，电子竞技借助网络就能组织赛事。

### （二）中国电竞发展现状

中国已成为全球最大的电竞市场，不仅有全球最多的电竞用户，还拥有世界上顶尖的电竞选手。中国电子竞技产业仍处于持续发展的过程中，2018年中国电子竞技产业规模已经超过912亿元，电竞用户规模达到了4.28亿人。①

---

① 《2018年电子竞技产业人才报告》，Useit知识库，https：//www.useit.com.cn/thread-23298-1-1.html，最后访问日期：2019年9月15日。

1. 中国电竞产业高速增长

中国电竞市场近两年发展极为快速。2016 年，中国电子竞技游戏市场实际销售收入达到 504.6 亿元，超越美国、韩国成为全球电竞第一大国。2017 年，中国电子竞技游戏市场实际销售收入达 730.5 亿元，同比增长 44.8%，2018 年中国电子竞技游戏市场实际销售收入达 834.4 亿元，同比增长 14.2%。① 中国电竞正逐渐引领世界电子竞技发展的潮流。

目前来看，中国电子竞技市场主要包括游戏收入、直播收入、电竞赛事的相关收入以及其他收入。其中，电子竞技游戏收入占据主要地位，游戏直播以及赛事带来的收入占比较低。②

2. 电竞用户规模庞大

电子竞技用户指电子竞技产业相关用户，包括电子竞技游戏用户、赛事观看用户等。相关数据显示，2018 年中国电子竞技用户规模达到 4.28 亿人，同比增长 17.5%，电竞用户规模仍有巨大的增长空间。③

用户快速增长的背后一是游戏企业对于电子竞技游戏的关注度增强，电竞赛事的数量增加，影响力逐渐提升；二是 DOTA2 国际邀请赛等诸多头部电竞赛事的举办，助力中国电竞用户规模迅速增长。

电竞赛事拥有庞大的粉丝群体，且用户活跃度高，部分头部电竞游戏中的单个赛事影响力已经能够赶超传统体育赛事。以结束的 2018 年 DOTA2 亚洲邀请赛为例，该赛事在社交媒体表现、视频播放情况、观众规模三方面的表现均接近 NBA。

3. 电竞赛事市场规模可观

电子竞技游戏产品正逐渐向赛事类型多元化、赛事体系完善化的方向发展，完善的赛事体系能够进一步提升电子竞技游戏的影响力和知名度，包括

① 《伽马数据：2018 年电子竞技产业人才报告》，Useit 知识库，https：//www.useit.com.cn/thread-23298-1-1.html，最后访问日期：2019 年 9 月 15 日。

② 《2018 年中国电子竞技市场发展前景研究报告》，中国情报网，http：//www.askci.com/news/chanye/20180827/1443151130100.shtml，最后访问日期：2019 年 9 月 15 日。

③ 《2018 电竞产业报告：市场规模或将破 880 亿》，游戏葡萄，http：//youxiputao.com/articles/15341，最后访问日期：2019 年 9 月 15 日。

DOTA2、《反恐精英：全球攻势》（*CS*：*GO*）《英雄联盟》等在内的全球热门电竞赛事已经超过500项。

据测算，2018年中国电竞产业规模超过880亿元，其中电竞赛事市场规模10.6亿元，占比1.2%。[①] 对比传统的体育赛事占比，电竞赛事收入占电竞产业比例偏低，依然存在巨大的增长空间。[②]

资本力量已经进入电竞市场，游戏直播和电竞赛事领域受到关注，同时在电竞赛事逐步商业化的情况下，未来电竞赛事带来的相关收入将会提高。随着头部电竞赛事的影响力已经比肩传统体育赛事，热门电竞赛事数量不断增加，电竞赛事商业化进度加速，预计未来市场规模将突破100亿元。[③]

## 三　电竞发展有待突破的问题

在飞速发展的同时，中国电竞同样面临着研究不足和人才匮乏的短板，这一新兴产业也需要更多的第三方赛事平台。

### （一）缺乏全面深入研究

尽管电竞受到越来越多年轻人的追捧，但几乎每个职业电竞选手都曾遇到家庭的阻力。目前，电竞在国内面临着一个多样化的舆论环境，政府、商业、媒体、学者等对电竞的看法不一，电竞产业需在更广泛意义上获得更多正名和肯定。

随着电竞逐渐进入公众视野，社会评价及舆论环境能影响产业长远发展。发挥电竞的正向作用、倡导健康的电竞文化，有赖于整个社会的努力，这也是电竞这一新兴行业面临的问题。

---

① 《2018电竞产业报告：市场规模或将破880亿》，游戏葡萄，http：//youxiputao.com/articles/15341，最后访问日期：2019年9月15日。

② 《2018年中国电子竞技市场发展前景研究报告》，中国情报网，http：//www.askci.com/news/chanye/20180827/1443151130100.shtml，最后访问日期：2019年9月15日。

③ 《2018电竞产业报告：市场规模或将破880亿》，游戏葡萄，http：//youxiputao.com/articles/15341，最后访问日期：2019年9月15日。

有观点认为，对待电竞不应“一刀切”，既要吸取电竞对社会有益的一面，也要直面争议、积极减少消极影响。[①]

从长远来看，电竞需要从更高的维度来研究，研究电竞的运行机制、对社会的影响以及电竞的伦理道德，从更大的范围和广度为行业及整个社会起到引导作用。

## （二）第三方赛事平台稀缺

目前，国内的电竞赛事多以游戏厂商为主导，因信息公开的问题，可能会影响比赛的公平程度。

着眼于电竞赛事长远发展，建议政府支持的第三方机构能够利用自身优势主办综合性的赛事。政府在配套服务上更具优势，如宣传、交通、比赛秩序维持等，此外，政府举办赛事更具号召力与权威性，具有获取优质赛事版权难度更低、赛事类型更加丰富、俱乐部参赛积极性更强等优势。

## （三）教育培训体系不够完善

2014 年，英国的斯泰福厦（Staffordshire）大学宣布开办电竞专业课程，2017 年美国已经有 40 所高校设置电竞专业奖学金。在国内，自从 2016 年 9 月教育部增补了电子竞技运动与管理专业后，申报电竞专业的院校从 2017 年的 18 所，增长到了 2018 年的 51 所，招生人数更是突破了千人。

据不完全统计，目前电竞行业的从业者为 5 万人，岗位空缺达 26 万人，而到 2020 年，人才缺口将扩大至 50 万人，[②] 主要集中在职业选手、赛事解说、主播、赛事组织运营等岗位，这让电竞教育以及相关的电竞培训产业有了巨大的机会与发展空间。

电子竞技领域有完整的产业链，从电竞运动员、教练员到裁判员，从职

① 《电竞之惑：理解与尊重 vs 警惕与忧虑》，新华网，http：//www. xinhuanet. com/sports/2018 -11/04/c_ 1123660590. htm，最后访问日期：2019 年 10 月 28 日。

② 《联播调查 · 起跑线上的电竞教育》，CCTV 节目官网，http：//tv. cctv. com/2019/03/17/VIDEoQQGcd1iOm2KvJoPu6Ny190317. shtml，最后访问日期：2019 年 10 月 28 日。

业经理人、主持与主播到赛事运营，任何一个环节都需要专业的从业人员，需要专业化、细分化的人才培养。①

电竞教育要有科学系统的人才培养方案以及师资、仪器设备、场地、教材等。同时，面对电子竞技这种快速发展的新型行业，课程内容、教材应实现动态更新，这就需要企业的积极参与，实现产教融合、校企合作。

## 四　中国电竞未来发展趋势

随着时代演进，中国电竞正呈现出商业化、联盟化、区域化的三大趋势，驱动电竞产业未来长远发展。

### （一）商业化成为发展动力

从电子竞技商业化的视角看，以赛事来赢得利润已经成了电子竞技的重要目的。在电子竞技发展的过程中，越来越多的赞助商强力涌入电竞行业，电子竞技进一步商业化的趋势是必然的。

商业化在提升电子竞技赛事收入的同时，可以创造更多的工作岗位，比如游戏主播、赛事解说、赛事运营人员等，也可以提升从业者的相关待遇。加入电竞行业的从业者逐渐增多，也更容易使电竞受到主流大众的认可。

从赞助商的衍变就能看出电竞商业化的程度，在电子竞技发展的早期，电竞赛事的关注度低，并不受赞助商的欢迎，赞助商一般就是相关的硬件制造企业，电竞座椅等电竞衍生品的品牌成为电竞赛事的主要赞助商。伴随着电竞行业的发展和电竞联赛的不断成熟，快消品、汽车等传统行业也开始成为电竞赛事的赞助商。

### （二）联盟化促进规范发展

向传统体育赛事靠拢是电子竞技赛事长期以来的发展方向，联盟化是将

---

①《电竞教育不能玩玩而已》，新浪网，http://k.sina.com.cn/article_3164957712_bca56c1002000j0r1.html，最后访问日期：2019年9月15日。

电子竞技赛事深度化和广度化的必要方向，电竞联盟化是电子竞技赛事向传统体育赛事靠拢的关键，也是电子竞技赛事成熟化的重要标志。

联盟化取消了俱乐部降级的后顾之忧，为俱乐部提供了稳定的发展环境。《英雄联盟》LPL 和《王者荣耀》KPL 率先在 2018 年开始了自身的联盟化尝试，2018 年，LPL 春季赛开始进入联盟化布局初始赛季，新生的 LPL 联盟效仿传统体育 NBA 联盟模式，正式开启名额审核，联盟化第一赛季的 LPL 便组成了拥有 14 支战队的超级联赛。

## （三）区域化彰显电竞魅力

目前，上海、武汉、西安、成都等地纷纷出台支持电竞发展的政策，在赛事主客场制度影响下，各电竞俱乐部逐渐尝试在不同城市和地区落户，地方政府为了吸引电竞相关企业也积极推动电竞俱乐部以及电竞赛事的落地，可以预见电竞赛事和俱乐部也将成为城市的新名片，并推动当地经济发展。

除此之外，全国各地推进建设的电竞小镇也是电竞区域化的一个重要体现。在区域化背景下，电竞产业能够刺激当地对于电竞人才的需求，利好区域经济发展。

2019 年，上海市政府出台了促进电子竞技产业健康发展 20 条意见，上海力争在三到五年之内，全面建成“全球电竞之都”。未来上海市将从九个方面促进电竞产业的发展，包括提升电竞内容创作和科技研发能力，搭建电竞赛事体系，加强电竞媒体建设，优化电竞空间载体布局，做大做强电竞产业主体，构建电竞人才培养体系，优化电竞产业发展环境，强化综合保障支持以及加强组织领导及顶层设计。①

早在 2017 年 12 月，上海就印发了《关于加快本市文化创意产业创新发展的若干意见》，明确提出“加快全球电竞之都建设”，包括鼓励投资建设电竞赛事场馆，发展电竞产业集聚区，支持国际顶级电竞赛事落户，促进电

① 《上海出台促进电子竞技产业健康发展 20 条意见：将举办上海电竞周》，新浪财经网，http：//finance. sina. com. cn/roll/2019 - 06 - 12/doc - ihvhiqay5250107. shtml，最后访问日期：2019 年 9 月 15 日。

竞比赛、交易、直播、培训发展，加快品牌建设和衍生品市场开发，打造完整生态圈。[①] 目前，上海的电竞产业已经形成了一种集群效应，从顶端的游戏内容，到赛事运营、直转播、电竞场馆、俱乐部、选手等环节，上海在电竞产业链上下游均具有代表性企业，形成了一条较为完整的游戏产业链。

## 五 探索电竞发展的中国经验——以完美世界为例

作为国内最早进行电竞产品及赛事运营的公司之一，完美世界通过赛事体系建设、投身电竞教育、促进电竞文化等多种方式推动中国电竞发展，总结出了电竞发展的中国经验、中国方案。

### （一）建立健全赛事体系

遵循体育赛事规律成为完美世界电竞的成功经验，在此基础上完美世界建立健全了电竞赛事体系。

2012 年 10 月，完美世界和美国 Valve 宣布双方正式签订合作协议，完美世界拿到了 DOTA2 在中国大陆地区的独家代理权。DOTA2 是全球最为知名的电子竞技游戏之一，是全球单项电竞赛事中奖金最高的比赛。2019DOTA2TI9 在上海举办的消息一经公布，便让国内玩家为之沸腾。

2016 年 7 月，完美世界获得《反恐精英：全球攻势》的中国代理权，这也成为继 DOTA2 之后，完美世界与 Valve 合作的第二款重点产品。

完美世界借助对 DOTA2《反恐精英：全球攻势》等全球知名产品的运营和赛事组织，形成了较为完善的赛事体系。目前，完美世界已经形成了针对 DOTA2 的职业、非职业等较为完善的赛事体系：在职业体系方面，完美世界以 DAC（DOTA2 亚洲邀请赛）为主要品牌，后续成功举办了完美大师

---

① 《中共上海市委、上海市人民政府印发〈关于加快本市文化创意产业创新发展的若干意见〉》，大风号网站，http：//wemedia. ifeng. com/41007310/wemedia. shtml，最后访问日期：2019 年 9 月 15 日。

赛、超级锦标赛等国际顶尖比赛，DAC 已经成为 TI 之外影响和规模最大的 DOTA2 赛事；在非职业领域，完美世界发展了由全国超千所高校组成的高校联赛和覆盖全国上百所城市的城市挑战赛，鼓励玩家加入赛事体系，培养新鲜血液。这些赛事体系优势也延伸到了《反恐精英：全球攻势》等其他电子游戏，形成了多层次、立体化的赛事体系。

## （二）完善教育培训机制

一个完整成熟的电竞人才体系分为技术性人才、专业性人才、研究性和创意性人才这三个层面。[①] 凭借多年电竞运营经验，完美世界积累了丰富的电竞专业人才。同时，完美世界还在加大对电竞人才的培养力度，为行业培养更多的后备人才。

完美世界教育汇聚一批专业的电竞师资力量，在教学内容方面进行了深入探索，从游戏产品的设计研发、赛事的直转播、电竞主播的培训到俱乐部、场馆、赛事的运营管理及电竞传播，围绕电竞产业链及对应的核心岗位群建设了七大课程模块，全面打造人才建设的教学根基。

在校企合作方面，完美世界教育已面向全国和海外院校、教育机构展开深度合作：如与四川传媒学院校企共建国际游戏与电竞学院；与上海市信息管理学校、上海群星职业技术学校、上海电子信息职业技术学院等进行电竞教育校企合作；与泰国宣素那他皇家大学等高校共建电竞人才专业，培养电竞领域人才。

鉴于电竞行业的实践性，校企合作能通过真实的项目案例进行教学，将理论与实践相结合，注重实操性、体验式教学，为学校提供前沿理念、专业技术，让学生可以提前接触到电竞赛事的全方位操作和运营，为电竞行业培养出更多优秀的从业人员。

① 《完美世界王雨蕴：电竞教育不能局限于技术培训　要着眼产教融合》，腾讯游戏，https：//games. qq. com/a/20181203/011697. html，最后访问日期：2019 年 9 月 15 日。

## （三）彰显电竞文化软实力

电竞产业更容易形成包括 IP、赛事、媒体、周边衍生品、广告、培训等等在内的庞大的、高度跨界的超级产业，以电竞为核心能辐射出涵盖多种文娱方式的电竞文化。

由于规则的共通性和开放性，电子竞技又是一种特殊的国际语言，当电竞参与者不断地扩大，甚至跨越国界线的时候，就会在一定程度上推进国家和国家、民族和民族之间的文化交流。

目前，许多电竞 IP 已经开始和影视音乐等文化娱乐产业跨界合作，电竞电影和电竞音乐层出不穷，完美世界目前也借助自身优势进行电竞文化的广泛开发。

2016 年底，完美世界举办了“2016 完美圣典——暨 DOTA2 年度电竞颁奖晚会”。发布会不仅正式发布了 DOTA2 新英雄齐天大圣，在世界舞台上传播了中华文化，还举行了 DOTA2 主题交响音乐会和 2016 年度颁奖典礼。

此外，完美世界 2017 年、2018 年连续两年举办名为“完美盛典”的颁奖仪式，这实际是一场玩家、职业电竞选手、电竞主播、赛事解说等共同参与的盛会。在活动中，完美世界设置了由线上至线下的完善闭环体系，以此塑造电子竞技的正面形象，向圈外传递电竞正能量。

总之，作为新兴的体育运动，电竞依托于中国市场，正日益蓬勃，中国电竞正逐渐从世界电子竞技的追随者向着主导者和引领者的角色转换。

作为新兴产业，电子竞技面临的问题也应在发展中逐步得到解决，彰显电竞文化、发挥正向价值，这才是中国电竞未来的使命。而政府、粉丝、俱乐部、游戏研发商、学界都能在这一历史进程中贡献自己的力量。

**参考文献**

《2018 年电子竞技产业人才报告》，Useit 知识库，https：//www. useit. com. cn/

thread - 23298 - 1 - 1. html，最后访问日期：2019 年 9 月 15 日。

《2018 年中国电子竞技市场发展前景研究报告》，中国情报网，http：//www. askci. com/news/chanye/20180827/1443151130100. shtml，最后访问日期：2019 年 9 月 15 日。

《2018 电竞产业报告：市场规模或将破 880 亿》，游戏葡萄，http：//youxiputao. com/articles/15341，最后访问日期：2019 年 9 月 15 日。

《电竞之惑：理解与尊重 vs 警惕与忧虑》，新华网，http：//www. xinhuanet. com/sports/2018 - 11/04/c_ 1123660590. htm，最后访问日期：2019 年 9 月 15 日。

《联播调查 · 起跑线上的电竞教育》，CCTV 官网，http：//tv. cctv. com/2019/03/17/VIDEoQQGcd1iOm2KvJoPu6Ny190317. shtml，最后访问日期：2019 年 10 月 28 日。

《电竞教育不能玩玩而已》，新浪网，http：//k. sina. com. cn/article_ 3164957717_ bca56c1002000j0r1. html. ，最后访问日期：2019 年 9 月 15 日。

《上海出台促进电子竞技产业健康发展 20 条意见：将举办上海电竞周》，新浪财经网，http：//finance. sina. com. cn/roll/2019 - 06 - 12/do c - ihvhiqay5250107. shtml，最后访问日期：2019 年 9 月 15 日。

《中共上海市委、上海市人民政府印发〈关于加快本市文化创意产业创新发展的若干意见〉》，大风号网站，http：//wemedia. ifeng. com/41007310/wemedia. shtml，最后访问日期：2019 年 9 月 15 日。

《完美世界王雨蕴：电竞教育不能局限于技术培训要着眼产教融合》，腾讯游戏，https：//games. qq. com/a/20181203/011697. htm，最后访问日期：2019 年 9 月 15 日。

# B.17
# 方案预售开拓影视对外贸易新模式

张　鹏　邓佳静*

**摘　要：** 中国（广州）国际纪录片节“纪录片方案国际预售融资模式”创立于2004年，16年来，方案预售模式培养和扶持了一批又一批在国内和国际崭露头角的中国和国际纪录片新锐导演。据不完全统计，国内纪录片导演的140多个作品通过中国（广州）国际纪录片节方案预售这辆直通车走向世界，方案预售模式在“中国故事”海外市场开拓方面起到了强力的助推作用。伴随数字技术的飞速发展，在“一带一路”倡议背景下，中国对外文化贸易应当注重文化服务出口，注重社会影响力和价值引导力。2018年，由商务部、发展改革委、科技部、财政部、人民银行、海关总署、税务总局、市场监管总局、统计局、银保监会、知识产权局印发的《关于推广服务贸易创新发展试点经验的通知》指出，中国（广州）国际纪录片节的“纪录片方案国际预售融资模式”帮助中国纪录片节获得国际联合制作融资和引荐机会，推动“中国故事”走向国际市场，促进文化服务出口，值得各省市借鉴推广，成为经国务院批准向全国复制推广的唯一一个文化贸易项目。

**关键词：** 影视对外贸易　纪录片　文化贸易

---

* 张鹏，中国（广州）国际纪录片节组委会常务办公室副秘书长；邓佳静，中国（广州）国际纪录片节组委会常务办公室媒体合作负责人。

## 一　方案预售的概念

“方案预售”是指一个节目在未开拍或在拍摄进行阶段，仅凭节目创意方案或初步取得的拍摄素材，去争取投资方（如播出平台和节目发行公司）的资金支持，以进行下一步的拍摄或后期制作的一种融资模式。[①] 该模式于 1985 年由加拿大影视制作人方佰德创立并推广至世界各大影视节展。

由于纪录片本身的特殊性，方案预售对纪录片的创作显得尤为重要。不同于资金雄厚的商业电影，纪录片创作是一项高风险的活动。一部纪录片的诞生往往要面临灵感爆发、前期调研、中期拍摄、后期制作中的风险。加之我国的纪录片制作人缺乏一定的融资技能和市场销售技巧，国内外发行商也缺少接触到优秀创作资源的渠道，这进一步加大了资金跟进方面的风险。

方案预售可以在一定程度上缓解资金短缺的状况，它可以依托连接平台（如纪录片节等影视节展、制作机构的方案征集平台等）的资源优势为制作人和购买机构建立一个对话、协商的平台，在纪录片的制作初期就把资金和各方合伙人聚集在一起，将“提案转变为产品”。[②] 自诞生到现在，方案预售模式逐渐被 50 多个国家采用和推行，从纪实影像到电视剧，从动画到数字媒体，所涉及的题材、领域、范围均十分广泛和丰富。

## 二　方案预售与中国（广州）国际纪录片节

2004 年冬天，中国纪录片史上的第一场方案预售出现在广州国际纪录片大会上，即如今的中国（广州）国际纪录片节。当时，国内的纪录片人、制作机构汇聚广州，他们只为同一目的而来——参加中国（广州）国际纪录片节的“方案预售”。

---

① 孟妮：《方案预售，让更多中国纪录片走出国门》，《国际商报》2018 年 9 月 21 日。

② 贾怡：《路遇：记广州节二十年》，中国传媒大学出版社，2016，第 55 页。

对中国的纪录片人来说，这是他们首次能够在本国的国际纪录片平台发声，通过与国际决策人的互动交流，他们逐步开始学习中国故事的国际化讲述方式，学习如何有效地向国际市场推广中国的纪录片作品。

虽然第一届中国（广州）国际纪录片节方案预售单元征集到的作品很少，但是通过参考国际通行做法开展的纪录片成片交易活动却也达成了一些交易意向，如有 5 位国际买家对广州电视台的纪录片《琴童》产生了购买意向。[①] 方案预售模式对中国文化走向海外起到了重要促进作用，甚至在世界纪录片产业链中成了不可或缺的一环。

在中国（广州）国际纪录片节的不断改进和创新中，方案预售模式变得日益成熟，国际影响力不断提升。2006 年，中国（广州）国际纪录片节首度推出了与 Discovery 频道合作的中国“新锐导演计划”，有 6 位中国导演的方案获得了拍摄资助。2010 年，中国（广州）国际纪录片节联合世界多方纪录片平台举办了“最具国际销售潜力纪录片制作方案”评选、“跨界探险”、欧亚及太平洋地区纪录片制作培训展示计划、“缤纷中国”纪录片选拔计划等系列活动。2014 年，中国（广州）国际纪录片节加强国内业内资源联合，与中央广播电视总台央视科教频道、北京纪实频道、上海纪实频道、湖南金鹰纪实频道、爱奇艺、凤凰卫视、土豆网等达成合作。2015 年，中国（广州）国际纪录片节与纪录中国 App 等多个机构合作发起“纪录中国 2015 年扶持计划”，向参与者提供提案培训，搭建“纪录中国”预售专场。

## 三　形成国际文化交流与合作重要平台

从 2005 年到 2015 年的这十年里，中国（广州）国际纪录片节方案预售的舞台推动了众多华人独立纪录电影走向国际，成功地将“中国故事”推

① 刘伟茗：《2004 广州国际纪录片大会：把好片子卖出去》，《21 世纪经济报道》2004 年 2 月 20 日。

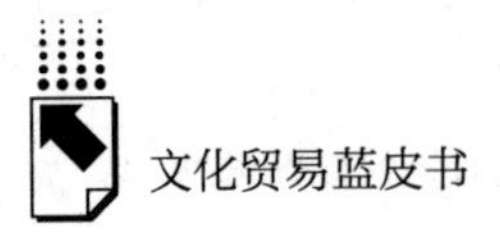


向国际舞台。如《归途列车》《千锤百炼》《造云的山》《活着》《中国梵高》《我的诗篇》等优秀作品。[①]

在2014年，讲述世界最大油画复制工厂故事的《中国梵高》在2014中国（广州）国际纪录片节上获得丹麦电视台的联合制作，以及加拿大广播电视台的预售，此后在荷兰成片。2017年，该片再获2017中国（广州）国际纪录片节“金红棉”优秀中外联合制作纪录片殊荣，实现了“从纪录片节来，到纪录片节去”的良好探索。

近年来，除了独立制片，中央广播电视总台央视科教频道、中央新闻电影制片厂等机构也通过中国（广州）国际纪录片节拓宽与国外合作的渠道，和国外机构达成了诸多合作意向，完成与国内项目的制作合作。比如央视科教频道已经在太平洋和印度洋拍摄完成了《深潜》，与澳大利亚国家电视台合作《天河》国际版，与韩国电视台合拍《万历朝鲜战争》，与英国雄狮公司合作拍摄《孔子》等。

2013年，加拿大导演乔丹·帕特森参与中国（广州）国际纪录片节方案预售环节，得到了中央广播电视总台央视科教频道的肯定和支持，并最终合作拍摄了《潜龙之殇》。该片最后还入选了温哥华国际电影节、美国波特兰国际电影节、加拿大育空电影节、加拿大多元文化电影节、加拿大维多利亚电影节等参赛名单。

2015年，中国（广州）国际纪录片节展期间，纪录提案《美国故乡》的制片商北京普兰缘起影视文化有限公司、英国剑桥大学影像人类学研究室与美国伊利诺伊公共媒体集团达成合作协议。

作为中国最具规模和影响力的纪录片专业节展，中国（广州）国际纪录片节每年吸引逾4000名国内外的纪录片人共聚广州，其中包括国内外一流的纪录片导演、专家，奥斯卡、艾美奖等重量级电影节获奖制作人、评委，BBC、HBO等国际制播机构，各国电影局和相关基金会的决策人等。

---

① 冉然：《搭建平台，凝聚力量，促进纪录片发展——访中国（广州）国际纪录片节组委会常务办公室副秘书长张鹏》，《传媒》2017年3月23日。

对比 2011 年，短短 7 年的时间里，2018 中国（广州）国际纪录片节全球征片数增长 665%，参会人数增长 172.6%，参展机构数增长 132.3%，发展速度惊人。通过这种大型的文化交流活动，也就是文化服务，来推广纪实产业信息和纪录片产品，增进世界对真实中国的认识，达到促进中国对外文化贸易发展的目的。

目前，中国（广州）国际纪录片节已与 31 个驻穗领事馆建立友好交流，与 40 个国际电影节和影视专业协会确定了合作关系，实现了国际资源最大限度地整合和融合，更好地为中国故事走出去助力。2018 年，波兰代表团、澳大利亚代表团、英国代表团、法国代表团、韩国代表团、意大利代表团、亚太广播电视联盟、亚洲内容产业峰会等八个国际代表团纷纷携优质资源汇聚中国（广州）国际纪录片节，还有在奥斯卡、艾美奖、圣丹斯奖、阿姆斯特丹国际纪录片节等各大国际奖项上获奖、得到提名的导演、制片人亮相节展现场。美国国家地理频道、英国广播公司、加拿大国家电影局、新加坡综合媒体基金、香港文化发展局等内容行业精英首次齐聚广州。其中，2018 年“亚洲内容产业峰会”（ACBS）首次登陆中国内地，第一站即在中国（广州）国际纪录片节，体现了全球行业精英对中国（广州）国际纪录片节的关注和肯定，其国际影响力在日益提升。

## 四　模式升级，“中国故事”国际提案大会

随着中国经济的迅速发展，世界对中国故事的诉求越来越强烈。通过良好的国际合作，中国纪录片可以很好地满足国际市场在价值与质量两方面的诉求。商业合作无疑是促进中国题材、中国内容真正走向国际的最佳贸易途径。

2016 年，中国（广州）国际纪录片节方案预售模式升级为“中国故事”国际提案大会。期待纪录片作者积极改变讲故事的方式，使用国际语言和纪录片艺术“讲好中国故事，传播中国声音”。

中国（广州）国际纪录片节通过每年举办的“中国故事”提案大会，

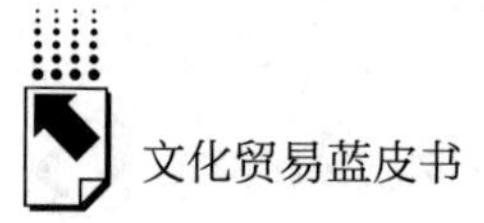


不仅征集到海外优秀提案，还将中国原创提案向全球推广，如“中国故事”系列提案，进而公开招募到更多国际联合制作合作伙伴与可深度结合的同类故事选题。在这一过程中，中国（广州）国际纪录片节的国际合拍顾问和团队，借助自身国际顾问、国际制作人、国际合拍团队资源，将服务流程做得更加系统化、专业化、国际化，给中国电视平台以国际合作全流程服务。

2016 中国（广州）国际纪录片节“中国故事”国际提案大会共征集到来自 20 个国家的 130 多个“中国故事”方案。其中《百年夜店》《江桥梦》入围爱奇艺合作人项目，获得投资、平台资源支持、数据开发等助力；中国导演刘璇的提案作品《嬗变》与英国广播公司少儿频道达成合作，目前已到位资金 10 万人民币；中央新影集团的纪录片《中国虎》与亚太探索发现电视达成合作，目前已到位资金 140 万人民币。

2017 中国（广州）国际纪录片节“中国故事”国际提案大会共征集到来自 17 个国家的 150 个“中国故事”提案。其中纪录片提案《带着爱回中国》的制片商中央电视台纪录频道与新西兰 DIVA 制作公司达成合作意向；纪录片提案《消失的酒令》制片商安徽同建建设集团有限公司、北京美丽雨文化传媒有限公司与法国 Phrase&Balise 制作公司达成合作意向；而北京时间的风景文化发展有限责任公司与美国 Curiosity Stream 网站也就提案《星球的脊梁》达成了合作意向。《飞机下的蛋》（中国）更是获得了最佳提案的荣誉，并获得了 2018 CNEX/CCDF 的提案邀请。

2018 中国（广州）国际纪录片节“中国故事”国际提案大会共收到来自 20 个国家和地区的 212 个方案，方案主题囊括旅游、野生动物、音乐、水下考古、教育、体育、女性、老人等议题和领域。其中纪录片方案《真实生长》与万达影业、蓝海云平台等有了初步的合作意向；《阿姨来了》获决策人邀请参评莱比锡国际纪录片节；日本 NHK 电视台对纪录片方案《中国孩子》感兴趣，将会继续沟通合作；意大利 RAI 电视台则是与《寻找中国》进行了初步的接触；而纪录片方案《阿嘎日的天空》获得了 2019CNEX/CCDF 的提案邀请。最佳方案《棒！少年》也与爱奇艺平台达成了合作。中央广播电视总台央视纪录频道更是与方案《黄河之水天上来》

和《我不是笨小孩》进行了签约，提供其全额的版权委托制作。

三年多来，中国（广州）国际纪录片节凭借十多年来丰优质且丰富的国际合作资源、成熟的国际通用制作人模式以及完善的基金孵化模式，实现了系统化的“中国故事”国际合拍项目产出，从内容、资本、传播三个维度，通过搭建国际融资、制作、发行的产业平台，促进了“中国故事”纪实影像国际作品的进一步繁荣发展，让满载中国好故事的纪录片更广泛地为世界人民所知，让世界通过纪录片的形式“读懂中国”。

在“中国故事”国际提案大会上，纪录片项目将有机会在保有国内、国际版权的同时，获得国内、国际的资金和播出渠道。“中国故事”的创立是中国（广州）国际纪录片节的一次全新尝试，是迄今为止最精准的提案预售。

## 五　方案预售模式对文化贸易发展的影响

如今，中国（广州）国际纪录片节方案预售模式经过 16 年的发展，已成为通往国际影视市场的直通车。每年邀请来的国际买家（决策人）大多来自世界极具影响力的行业机构，包括英国广播公司（BBC）、美国国家地理频道（NGCA）、日本放送协会（NHK）、韩国 KBS、亚太广播联盟（ABU）等等。

从 2005 年 42 个纪录片提案到 2018 年 212 个纪录片提案，征集数量增加 4 倍之多。中国（广州）国际纪录片节的方案预售模式培育和扶持了一批批在国内和国际崭露头角的中国和国际纪录片新锐导演。据不完全统计，140 多个国内纪录片导演的提案通过中国（广州）国际纪录片节交流平台赢得融资或播映机会。

对于中国纪录片人来说，中国（广州）国际纪录片节方案预售模式的意义远大于为纪录片融资，这一模式是帮助纪录片人学习用国际语言讲好中国故事的实战机会，是作品进入市场前的试金石。国内纪录片人能够在本国的国际平台上发声，开始学习中国故事的国际叙述，学习如何有效地向国际市场推广中国纪录片作品。

15 分钟的时间，决策人能够发现不同寻常的故事内容，而独立纪录片人能够直观地了解国际市场的需求。从早年的《归途列车》到近年的《千锤百炼》《造云的山》《活着》《中国梵高》《我的诗篇》《伶人故事——漂泊在纽约的追梦人》《潜龙之殇》《黄河尕谣》，还有未完成就备受瞩目的《六人》《飞机下的蛋》《棒！少年》等，众多华人独立纪录电影中的优秀作品几乎都曾在方案预售的舞台一展身手。

中国（广州）国际纪录片节已经连续入选由国家商务部、中宣部、文化部、财政部、国家广播电视总局等五部委联合颁发的 2013 ~ 2014 年①、2015 ~ 2016 年②、2017 ~ 2018 年③国家文化出口重点项目，成为广东省内唯一一个连续三届获此殊荣的国家文化出口重点项目。

2018 年，由商务部、发展改革委、科技部、财政部、人民银行、海关总署、税务总局、市场监管总局、统计局、银保监会、知识产权局印发的《关于推广服务贸易创新发展试点经验的通知》指出，中国（广州）国际纪录片节的“纪录片方案国际预售融资模式”，帮助中国纪录片提案获得国际联合制作融资和引荐机会，推动“中国故事”走向国际市场，促进文化服务出口，值得各省市借鉴推广。这使得中国（广州）国际纪录片节成为经国务院批准向全国复制推广的唯一一个文化贸易项目，这也是对中国（广州）国际纪录片节推动“中国故事”走出去实力的肯定。植根于中国深厚的文化底蕴和丰富的现实主义题材，通过“中国故事”国际提案大会的带动，更多的中国纪录片走出国门，以纪录片为载体，不仅能促进纪录片国际联合制作的达成，更能促进世界文明的互鉴，在国际市场上展示中国形象，输出具有中国气派和中国思想的优秀作品，让中国声音在世界传播，用民族自信讲述中国故事，从而达到影响力和社会价值引导力最大力度的发挥。

---

① 2013 ~ 2014 年度国家文化出口重点项目目录。

② 2015 ~ 2016 年度国家文化出口重点项目目录。

③ 2017 ~ 2018 年度国家文化出口重点项目目录。

## 六　中国（广州）国际纪录片节的创新之路

目前，中国（广州）国际纪录片节已与40个国际著名电影节展或行业机构达成了良好合作关系。2018年，中国（广州）国际纪录片节汇聚了688家中外最具影响力的纪录片播出媒体、制作和发行机构，4057名全球范围内的纪录片行业领军人物、中外纪录片国际买家、制作人、导演。①

更值得一提的是，2016年中国（广州）国际纪录片节首创国际纪录片发行商大会，汇聚了来自法国戛纳国际电视节、法国凯特纪录片发行商、英国道格伍夫发行商、澳大利亚火焰发行公司等8家有影响力的发行机构。②这改变了纪实内容播出平台单一来源采购的局面，推动了发行商向版权经理人迈进，从质和量两个角度出发，把“中国内容走出去，国际内容引进来”推进到一个全新的发展阶段，一个日趋完善的纪录片产业生态圈正在形成。

同时，为扶持纪录片新锐导演，寻找与挖掘优质内容，2016年中国（广州）国际纪录片节联合爱奇艺共同发起并成立中国合伙人联合基地。中国合伙人联合基地依托中国（广州）国际纪录片节强大的内容资源以及渠道资源，借助爱奇艺的用户资源以及商业资源，通过开放式平台甄选优秀纪录片项目，为其提供资金支持，并进行纪录片宣发、招商及营销等，以实现项目全球预算、融资计划、播出平台合作模式、发行商合作、区域性版本权益划分等。

在2017中国（广州）国际纪录片节上，纪录片“弗拉哈迪”计划正式启动。该计划旨在全球范围内发掘杰出纪录片从业人员及机构，通过聚焦现实题材，进一步弘扬中华传统文化，给“中国故事，全球提案”提供坚实的支撑。此计划以中国（广州）国际纪录片节组委会、新鼎明影视投资、聚米众筹、新媒体平台等四大资源平台为依托，集合了从资金到发行方面的

---

① 孟妮：《方案预售，让更多中国纪录片走出国门》，《国际商报》2018年9月21日。

② 孟妮：《方案预售，让更多中国纪录片走出国门》，《国际商报》2018年9月21日。

优势，更好地为纪录片创作者的作品保驾护航。

2018 年，四大资源平台再次发起获资两亿人民币的“弗拉哈迪”计划，这也成为中国（广州）国际纪录片节重点推进的工作。中国（广州）国际纪录片节首次携手中央广播电视总台央视纪录频道，开设央视纪录频道“中国故事”专场提案会，发掘出优秀的现实主义题材，扶持反映中国现实、传递正能量的优秀纪录片方案。它为“中国故事”提供从项目启动资金、标准化运作到国际化传播的全方位支持，也为央视纪录频道提供寻找优质纪实内容的平台。让更多的中国纪录片走出国门，以纪录片为载体，带动国家与地区之间的文化、商务交流，讲好中国故事是中国（广州）国际纪录片节的责任与使命。

# B.18
# 无端科技中国风游戏的国际化探索

郑　明*

**摘　要：**在国家文化产业“走出去”的战略背景下，游戏产业的出口成了行业关注的焦点。浙江无端科技股份有限公司凭借自身过硬的研发优势和运营能力、对海外市场的深刻洞悉以及对国内外文化的融合与创新，成功打入了海外市场。从中国风页游《飘渺西游》《东风破》的初次试水，到3D射击网游《生死狙击》走向全球，无端科技在海外市场中开拓了自己的特色之路，也为今后更多的文化产品出口留下了有效的经验。

**关键词：**精品游戏　文化出口　文化融合

## 一　无端科技简介

2010年，浙江无端科技股份有限公司正式成立。公司的代表作——3D高清FPS网页游戏《生死狙击》，自2013年上线以来已成为FPS页游的领军品牌。截至2019年2月28日，《生死狙击》全球累计注册用户超5亿人，玩家覆盖全国65%的新消费群体。最高月活跃用户突破3000万人，最高同时在线70余万人，平均每日点击量达3000余万次。《生死狙击》各项运营数据在国内页游中均处于领先水平，是3D射击类网页游戏的领导者。

* 郑明，浙江无端科技股份有限公司联合创始人、总经理。

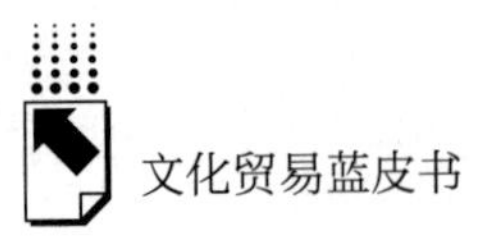


## （一）专注产品研发及运营

无端科技致力于竞技类精品游戏的制作与运营，在网页游戏、客户端游戏和手机游戏领域都有自主研发的产品，是国内为数不多兼具研发实力与运营资质的游戏公司。旗下研发产品包括《飘渺西游》《逆天诀》《生死狙击》（页游）等精品网页游戏；《波波巫》《捕鱼大亨》《生死狙击》（手游）等移动网络游戏；以及网页和手机端互通游戏《东风破》。当前，无端科技秉持初心，继续深入客户端游戏的产品研发，计划于2019年年底推出端游射击大作《生死狙击2》。

在产品运营方面，无端科技主要以自主运营、授权运营和联合运营等方式进行，其中《飘渺西游》和《生死狙击手游》是以自平台研发运营的游戏产品。此外，无端科技有效利用外部资源，授权四三九九、VTC Moblie、OASIS Games Limited、云中万维（北京）科技有限公司等合作伙伴运营《生死狙击》。同时，与腾讯、PPS、360、7K7K、淘米、骏梦游戏、百度、欢聚时代等多元化休闲娱乐平台和OPPO平台、ViVo平台、华为应用市场、阿里游戏平台、App Store、360手机助手、四三九九游戏盒、百度移动游戏、腾讯应用宝、小米平台、魅族平台等手机应用下载渠道联合运营相关游戏产品。无端科技从多角度、多渠道切入网络市场，一方面大幅提高了客户覆盖面及营业收入，另一方面也使公司能够专注于游戏内容的开发。

## （二）公司竞争优势

一直以来，无端科技致力于精品游戏的研发与运营，通过多年的经验积累，在技术、产品、市场、人才等层面占据突出优势。

### 1. 技术优势——强大的自研能力与运维技术

强大的自主研发能力与运维技术是无端科技的核心竞争优势。公司自研的3D引擎技术能够在网页端实现3D效果；多线程渲染架构能将Flash的运算能力发挥到极致，使游戏产品适应低配置终端；强有力的反外挂架构最大程度上杜绝了多类型外挂，延长了旗下产品的生命周期，提升了用户游戏体验。无端科技还具备高并发支撑系统，能够实现服务端数据的快速传输，稳定地支持大量用户同时在线。另外，公司海量机器运维系统与加速器技术，有利于保障游戏的顺畅进行；秒级响应的在线服务监控系统，能快速部署和监控大规模的集群，在问题发生前有效预警，为后期优化用户体验提供基础。

2. 产品优势——力争“创造一代人的精彩回忆”

无端科技始终坚持匠心造精品，力争“创造一代人的精彩回忆”。公司自主研发的页游《生死狙击》已成为 FPS 页游的领军品牌，并斩获业内多项大奖。2013 年不仅获得中国游戏行业年会颁布的“年度中国动漫游戏行业最受期待金手指奖”，还获得浙商创业创新大赛三等奖。2015 年，《生死狙击》获得了由中国国际数码互动娱乐产品及技术应用展览会组委会颁发的“‘金翎奖’玩家最喜爱的网页游戏”。

公司不断满足玩家对碎片化游戏时间、公平竞技性、玩法融合等的需求，对打造精品休闲竞技类网络游戏起着关键性作用。以《生死狙击》为例，游戏在保证平衡性与公平性的基础上，合理设计了部分收费道具，多为荣誉性道具，在功能上与免费道具相比无明显优势。其次，《生死狙击》即开即玩，可选择与好友自行组队也可随机组队，单局时间一般只需要 5 ~ 10 分钟，且无须连续进行，游戏玩家可以灵活控制游戏时长。此外，《生死狙击》的更新迭代频繁，自上线以来保持每月至少一次的更新频率，更新内容包含了原创游戏模式、原创设计武器及原创游戏场景等，使游戏对玩家来说永远充满新意。

3. 市场优势——稳扎稳打的用户、品牌与创收

无端科技代表作《生死狙击》自商业化运营以来，深受游戏玩家喜爱，拥有庞大的用户基础。截至 2019 年 2 月 28 日，《生死狙击》全球总注册用户数超5 亿，且都保持着较高的在线用户水平。公司旗下产品拥有广泛坚实的用户基础，海内外品牌影响力日益增长，也因此保持了稳定强大的游戏创收。

4. 人才优势——专业化、知识化、年轻化

无端强大的自主研发能力来自公司专业高效、经验丰富的研发与运营团队。无端科技人才储备丰富，现有员工 250 余人，技术人员占比超 75%，

研究生比例达18%，大专及以上学历占95%，这是一支专业化、知识化十足的团队。公司核心骨干均具有知名公司从业经验，员工整体较为年轻，拥有较高的活力与创新能力。

5. 创新优势——深耕游戏题材、玩法创新

无端科技始终将自主创新作为最重要的发展战略，创新将为企业带来的更长期发展。公司深耕休闲竞技类游戏多年，自主研发了多款在题材、玩法等多方面创新的游戏，同时获得了玩家的喜爱与市场的认可。为保持创新的原动力，公司建立了能充分鼓励创新的机制，能够充分激发各个部门员工的主动性，吸引和保留最优秀的人才，为玩家持续提供高质量的游戏产品。

## 二　无端科技的国际化探索

当下国家战略鼓励文化产业“走出去”，面对国内游戏市场竞争日益激烈、国内游戏企业研、运能力提升的局面，无端科技凭借自身的研发优势，扩展海外市场，使海外市场成为无端科技的重要增长来源。无端科技自成立之初，就有意识地把中国传统文化融入游戏，以期通过对海外市场的开发与拓展实现文化“走出去”。

### （一）《飘渺西游》“初试水”

无端科技第一款游戏《飘渺西游》，以四大名著之一的《西游记》为剧情背景，中式的古典建筑、人物、服饰、人际关系，把玩家带入蕴含中国文化特色的虚幻世界。游戏在保留核心元素的基础上，结合传统五行相生相克、天时地利人和理论对回合制战斗进行了创新。玩家可以根据对敏捷、耐力、体质、灵活性和力量的需求选择人物，玩家系统、组队系统和师徒系统的设置，也增强了游戏的社交属性。《飘渺西游》凭借独特的原创性与传统文化内涵，荣膺新闻出版总署颁布的第六批“中国民族网络游戏出版工程”；2010年被第三届WEBGAME与SNS大会评选为2010年度中国最具运营价值网页游戏TOP10。《飘渺西游》于2011年3月登录美国夏威夷州，成

功开拓海外业务市场，之后陆续在土耳其、泰国、新马、越南、印尼以及中国香港、中国台湾等地发行，强化了产品的国际竞争力，有效传播了中国传统经典文化。

### （二）《东风破》“再创新”

无端科技另一款写意中国风的全体系战法策略游戏《东风破》，取材于三国时期的人物。《东风破》提供页游和手游两个版本，实现网页端、IOS端和 Android 端的数据互通，同一个账号可跨平台登陆，玩家可充分利用碎片时间，实现不同的玩法需求。在海外发行过程中，无端对各个地区市场进行了深入调研，了解到三国题材在亚洲地区的受众群体更广泛，因此《东风破》主要针对日本、东南亚等地区，并采取境外授权运营的方式进行发行。《东风破》在海外市场再一次成功了，其题材玩法深受玩家喜爱，也使更多的外国友人对中国文化产生了独特的兴趣，传播了中国文化。

### （三）《生死狙击》进击国际市场

在前两款中国风游戏成功在海外发行之后，无端又选择了新的发展方向——射击类游戏。在海外，射击游戏一直是绝大多数游戏玩家的心头好。因此，要输出一款适用于全球的游戏，让中国产品、中国文化更好地走向世界，射击游戏就是最好的选择。

公司拳头产品《生死狙击》页游在海外的成功也印证了这一点。在游戏内容的设计上，无端不仅融入了大量的中国元素，如中国风场景（焰火重楼）、武器（炽燎钉耙）以及特色玩法（12 生肖之金猪闹春）等，更借鉴了大量适合全球玩家的游戏玩法，使玩家们能够在酣战的过程中潜移默化地感知中国文化的魅力。

通过这一方式，中国的文化真正通过游戏产品，输出到了全球各地。2014 年，《生死狙击》页游进入巴西市场，获得 Facebook 官方推荐，当年 Facebook 的关注增长数达到巴西前五名，关注量达 130 多万。2015 年，《生死狙击》页游进入越南市场，当年即位列页游品类收入前三，VTCmobile 公司页游品类游戏排名第一，目前《生死狙击》页游在越南 Facebook 的主页关注量达到 120 多万。2016 年，《生死狙击》页游陆续进入俄罗斯、土耳其、韩国、印度尼西亚、澳大利亚、新西兰等国家，横跨亚欧大陆，逐步占据南北美游戏市场，未来在海外市场也会有更大的动作。公司游戏版本语言目前已超过 18 种，海外累计用户注册数达到 8500 万。

## 三　无端科技海外发展的问题与思考

全球互联网水平迅速发展，电脑、智能手机、平板电脑等终端电子设备不停更新换代，计算机硬件及人工智能技术高速发展，网络游戏载体、类型不断丰富，游戏品质不断提高，全球游戏多元化的市场格局已初步形成。网络游戏产业出口过程中，无端科技也面临着一些问题。公司结合自身实际情况，针对性地提出几点思考，以期深入推进海外发展之路。

### （一）完善游戏海外出口、交流的政策体系

当前，我国游戏产业对外贸易的政策布局仍待完善。首先，国内对游戏出口的财税机制少之又少，政府可加大税收支持力度，鼓励金融企业加大对游戏企业的支持力度。其次，国内与世界各地游戏产业机构、组织交流的专项机构寥寥无几，企业只能通过参与海外游戏展会达到对外交流的目的。政府可积极承办、助力国内外大型游戏展会，推动国内游戏企业与世界各地游戏产业机构和组织的学习、交流，并建立长期有效的合作机制。例如，举办大型游戏赛事、游戏产业论坛，搭建中国游戏面向世界的舞台，让世界更了解中国游戏，扩大中国游戏产业在全球的影响力。同时建立游戏产业研究机构、学院、行业协会、行业联盟等，助推游戏产业的发展，培养更多游戏专业人才，提升游戏专业技术，促进文化的交流、研究与推广。

可以说，无端科技的海外之路，少不了省、区、市商务部门的大力支持，在政府各部门的正确引导和帮助下，中国网游才能顺利地走向海外。今

后，随着各项政策的不断完善和落实，相信中国游戏也会更广泛地走向世界。

### （二）强化海外运营人才的引进与培养

网络游戏产业出口过程中，海外地推运营人才不足，文化差异导致企业对目标市场用户和渠道缺乏全面认知。许多游戏企业的对外出口模式仍然是最初级的海外授权模式，仅仅将游戏项目和游戏产品送出国门出口海外，但对于境外游戏玩家和潜在消费者缺乏深入的认知，以致企业的国际化经营只能差强人意。对海外玩家和用户群体深入认知的缺乏主要存在两个方面：第一，政治、经济、文化、宗教等；第二，消费者需求的复杂性和多样性。因此，强化海外运营人才的引进与培养是打开海外游戏市场的关键一步。海外运营人才对本土人情有充分了解，又能扫除语言障碍和企业实现无缝对接，在当地目标用户锁定上占据强烈优势。政府应加大对海外游戏人才的引进力度和对社会保障体系的建设，企业也可与高校展开合作，重点关注留学生群体，完善自身的海外人才培养与储备。

## 四 中国游戏对外贸易的发展展望

全球游戏市场迅速崛起，市场规模逐步扩大，各细分游戏类型均有庞大的受众群体，国内市场竞争日益激烈。加之，受版号停发影响，越来越多的网游企业将目光转向海外，积极开拓海外市场，无端科技也将着眼于深化页游、手游、端游产品的海外市场布局。

### （一）持续扩张页游产品

国内网页游戏产业链相对完整，商业模式基本成熟，市场趋于饱和，目前海外页游市场增速高于国内，未来仍有较大发展空间，我国页游市场参与者仍将持续加强对海外市场的拓展。无端科技早期就已加强页游项目对海外市场的战略化布局，在未来的对外拓展中，公司将通过提升产品的精细化运作、美术制作、技术引擎水平来推进页游产品的海外扩张，促进页游产品的精品化发展，延长游戏的生命周期，提升玩家的消费贡献。而页游领域的不断精品化，也为无端今后在端游领域的开发做了充足的准备。

## （二）助力出海手游产品

近年来，全球移动游戏产业迅猛发展，已经成为最大的游戏细分市场。而且随着移动互联网的发展、手机等智能终端价格的降低，全球手机用户仍将保持快速增长，这为移动游戏的发展提供了有力支撑。美国 IOS 应用市场收费手游前三名中就有一款卡牌类西游风格的游戏，这表明中国元素在美国的受欢迎程度不容小觑。在东南亚地区，手游更是满足了用户碎片化时间的需求，占据了游戏市场的重要地位。《生死狙击》（手游）是一款第一人称视角的 3D 射击类移动端游戏，延续了《生死狙击》页游的核心玩法，同时加入全开放的摇杆控制和独创的精准射击模式，使玩家能在移动端体验枪战快感。《生死狙击》（手游）自项目预热以来就受到市场的广泛关注，相继获得上方传媒、上方汇颁发的“最受期待游戏产品金苹果奖”、年度最期待移动游戏奖、年度 GMGC 天府奖最佳移动游戏网游奖、“金茶奖”2016 年度最值得期待移动游戏、年度人气游戏、“金鹏奖”年度最佳竞技网络游戏、265G 第九届龙虎榜——最受期待手游、265G 第九届龙虎榜——最佳 IP 改编手游、265G 第九届龙虎榜——最佳画面手游等多个奖项，获得了玩家和市场的肯定。游戏于 2016 年 12 月向中南亚地区正式商业化运营，同时，辐射巴西、北美、俄罗斯等地区。

## （三）布局拓展端游产品

现阶段，客户端游戏市场基本保持稳定，该部分市场需求仍然客观存在。对客户端游戏用户而言，首先其更注重游戏性，游戏的体验与玩法是用户首要关注点，产品质量是用户增长的关键。其次，经典的客户端游戏依旧表现出色，作为市场主力的竞技类客户端游戏继续保持良好发展，成为端游在长周期内维持增长态势的重要因素；角色扮演类的客户端游戏也是客户端游戏的经典，并未随着多种游戏形式的出现和兴起而没落，部分经典的客户端角色扮演游戏产品的收入依旧亮眼，呈上升态势。此外，随着近年直播平台的兴起，其也成为一条全新的推广渠道，为客户端游戏聚拢用户、带动新用户数据增长。最后，在用户规模方面，由于电子竞技游戏盛行，高性能客户端游戏重新获得优势，带动了端游用户的回流。

近年来，海外出现了几款现象级的端游大作，对国产端游出口产生了一定影响，因此无端科技在2018年就立项了新端游产品《生死狙击2》对标海外。一方面，《生死狙击2》的开发要求与国际3A大作同步，力求制作出国际标准的高品质端游，使中国游戏真正被海外市场认可，打出优秀的“中国创造”品牌。另一方面，在游戏设计中也将大量加入中国元素，例如徽派建筑场景、京剧的人物、川剧变脸等，为中国文化“走出去”开拓道路，提升中国文化的普及度。此外，无端科技还将在制作成功端游的基础上，制作主机游戏，进一步开拓主机游戏市场。

2019年，公司加大海外市场布局，一方面积极参加中国台湾台北电玩展、土耳其伊斯坦布尔GIST游戏展、美国洛杉矶E3游戏展会、俄罗斯圣彼得堡WhiteNights、上海Chinajoy游戏展、德国科隆Gamescom游戏展、日本东京电玩展、巴西圣保罗电玩展、以及韩国釜山Gstar电玩展等国际大型游戏展会，充分进行业内交流以及商务合作，把公司产品带往世界各地。另一方面，强化内部资源，加强相关海外产品的深度开发，不断吸引世界各地的外籍人士加盟，做好本土文化和外来文化的融合，以便高效的市场推广及用户拓展。再者，继续整合全球资源，深入与世界各地游戏产业机构、组织的交流，并建立长效合作机制。

### （四）助力独立游戏走向世界

当前，独立游戏已经越来越为游戏玩家所接受与喜爱，它们不同于商业化游戏，有着更多的个性化内容和独立意识。在对各类型商业化游戏海外布局的同时，无端科技也将目光放置在非商业性的内容上。目前，无端科技正在开辟独立游戏的创作，投资更多优秀的独立游戏制作者，帮助更多高质量的独立游戏走向海外，让海外玩家也认识到中国游戏的品质和特色，使中国游戏能够不断打响自己的品牌，在世界范围内能够被真正认可。

# Abstract

2018 is the key year since the implementation of the 13th Five-Year Plan. The development of China's cultural trade has maintained good momentum. The degree of scale and marketization is constantly improving, and the construction of policy system is constantly strengthened and improved. The report adheres to the concept and standard of the serie of "Report on the Development of China's International Cultural Trade". Taking the practice and development of China's international cultural trade theory in 2018 as the main object of study and combining with the opportunities and challenges brought by "One Belt, One Road" and trade friction, it presents both macro development and research subdivision, so as to provide a "China plan" for the further development of China's foreign trade in cultural products and services.

*The Report on the Development of China's International Cultural Trade (2019)* begins with the general research on the development of China's international cultural trade in 2018. It analyses the general situation of China's foreign cultural trade in 2018, points out the opportunities and challenges in the development of China's foreign cultural trade, and puts forward the development prospect of China's international cultural trade in the future. On this basis, the hot and key issues in the theory and practice of international cultural trade are deeply studied and judged through four parts: topical reports, special topics, international reference and practical innovation. The topical reports cover seven core areas of international cultural trade: radio, film and television, books copyright, performing arts, games, animation, cultural tourism and works of art. In 2018, the core area of international cultural trade developed fairly well, especially the cultural trade with the countries along "the belt and road". However, there are still some problems in terms of supply quality, industrial structure, brand building, innovation and competition, and personnel training. Selecting the hot spots and focus issues of China's international cultural trade in 2018, the special topics section mainly deals with the evolution of the import structure of Chinese cultural products, the characteristics and optimization strategies of China's ceramics export trade, the trade of fashion and creative industries between China and Central and Eastern Europe, and the development trend of China's copyright trade in the new era. The international reference section deals with the development of German game's foreign trade and the impact of WTO dispute settlement mechanism on American Copyright trade. This section provides experience for the development of China's international cultural trade. Practical innovation section is aimed at cultural brand building and overseas development, the development of e-sports in China, internationalization of Chinese style games, and how solution pre-sale opens up a new mode of film and television foreign trade.

The report collects the wisdom of experts and scholars, takes the advantages of industrial practice, and analyses the bright spots of China's international cultural trade development in 2018 to provide effective advices and solutions for the foreign trade of Chinese Cultural products and services.

**Keywords**: Cultural Trade; Service Trade; Copyright Trade

# Contents

## Ⅰ General Report



**Abstract**: 2018 is the key year since the implementation of the 13th Five-Year Plan. The development of China's cultural trade maintains good situation. The degree of scale and marketization is constantly improving and the construction of policy system is constantly strengthened and improved. With the rapid pace of economic development, the level of development and trade efficiency of cultural industry have been improved, thus cultural trade has shown more and more vigor and vitality. But at the same time, there are also some weaknesses that can not be ignored in the development of China's cultural trade. The structure of import and export of cultural products needs to be optimized. The volume of trade in cultural services is much lower than that of trade in cultural products. A batch of higher quality cultural products and services are urgently needed in the international cultural market. In the future, China should make up for these shortcomings through the collection of various forces, fundamentally improve the quality of cultural trade, actively deal with trade frictions, steadily and orderly promote the development of cultural industry in the complex international trade environment, and enhance the national cultural soft power.

**Keywords**: Foreign Cultural Trade; Cultural Products Trade; Cultural Service Trade; Culture Industry

# Ⅱ Topical Reports



In 2018, the foreign trade of China's radio, film and television industry continued to promote Chinese culture to go out with the help of relevant national policies. Specific measures include promoting foreign trade in radio, film and television industries with the aid of previous foreign policies, and increasing the support of translation and reduce the operating cost of enterprises. In terms of content, *Operation Red Sea* and *Dying to Survive* released in 2018 have won good reputation and box office overseas, which symbolizes the improvement of the narration ability and the level of operating products of the industry. In terms of marketing mechanism, in 2018, China's radio, film and television industry continued to cooperate through diplomatic activities, co-shooting, participating in international film and television festivals, and hosting international film and television festivals and exhibitions to promote the radio, film and television industry to go out. While the industry goes out, there are also symptoms of weak market-oriented mechanism of foreign trade. It is necessary to delve into intensive cultivation in market expansion, cooperation, narrative ability and so on.

**Keywords**: Cultural Going Out; Broadcast; TV; Film; Foreign Trade



**Abstract**: Based on the data and materials of China's book foreign trade from 2009 to 2018, this paper analyses the current development trend of China's book copyright trade, and concludes that China's book foreign trade has a strong development momentum in both export and import; electronic publications have great potential; the trade deficit of copyright has been existing for a long time, but its import ratio has gradually narrowed; the regional structure of book copyright output has been improved; the proportion of countries along "the Belt and Road" has increased; the publishing enterprises actively explore overseas channels; the national key book promotion projects are abundant; and the book exhibition vigorously promotes the book copyright trade development. At the same time, there are still some problems: the content structure of China's book export needs to be optimized; the quality of electronic publications needs to be improved; and it is urgent to further refine the statistical classification of copyright trade. It is suggested that we should pay more attention to electronic publications, fully integrate the exhibition economy, cultivate translation talents, and promote the quality as well as the efficiency of book publishing in foreign trade.

**Keywords**: Chinese Book; Copyright Trade; Electronic Publication



**Abstract**: China's performance industry has experienced a period of rapid expansion and rapid cooling down since the reform and opening up. In recent years, the overall situation of the performance market has maintained a steady development trend, and China's performance industry has shown a trend of cross-border integration and vigorous development. At this stage, the development of the performance industry has reached a certain scale, the number of large and small courtyards has continued to increase, and the number and types of performances have also shown an upward trend. First-tier cities drive the rapid development of Second-tier and third-tier cities. From the government, enterprises to consumer groups, more and more attention from them has been paid to the important role of performing arts in contemporary social politics, culture and economic development. There are still many shortcomings and difficulties to be overcome in the development of Chinese performing arts. At this stage, Chinese performing arts should dig deeply into the value of performing arts resources, promote the integration and development of traditional performing arts market and digital culture, cultural tourism, scientific and technological innovation, broaden development channels, give full play to the advantages of cultural powers, tap high-quality resources, and enhance the brand awareness of performing arts with Chinese characteristics so as to enhance the international competitive advantage.

**Keywords**: Chinese Performing Arts; Performing Arts Market; Foreign Trade



**Abstract**: Concentrating on Chinese overseas trade of video game culture, this report provides a panoramic review of major game companies and game products in this area, analyzes the core problems in current game industry and concludes that the essential reason for those problems is the lack of game literacy. This report puts forward feasible suggestions for China's foreign trade of game culture from four aspects: promoting game academic research, developing game education, popularizing game thinking and supporting independent games.

**Keywords**: Game Culture; Overseas Trade; Game Industry



**Abstract**: As an important part of Chinese culture trade, animation industry foreign trade plays an important role in the international dissemination of

Chinese culture and national values. At present, the foreign trade of Chinese animation industry has such characteristics as good policy environment, solid industrial basis, increasin activity in international trade and so on. But at the same time, the foreign trade development of Chinese animation industry is faced with some problems and challenges, such as the infantilization of animation products, the lack of brand, cultural discount, incomplete industrial chain and so on. In order to promote the further development of foreign trade in Chinese animation industry, this report provides some suggestions from the aspects of talent training, brand building, international marketing, industrial chain improvement and so on.

**Keywords**: Animation Industry; Foreign Cultural Trade



**Abstract**: At present, Chinese cultural tourism service trade has performed well in policy guidance, industry promotion, consumer demand and industry prosperity. The structure of trade in cultural tourism service has been continuously optimized and upgraded, and there have been positive changes in terms of trade segmentation and regional inspection. However, the deep integration of culture and tourism, the regional coordination of cultural tourism service trade, the construction of global value chain of cultural tourism service trade, and the open space of cultural tourism service trade need to be strengthened and promoted urgently. Therefore, it is necessary to promote the prosperity and development of Chinese cultural tourism service trade from such aspects as the deep integration of culture and tourism, the coordinated development of regions, the construction of global value chain, and the expansion of open market space.

**Keywords**: Cultural Tourism Service Trade; "One Belt One Road"; Industry Convergence

## B. 8 The Annual Report on China's Art Trade

*Cheng Xiangbin*, *Jiang Nan* / 139

**Abstract**: Accompanying with the increasing uncertainty in the world economy and adjustment of domestic economic structure, the volume of China's art import and export trade has declined in 2018. Through the analysis of art market transaction data in 2018, the import and export commodity structure and trade flow countries, this report concluded that the art market has the characteristics of " Internet + " art business model booming, gallery market development difficulties, art prices tending to be stable, and market regulations being constantly improved. Combining with the characteristics of the Chinese art market, this report puts forward such suggestions as improving the regulation of art market, promoting the financial development of art market, adjusting the value-added tax and relying on the free trade policy to promote the art trade in order to to further optimize the structure of international art trade in China, build a benign market environment, improve the international competitiveness of China's art.

**Keywords**: Art Trade; Art Market; Cultural Trade

# Ⅲ Special Topics

## B. 9 The Development and Countermeasure of China's Trade in Copyright at New Age

*Yang Xiu* / 158

**Abstract**: In recent years, the internationalization of China's trade in copyright has been promoted. The trade in copyright has achieved great success, especially the books' copyright that has been its main part. However, there still exist many problems including the high concentration of trade's partners, imbalance of trade structure and domestic region etc. Besides, we are confronted with many challenges from recognition of Chinese culture, digital technology and enterprises' low willingness on "going out" . Therefore, we should take effective measures to push forward our trade in copyrights including the role of Chinese's government on trade in copyrights, international strategy of enterprises, the enhancement of our cultural influence and the talents cultivation on translation and trade in copyrights.

**Keywords**: Trade in Copyrights; Culture Recognition; International Competitiveness



**Abstract**: This paper analyzes the situation of fashion and creative industries trade between Central and Eastern European countries and China. According to the analysis results, it is still necessary to strengthen cultural propaganda and platform construction, refine the scale and level of cultural and trade cooperation, clarify the connotation of fashion and creative industries, and promote the integration of fashion and creative industries with other industries.

**Keywords**: Fashion Industry; Creative Industry; Central and Eastern European Countries; Cultural Trade



**Abstract**: In recent years, China's foreign cultural trade has entered into a stage of rapid development, meanwhile sudden growth is often accompanied with many problems. On the one hand, although China's export volume of cultural products has grown rapidly, the production capacity of core cultural products and services is still low and the production structure is not optimized. On the other hand, unfriendly statements such as "cultural invasion" and "cultural strength" brought by the name of "the world's first export nation of cultural products" are not conducive to China's international image. Consequently, in line with China's current economic background of attaching importance to import, more and more attention has been paid to the import of cultural products and services. Through comparing the geographical structure and the type structure of imported cultural products, this paper found that the scope of the target countries for the import of cultural products in China is mainly concentrated in Japan, South Korea, Germany and the United States. In recent years, the scope is gradually expanding to Southeast Asian and other countries. The import market segmentation characteristics of cultural products are obvious and the import diversification of cultural products with regional characteristics: the types of imported products are mainly cultural equipment and the import structure preference of all kinds of cultural commodities is obvious. This paper suggested the government to adjust the related policies to optimize the import of cultural products.

**Keywords**: Cultural Products; Products Structure; Geographical Structure



**Abstract**: The ceramic industry is China's traditional industry, and ceramics is the earliest product category in China's export trade. Today, China has become the world's largest exporter of ceramics, and ceramic export has contributed greatly to China's export earnings. Since the reform and opening up, China's ceramics export trade has developed rapidly and achieved remarkable results. However, many factors at home and abroad such as lack of industrial agglomeration advantages and cultural connotation, low added value, and trade barriers have seriously hindered the development of Chinese ceramics' export trade. Therefore, it is especially necessary to analyze the characteristics and existing problems of China's ceramic export trade and explore the sustainable and healthy development of China's ceramic export trade.

**Keywords**: Ceramics; International Trade; Jingdezhen; Optimization Strategy

## Ⅳ International Reference Topics



**Abstract**: Germany is one of the most important game markets in the world. At present, Germany is the fifth largest game market in the world and the top in Europe. Besides, Germany has the world's top game exhibition, Gamescom. For Germany, game is not only an entertainment media, a cultural product and a cultural asset, but also an important driving force for innovation in other industries and a key media for digitalization. It is an important part of the cultural industry and a national culture and brand. In Germany, the popularization of games, international game exhibition, solid industrial foundation, hierarchical supervision system and ground-breaking financial support have promoted the high-quality development of German game industry and trade. As a big country of game industry, China should learn from its experience to facilitate the development of game industry and trade in China.

**Keywords**: Game Market; E-sports; Cologne International Game Show



**Abstract**: This paper focuses on the relationship between the WTO trade dispute settlement mechanism and the development of copyright trade in the United States. It analyzes the impact of the dispute settlement mechanism on the copyright trade in the United States by combing and summarizing all the cases of copyright trade disputes that the United States has participated in since the establishment of WTO. Based on the analysis of the role of the United States in the WTO dispute settlement mechanism, this paper further discusses the impact of the United States copyright trade disputes on the United States copyright trade through the cost-benefit theory. It found that winning the case of copyright trade dispute concerning the United States can break the trade protection barriers in the respondent country, force the respondent country to modify its own laws and regulations, thus further promote the export of American copyright products and expand the export interests of American copyright industry. Based on the case study of Sino-U. S. disputes over trade rights and distribution services of publications and audiovisual entertainment products, this paper further proves that the WTO dispute settlement mechanism is an effective way for the United States to open up the Chinese cultural market and plays a very positive role in the development of copyright trade in the United States. By analyzing how the United States uses the WTO dispute settlement mechanism to develop its copyright trade, it is beneficial for China as a competitor and learning party to further understand the operation of the WTO dispute settlement mechanism, so as to enhance China's ability to participate in and deal with copyright trade disputes in the future.

**Keywords**: WTO; Copyright Trade; Trade in Services

## V Practice and Innovation Topics



**Abstract**: The proposal of "the belt and road" initiative has played a strong role in promoting China's cultural industry going out, integrating resources in cultural industries, and strengthening regional cooperation in cultural industries. With the large-scale implementation of China's "Internet +" action,

Chinese enterprises can take advantage of the advantages of the Internet to bring their business models abroad. With advanced development vision and extraordinary creative mind, while occupying the domestic commercial highland, taking advantage of the current situation, layout overseas market in advance. Through low-cost creation, small-scale promotion test evaluation, user " big data " participation, short-term test result feedback, high-efficiency in-depth development, and IP realization to feed the next work and other strategies, Baozou has developed a new global market development strategy from four aspects of humanities, science and technology, production process and management mode to create products with " cultural confidence" .

**Keywords**: The Belt and Road; Internet Plus; Culture Self-confidence; Global Market



**Abstract**: As an emerging sport, e-sports has experienced the rudimentary stage, initial growth and rapid development in China. Currently, China's e-sports is characterized with speedy growth, plenty users and large-scale events. It is heading toward commercialization and regional development in the form of leagues. Meanwhile, China's e-sports is facing with problems such as lack of research, scarcity of third-party event platforms and imperfect education and training systems. This paper summarizes China's experience and approaches in the development of e-sports with the example of Perfect World, i. e. , to establish a sound competition system and to improve education and training mechanisms so that the soft power of e-sports culture is highlighted. This paper argues that relying on the Chinese market, China's e-sports is witnessing vigorous development and experiencing transition from a follower to a leader in the global arena of e-sports. The problems e-sports is facing as an emerging industry should gradually be addressed during development process. It is the mission of China's e-sports to highlight e-sports culture and to play a positive role in the future.

**Keywords**: E-sports Development History; E-sports Positive Value; E-sports Education

## B. 17 Solution Pre-sale Opens Up a New Mode of Film and Television Foreign Trade *Zhang Li*, *Deng Jiajing* / 291

**Abstract**: The pitching session of Guangzhou International Documentary Film Festival, China (GZDOC) was set in 2004. For the past 15 years, the pitching session has supported and fostered generations of emerging directors around the world. It is estimated that more than 140 domestic projects are presented to the world on the session. The pitching session has played a strong role in the "going global" process of "China Story". With the launching of the "the belt and road" initiative and the rapid development of digital technology, the field of foreign cultural trade is facing new opportunities and challenges. Facing with the new situation, China's foreign cultural trade should focus on the export of cultural services, social influence and value guidance. In 2018, an official notice published by the Ministry of Commerce of People's Republic of China and the other 10 national ministries has notified that the pitching session of GZDOC is worth-learning as it promotes "China Story" to the global market and boosts the exportation of Chinese culture. It becomes the only cultural trading event that is approved to be replicated and promoted throughout the country by the State Council of the People's Republic of China.

**Keywords**: Foreign Trade of Film and Television; Documentary; Culture Trade

**Abstract**: Against the strategic background of the "going global" of the China's cultural industry, the export of the game industry becomes the focus of attention. Wizard Games has successfully entered the overseas market with its excellent R&D advantages and operational capabilities, deep insight into overseas market as well as the integration and innovation of domestic and foreign cultures. From the first attempt on the Chinese style web games "The Journey to the West" and "Breezes into Pieces" to the 3D shooting online game "Battle Teams/Global Strike" , Wizard Games pioneered its own characteristic way in the overseas market and left valuable experience for the future culture industry exports.

**Keywords**: High-quality Games; Culture Exports; Culture Fusion

## 皮书起源

“皮书”起源于十七、十八世纪的英国，主要指官方或社会组织正式发表的重要文件或报告，多以“白皮书”命名。在中国，“皮书”这一概念被社会广泛接受，并被成功运作、发展成为一种全新的出版形态，则源于中国社会科学院社会科学文献出版社。

## 皮书定义

皮书是对中国与世界发展状况和热点问题进行年度监测，以专业的角度、专家的视野和实证研究方法，针对某一领域或区域现状与发展态势展开分析和预测，具备原创性、实证性、专业性、连续性、前沿性、时效性等特点的公开出版物，由一系列权威研究报告组成。

## 皮书作者

皮书系列的作者以中国社会科学院、著名高校、地方社会科学院的研究人员为主，多为国内一流研究机构的权威专家学者，他们的看法和观点代表了学界对中国与世界的现实和未来最高水平的解读与分析。

## 皮书荣誉

皮书系列已成为社会科学文献出版社的著名图书品牌和中国社会科学院的知名学术品牌。2016 年，皮书系列正式列入“十三五”国家重点出版规划项目；2013~2019 年，重点皮书列入中国社会科学院承担的国家哲学社会科学创新工程项目；2019 年，64 种院外皮书使用“中国社会科学院创新工程学术出版项目”标识。

**权威报告·一手数据·特色资源**

# 皮书数据库

# ANNUAL REPORT(YEARBOOK) DATABASE

## 当代中国经济与社会发展高端智库平台

**所获荣誉**

- 2016年，入选“‘十三五’国家重点电子出版物出版规划骨干工程”
- 2015年，荣获“搜索中国正能量 点赞2015”“创新中国科技创新奖”
- 2013年，荣获“中国出版政府奖·网络出版物奖”提名奖
- 连续多年荣获中国数字出版博览会“数字出版·优秀品牌”奖

**成为会员**

通过网址www.pishu.com.cn访问皮书数据库网站或下载皮书数据库APP，进行手机号码验证或邮箱验证即可成为皮书数据库会员。

**会员福利**

- 已注册用户购书后可免费获赠100元皮书数据库充值卡。刮开充值卡涂层获取充值密码，登录并进入“会员中心”—“在线充值”—“充值卡充值”，充值成功即可购买和查看数据库内容。
- 会员福利最终解释权归社会科学文献出版社所有。

数据库服务热线：400-008-6695
数据库服务QQ：2475522410
数据库服务邮箱：database@ssap.cn
图书销售热线：010-59367070/7028
图书服务QQ：1265056568
图书服务邮箱：duzhe@ssap.cn

社会科学文献出版社 SOCIAL SCIENCES ACADEMIC PRESS (CHINA) 皮书系列
卡号：953865331216
密码：

# S 基本子库
# UB DATABASE

## 中国社会发展数据库（下设 12 个子库）

全面整合国内外中国社会发展研究成果，汇聚独家统计数据、深度分析报告，涉及社会、人口、政治、教育、法律等 12 个领域，为了解中国社会发展动态、跟踪社会核心热点、分析社会发展趋势提供一站式资源搜索和数据分析与挖掘服务。

## 中国经济发展数据库（下设 12 个子库）

基于“皮书系列”中涉及中国经济发展的研究资料构建，内容涵盖宏观经济、农业经济、工业经济、产业经济等 12 个重点经济领域，为实时掌控经济运行态势、把握经济发展规律、洞察经济形势、进行经济决策提供参考和依据。

## 中国行业发展数据库（下设 17 个子库）

以中国国民经济行业分类为依据，覆盖金融业、旅游、医疗卫生、交通运输、能源矿产等 100 多个行业，跟踪分析国民经济相关行业市场运行状况和政策导向，汇集行业发展前沿资讯，为投资、从业及各种经济决策提供理论基础和实践指导。

## 中国区域发展数据库（下设 6 个子库）

对中国特定区域内的经济、社会、文化等领域现状与发展情况进行深度分析和预测，研究层级至县及县以下行政区，涉及地区、区域经济体、城市、农村等不同维度。为地方经济社会宏观态势研究、发展经验研究、案例分析提供数据服务。

## 中国文化传媒数据库（下设 18 个子库）

汇聚文化传媒领域专家观点、热点资讯，梳理国内外中国文化发展相关学术研究成果、一手统计数据，涵盖文化产业、新闻传播、电影娱乐、文学艺术、群众文化等 18 个重点研究领域。为文化传媒研究提供相关数据、研究报告和综合分析服务。

## 世界经济与国际关系数据库（下设 6 个子库）

立足“皮书系列”世界经济、国际关系相关学术资源，整合世界经济、国际政治、世界文化与科技、全球性问题、国际组织与国际法、区域研究 6 大领域研究成果，为世界经济与国际关系研究提供全方位数据分析，为决策和形势研判提供参考。

# 法律声明